Beiträge zur Graphischen Datenverarbeitung

Herausgeber:
Zentrum für Graphische Datenverarbeitung e.V. Darmstadt (ZGDV)

Springer
Berlin
Heidelberg
New York
Barcelona
Budapest
Hongkong
London
Mailand
Paris
Santa Clara
Singapur
Tokio

Michael Jäger

Multimedia-PCs für telekooperatives Arbeiten

Architektur und Technologie

Mit 94 Abbildungen und 28 Tabellen

Springer

Reihenherausgeber

ZGDV, Zentrum für Graphische Datenverarbeitung e.V.
Rundeturmstraße 6, D-64283 Darmstadt

Autor

Michael Jäger
Gerhart-Hauptmann-Straße 11
64560 Riedstadt

Diese Ausgabe enthält die im Jahr 1997 an der Technischen Hochschule in Darmstadt, Fachbereich Informatik, unter dem Titel *Architektur von PC-basierten Multimedia-Kommunikations-Endgeräten für den Einsatz in telekooperativen Anwendungen* genehmigte Dissertation (Hochschulkennziffer D17).

ISSN 1431-0082
ISBN-13:978-3-540-63281-8

Die Deutsche Bibliothek – CIP-Einheitsaufnahme

Jäger, Michael:
Multimedia-PCs für telekooperatives Arbeiten : Architektur und Technologie / Michael Jäger. -
Berlin ; Heidelberg ; New York ; Barcelona ; Budapest ; Hongkong ; London ; Mailand ; Paris ; Santa Clara ;
Singapur ; Tokio : Springer, 1997
   (Beiträge zur graphischen Datenverarbeitung)
   ISBN-13:978-3-540-63281-8   e-ISBN-13:978-3-642-60874-2
   DOI: 10.1007/978-3-642-60874-2

Umschlagmotiv: Michael Jäger
Umschlaggestaltung: *design & production* GmbH, Heidelberg
Satz: Reproduktionsfertige Vorlage vom Autor
SPIN 10632956   33/3142 – 5 4 3 2 1 0 – Gedruckt auf säurefreiem Papier

Vorwort

Die zunehmende Vernetzung von Arbeitsplatzrechnern im lokalen Bereich, die Einführung des ISDN, sowie die Entwicklung von Technologien zur multimedialen Präsentation von Informationen, erlauben die Erschließung innovativer Anwendungsformen des Personal Computers. Die vorliegende Arbeit entstand während meiner Zeit als wissenschaftlicher Mitarbeiter am *Fraunhofer Institut für graphische Datenverarbeitung* in Darmstadt. Vor dem Hintergrund ständig fortschreitender Globalisierung wurden dort im Rahmen verschiedener F&E-Aktivitäten – unter Zusammenführung der genannten Trends – Technologien und Anwendungen multimedialer Telekommunikation entwickelt, welche die PC-gestützte Zusammenarbeit mehrerer Kooperationspartner über weite Entfernungen hinweg ermöglichen. Zentrales Anliegen des hier dokumentierten Forschungsvorhabens ist die Schaffung einer Architektur für möglichst kostengünstig realisierbare, PC-integrierte Endgeräte, welche telekooperatives Arbeiten auf internationaler Plattform möglichst effizient unterstützen.

Die Durchführung der vorliegenden Arbeit wäre ohne Unterstützung nicht möglich gewesen. Zu danken habe ich insbesondere Prof. Dr. J. L. Encarnação, der den Anstoß zu dieser Arbeit gab und die Mittel zur Durchführung bereitstellte. Prof. Dr. R. Steinmetz danke ich für die Übernahme des Koreferats und seine intensive Auseinandersetzung mit der Arbeit. Dr. Ch. Hornung für die kritische Durchsicht des Manuskripts und die konstruktiven Kommentare.

Brigitta Lange möchte ich herzlich für den geleisteten kameradschaftlichen Beistand und ihre ständige Gesprächsbereitschaft, sowie ihre konstruktiven Anregungen zur Gestaltung der Dissertationsschrift danken.

Udo Gutheil gebührt Dank für die anregende Zusammenarbeit, bei der er mein Interesse für die hardware-basierte Echtzeitbearbeitung digitalisierter Videobilder weckte.

Der fruchtbare Gedankenaustausch mit meinen Kollegen Dr. Adelino Santos, Utz Osterfeld und Dr. Hans-Josef Ackermann trug in erheblichem Maß zum Gelingen der Arbeit bei.

Für die unschätzbare Hilfe bei der Realisierung des MISTER COOL-Systems möchte ich allen beteiligten Diplomanden, Studienarbeitern und studentischen Hilfskräften meinen Dank aussprechen. Dabei gilt meine besondere Wertschätzung Eric Blechschmidt und Stefan Klingbeil, die mir über Jahre – weit über das vertraglich festgeschriebene Maß hinaus – engagiert zur Seite standen. Ferner sind zu nennen Oliver Ewald, Kai Kramer, Uwe Kreuter, Holger Wolf, Oliver Lyncker, Christoph Berg, Aykut Öztürk, Marc Winterhoff und Jesus Martinez.

Meinem Sohn Boris danke ich für die nahezu unerschöpfliche Geduld, mit der er meine allzu spärliche Zuwendung während der Anfertigung dieser Arbeit ertrug.

Meiner Familie, allen voran meinen Eltern und meiner Tante Ruth Wagner, danke ich für die bereitwillige Unterstützung in vielfältiger Weise. Ohne sie wäre die Durchführung der Arbeit nicht möglich gewesen.

Last but not least möchte ich Sabine Adam dafür danken, daß sie mir mit ihrem aufgeschlossenen Temperament den nötigen Schwung für den Endspurt gegeben hat.

Darmstadt im Juni 1997   Michael Jäger

Inhaltsverzeichnis

1   **Einleitung** 1
1.1   Motivation 3
1.1.1 Die Rolle visueller Kommunikation bei der menschlichen Interaktion 5
1.1.2 Der anwendungsorientierte Einsatz
von Videokommunikationstechnologien 7
1.1.3 Verfügbare Systeme 9
1.1.4 Das Fehlen bedarfsgerechter Systeme 12
1.2   Ziel und Inhalt der Arbeit 14
1.2.1 Teil I: Anforderungsanalyse 16
1.2.2 Teil II: Stand der Technik 16
1.2.3 Teil III: Ergebnisse der Arbeit 16

Teil I Anforderungsanalyse 19

2   **Multimedia-Kommunikation in telekooperativen Anwendungen** 21
2.1   Anwendungsszenario für Multimedia-Kommunikation
in telekooperativen Anwendungen 21
2.1.1 Das lokale Szenario: Kooperatives Arbeiten 22
2.1.2 Das verteilte Szenario: Telekooperatives Arbeiten 24
2.2   Ableitung funktionaler Systemanforderungen 25
2.2.1 Anwendungsorientierte Anforderungen 26
2.2.2 Anwenderorientierte Anforderungen 27
2.2.3 Allgemeine Anforderungen 28
2.2.4 Zusammenfassung der Funktionalen Anforderungen 28

3   **Referenzmodell für Multimedia-Kommunikationsendgeräte** 31
3.1   Die allgemeine Kommunikationsproblematik 31
3.2   Grundlagen der Informations- und Codierungstheorie 33
3.2.1 Das Shannonsche Kommunikationsmodell 33
3.2.2 Information als meßbare Größe 34
3.2.3 Quellen- und Kanalcodierung 35
3.3   Referenzmodell für ein Multimedia-Kommunikationsendgerät 37

4   Technische Anforderungen **43**

4.1   Physiologische Randbedingungen...44

4.1.1 Der Gesichtssinn 45

4.1.2 Das Gehör..48

4.1.3 Synchronizität...49

4.2   Technische Randbedingungen 55

4.2.1 Das Übertragungsnetz ISDN 56

4.2.2 Der PC als Systemplattform 61

4.3   Ableitung technischer Anforderungen 68

4.3.1 Technische Anforderungen an die funktionalen Komponenten
       eines Multimedia-Kommunikationsendgeräts.....................68

4.3.2 Technische Anforderungen an das Zusammenwirken
       der einzelnen Komponenten 72

Teil II Stand der Technik **75**

5   Existierende Basistechnologien **77**

5.1   Video- und Audioeingabe..77

5.2   Audioausgabe...77

5.3   Videoausgabe...78

5.4   Quellencodierung und -decodierung von Audiosignalen.....78

5.4.1 Audio-Digitalisierung 79

5.4.2 Kompressionsverfahren für digitales Audio........................80

5.5   Quellencodierung und -decodierung von Videosignalen 86

5.5.1 Video-Digitalisierung..87

5.5.2 Kompressionsverfahren für digitales Video 91

5.5.3 Standards für die Videocodierung 99

5.6   Kanalcodierung und -decodierung.....................................106

5.6.1 ISDN-Adapterkarten 106

5.6.2 Programmier-Schnittstellen...107

5.7   Multiplexer und Demultiplexer 110

5.7.1 Synchronisationsarten 110

5.7.2 Synchronisationskonzepte 111

5.7.3 Realisierung von Live-Synchronisation 111

5.8   Verteilter Zugriff auf elektronische Dokumente...............112

5.8.1 Shared Whiteboard...112

5.8.2 Application Sharing 113

5.9   Der H.320 Standard für Videotelefon-Systeme 113

Teil III Ergebnisse **115**

6   Die Lösungsarchitektur **117**
6.1   Das Zusammenwirken der funktionalen Komponenten
         im Gesamtsystem 117
6.1.1   Das Ringmodell zur Darstellung der Systemarchitektur...................... 118
6.1.2   Die Hardwaremodule 120
6.1.3   Die Softwaremodule 121
6.1.4   Die Lösungsarchitektur im Ringmodell 122
6.2   Lösungsverfahren für die funktionalen Komponenten...................... 123
6.2.1   Ein- und Ausgabe der Audio- und Videosignale 123
6.2.2   Quellencodierung und -decodierung der Videosignale...................... 124
6.2.3   Quellencodierung und -decodierung der Audiosignale...................... 125
6.2.4   Multiplexer und Demultiplexer 126
6.2.5   Kanalcodierung und -decodierung... 129
6.3   Erfüllung der Funktionalen Anforderungen
         durch die Lösungsarchitektur 129

7   Die Systemrealisierung *MISTER COOL* **131**
7.1   Technische Module.. 131
7.1.1   Die Hardwaremodule 132
7.1.2   Die Softwaremodule.. 140
7.1.3   Technische Leistungsmerkmale.. 149
7.2   Funktionalität... 154
7.3   Systemkosten 157

8   Vergleich mit existierenden Systemen **159**
8.1   Kriterien 160
8.2   Evaluierung existierender Systeme 163
8.2.1   LIVE PCS100 (PictureTel Personal Systems) 163
8.2.2   LIVE PCS50 (PictureTel Personal Systems) 166
8.2.3   ARMADA Cruiser 100 (VCON) 168
8.2.4   Personal Communication Computer (Olivetti GmbH)...................... 171
8.2.5   ProShare Video System 200 (Intel)... 173
8.2.6   Janus III (Bercos) 175
8.2.7   TELES.VISION-MTM1 (Teles AG, Berlin)................................... 178
8.3   Vergleichende Gegenüberstellung 180

9   Zusammenfassung und Ausblick...**185**

Literaturverzeichnis **189**

Anhang. Materialkosten *MISTER COOL*-Board **197**

1 Einleitung

Die fortschreitende Globalisierung der gesellschaftlichen und wirtschaftlichen Strukturen hat für den Einzelnen zur Folge, daß er mit Kooperationspartnern immer öfter über große Entfernungen zusammenarbeiten muß, und die begleitende Kommunikation zunehmend in einer Fremdsprache geführt wird. Diese Entwicklung wird sich nicht auf die Ebene der Führungskräfte beschränken, sondern alle Unternehmensbereiche betreffen. Da darüber hinaus weite Reisen zu relativ kurzen Arbeitsbesprechungen unverhältnismäßig teuer und zeitaufwendig sind, gilt es, einem wachsenden Anwenderkreis, mit den Mitteln der modernen Telekommunikation, effiziente Werkzeuge zur Telekooperation zur Verfügung zu stellen.

Auf verschiedenen Gebieten der Informationsverarbeitung zeichneten sich in der jüngeren Vergangenheit verschiedene technische Trends ab, deren Zusammenführung vielversprechende Ansätze für die Lösung der genannten Problematik liefert.

Die Fortschritte der Mikroelektronik ermöglichen eine rapide Entwicklung auf dem Gebiet der digitalen Informationsverarbeitung. Computer wurden immer leistungsfähiger und kostengünstiger. So entwickelte sich ein Massenmarkt mit enormen Zuwachsraten. Schon 1995 waren in Deutschland ca. 14 Millionen Personal Computer (PCs) installiert, wovon etwa zwei Drittel geschäftlich genutzt wurden [Booz95]. Nach neueren Schätzungen besaßen 1996 weltweit mehr als 60 Mio. Menschen einen PC [Müller96].

Moderne PCs sind in der Lage, Bilder, Graphiken, Texte, Sprache, Musik und sogar Bewegtbilder (Videosequenzen) zu bearbeiten, zu speichern und zu präsentieren. Entwicklungen auf diesem Gebiet wurden unter dem – aus Marketinggründen oft überstrapazierten – Sammelbegriff „Multimedia" zusammengefaßt. Tatsächlich zielt der Einsatz multimedialer Technologien auf die menschgerechte Aufbereitung und Präsentation einer ständig steigenden Informationsflut.

Auch auf dem Gebiet der Computernetzwerke hat sich in den letzten 15 Jahren eine rasante Entwicklung vollzogen. So sind heute, begünstigt durch weitgehende Standardisierung, ein Großteil der vorhandenen Computersysteme über Netzwerke miteinander verbunden. Neben den klassischen Anwendungsgebieten von Computernetzen, nämlich der gemeinsamen Nutzung vorhandener Ressourcen und der Erhöhung der Zuverlässigkeit, gewinnt die Mensch-Mensch-Kommunikation über Computer immer mehr an Bedeutung [Tan92]. So sind Electronic-Mail-Systeme mittlerweile als feste Bestandteile moderner Bürokommunikation etabliert.

Mit der rasanten Entwicklung im Bereich der digitalen Signal- und Datenverarbeitung war auch die Basis für die Einführung digitaler Übertragungsverfahren in der Telekommunikation geschaffen. Dies brachte eine kostengünstigere Netzwerk- und Vermittlungstechnik und ermöglichte ein erweitertes Diensteangebot mit komfortableren Dienstmerkmalen. Mit der Einführung des ISDN (Integrated Services Digital Network) steht seit einigen Jahren ein digitales, diensteintegrierendes Übertragungssystem zur Verfügung, das über einen einheitlichen Anschluß die Übertragung von Text, Daten, Bildern und Sprache erlaubt. Mit diesen Eigenschaften ist es geradezu prädestiniert für die Übertragung multimedialer Informationen. Darüber hinaus arbeitet ISDN auf der Basis des vorhandenen Leitungsnetzes des analogen Fernmeldedienstes, was eine rasche flächendeckende Bereitstellung begünstigt.

Die Zusammenführung der drei Bereiche Multimedia, digitale Informationsverarbeitung und Telekommunikation ermöglicht die Entwicklung von neuen Technologien zur Multimedia-Kommunikation. Dies wird in Zukunft völlig neue Anwendungen der Informations- und Telekommunikationstechnik ermöglichen. Der Austausch von multimedialen Informationen über Telekommunikationsnetze, bei gleichzeitiger Nutzung eines Computers, ermöglicht die Unterstützung und Bereicherung natürlicher menschlicher Kooperationsformen über weite Entfernungen hinweg. Damit ist die Multimedia-Kommunikation die technologische Basis für telekooperatives Arbeiten [Jäg95].

Abb. 1.1. Multimedia-Kommunikation und Telekooperation

Die – auch international – flächendeckende Bereitstellung multimedialer Kommunikationstechnologien zu erschwinglichen Kosten und die damit verbundene

Akzeptanzsteigerung bietet die Chance eines neuerlichen gesellschaftlichen Strukturwandels, der maßgeblich zur Lösung der geschilderten Problematik beitragen kann.

1.1 Motivation

Informationsträger wie Text, Graphik, Bilder, Audio- und Videosequenzen wurden schon lange vor der Einführung des Begriffs Multimedia eingesetzt, um Informationen so aufzubereiten, daß sie durch den menschlichen Perzeptionsapparat rasch erfaßt und aufgenommen werden können.

Abb. 1.2. Vision des Zeichners Robida 1883: Opernübertragung durch Bild und Ton (Quelle: Süddt. Verlag)

Auch die Idee, bewegte Bilder und Töne zwischen zwei entfernten Orten zu übertragen, existiert schon seit der Erfindung der Fernsprechtechnik in den siebziger Jahren des 19. Jahrhunderts (s. Abb. 1.2). Die Entwicklung von Technologien für die Videokommunikation stellte seit dieser Zeit eine Herausforderung für Ingenieure dar.

Technische Versuche, neben dem Medium Sprache auch Bewegtbilder zwischen entfernten Kommunikationspartnern zu übermitteln, reichen bis an den Anfang dieses Jahrhunderts zurück. Im Jahr 1929 stellte das Reichspostzentralamt auf der Deutschen Funkausstellung eine erste Fernsehsprechanlage vor

[Fischer87]. Anläßlich der Leipziger Frühjahrsmesse 1936 wurde zwischen Berlin und Leipzig der erste Fernsehsprechdienst der Welt eröffnet. Ein spezielles Fernsehtelefon wurde 1952 auf der Radio-Ausstellung in London vorgestellt (s. Abb. 1.3). Der kommerzielle Erfolg dieser Videokommunikationssysteme blieb jedoch lange Zeit aus [Fischer87; Egido89; Glaser96].

Auf der Weltausstellung 1964 erregte das AT&T PicturePhone großes Aufsehen und sollte „das Gesicht der Telekommunikation verändern". Der kommerzielle Mißerfolg brachte dem System jedoch bald den Ruf der sprichwörtlichen Lösung, die ihr Problem sucht [Gale91].

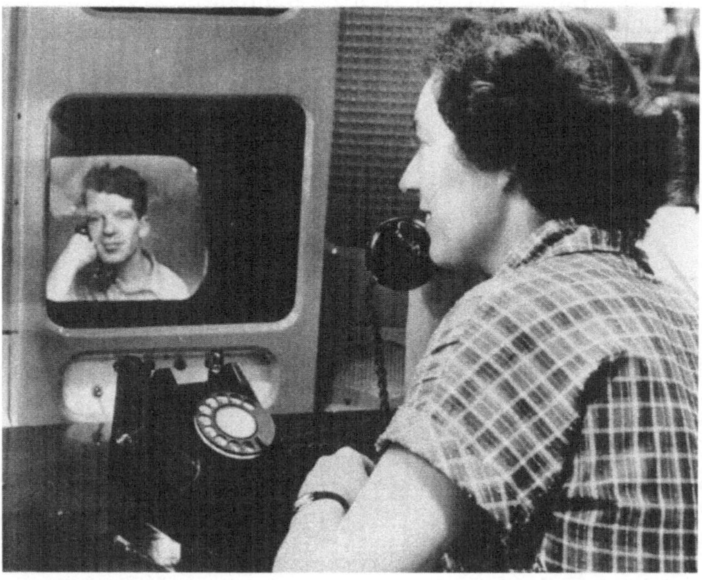

Abb. 1.3. Fernseh-Telefon auf der Radio-Ausstellung in London 1952
(Quelle: Süddt. Verlag)

Zu der mangelnden Akzeptanz trugen vor allem zwei Faktoren bei (vgl. 1.1.2). Zum einen ist für die Übertragung von Videosignalen eine sehr hohe Bandbreite notwendig, was zu hohen Betriebs- und Gerätekosten führt. Hinzu kommt, daß der Zugang zu geeigneten Breitbandnetzen auf internationaler Ebene noch lange nicht flächendeckend verfügbar sein wird.

Der zweite akzeptanzhemmende Faktor ist in der weitverbreitet ambivalenten Haltung gegenüber visuellen Kommunikationsformen zu sehen. Zwar besteht meist großes Interesse daran den Kommunikationspartner zu sehen, andererseits bestehen Hemmungen gesehen zu werden. Der „heiße Draht" zwischen Washington und Moskau wurde in den Zeiten des kalten Krieges deshalb nicht zu einer Bildtelefonverbindung aufgerüstet, weil man befürchtete, daß im Ernstfall der

Staatschef durch unerwartete Emotionen, die das Bild des Gegenübers auslösen könnten, zu falschen Handlungen verleitet würde [Glaser96]. Hinzu kommt, daß sich der Vorteil eines zusätzlichen visuellen Kommunikationskanals nur schwer messen läßt.

Beide Faktoren zusammen, die hohen Betriebs- und Systemkosten in Verbindung mit dem aus Sicht der potentiellen Anwender nicht klar erkennbaren Anwendungsnutzen, führten in der Vergangenheit zu einer Cost/Benefit-Hürde, durch die die Verbreitung von Videokommunikationssystemen stark eingeschränkt wurde. So waren bis 1992 weltweit lediglich 6000 Videokonferenzsysteme installiert [WIK93].

Zur Überwindung dieser Hürde müssen zum einen sicherlich kostengünstigere Systeme bereitgestellt werden. Zum anderen gilt es jedoch vor allem, den potentiellen Anwendungsnutzen von Videokommunikation festzustellen. Dazu wird im weiteren Verlauf den folgenden Fragen nachgegangen:

— Welche Rolle spielen visuelle Kommunikationsformen wie Mimik, Gestik und Körpersprache generell bei der menschlichen Interaktion?
— Ist die Funktionalität visueller Kommunikationformen mittels Videokommuni-kationstechnologien umsetzbar?
— Gibt es neben den klassischen Anwendungen Bildtelefonie und Videokonferenz andere Anwendungstypen, in denen Videokommunikation nutzbringend einsetzbar ist?

1.1.1 Die Rolle visueller Kommunikation bei der menschlichen Interaktion

Um die Rolle visueller Kommunikationsformen beurteilen zu können und Anforderungen an ein Videokommunikationssystem zu formulieren, das als wertvolles Hilfsmittel bei der Kommunikation dienen kann, muß zunächst der generelle Beitrag visueller Kommunikationsformen für die menschliche Interaktion untersucht werden.

Birdwhistell beschreibt Kommunikation als ein Multikanal-System, das aus der beeinflußbaren vielfältigen Sinnestätigkeit lebender Systeme hervorgeht und diese reguliert [Bird68]. Die dem Menschen zur Informationsvermittlung zur Verfügung stehenden Übertragungskanäle oder -modalitäten werden durch die jeweils zur Rezeption benutzten Sinnesorgane charakterisiert. Auf diese Weise werden auditive, visuelle, olfaktorische, taktile und gustatorische Mitteilungen unterschieden. Da unimodale Mitteilungen außerordentlich selten sind, ist diese Trennung lediglich konzeptioneller Natur [Scherer77].

Während die Bedeutung der menschlichen Sprache unumstritten ist, wird die Rolle der nonverbalen Kommunikationsformen in der sozialen Interaktion nicht immer bewußt wahrgenommen. In den letzten Jahrzehnten hat sich aus den Bestrebungen von Soziologen und Psychologen, die Wirkungsweise nichtverbaler Kommunikationsformen wie z. B. Gestik und Mimik zu untersuchen, eine eigene Wissenschaft entwickelt, die Kinesik. Ein Teilgebiet der Kinesik beschäftigt sich eingehend mit den Funktionen visueller Interaktionsformen, wobei insbesondere die Rolle des Blickkontaktes zwischen Kommunikationspartnern untersucht wird.

Ekman und Friesen entwickelten ein System zur Klassifikation von Körperbewegungen und Gesichtsausdruck, das auf den drei Kriterien Ursprung, Codierung und Verwendung der Bewegung basiert [Ekman72]. Auf dieser Grundlage kann nonverbales Verhalten in fünf Klassen eingeteilt werden, nämlich:

- Embleme
- Illustratoren
- Adaptoren
- Regulatoren
- Affekt-Darbietung

Embleme werden kulturspezifisch erlernt und sind nonverbale Akte, die direkt verbal übersetzt werden können. Ihre präzise Bedeutung sind den meisten oder allen Angehörigen einer Gruppe, Klasse, Subkultur oder Kultur bekannt und sie werden mit der bewußten Absicht verwendet, eine bestimmte Botschaft an eine andere Person zu versenden.

Illustratoren sind Akte, die eng mit Sprache, Phrasierung, Inhalt, Stimmkonturen, Lautstärke u.s.w. zusammenhängen. Sie werden bewußt und intentional verwendet um das Gesagte zu unterstützen, zu modifizieren, zu ersetzen oder ihm zu widersprechen.

Adaptoren sind Bewegungen, wie z. B.: Nasebohren oder Kopfkratzen, welche selbstbezogene oder körperbezogene Bedürfnisse befriedigen und Emotionen kontrollieren.

Regulatoren dienen der Regelung des Kommunikatonsablaufs und dessen Synchronisation. Dazu gehört u. a. die Zuweisung von Hörer und Sprecherrolle, also der Turn-taking-Mechanismus. Diese Steuerungsfunktion der visuellen Interaktion, die verschiedentlich als visuelle Rhetorik, Kanalkontrolle und Synchronisation des Sprechens bezeichnet wird, läßt sich aus der immer wieder auftretenden Beziehung zwischen visuellem und verbalem Interaktionsverhalten ableiten. Die Interaktionsregulierung durch das visuelle Verhalten des Sprechers dient dazu

- dem Angesprochenen zu zeigen, daß Encodierungsprozesse auftreten und fortgesetzt werden,
- die Aufmerksamkeit und die tatsächliche Decodierung zu überprüfen und
- dem Zuhörer anzudeuten, daß er mit dem Sprechen beginnen kann (turn-taking).

Der Zuhörer zeigt durch sein visuelles Verhalten an, ob er momentan dekodiert, versteht, zustimmt oder ablehnt. Regulatoren gehören nicht zum Kommunikationsinhalt, sondern zeigen lediglich, daß die Kommunikation im Gang ist [Ellsworth72]. Die Funktion des visuellen Verhaltens, die Informationssuche zu ermöglichen, wird verschiedentlich als Überwachung oder Rückmeldung bezeichnet. Jeder Teilnehmer an sozialen Interaktionen achtet ständig auf die Rückmeldung von anderen um sein eigenes Verhalten zu modifizieren [Argyle67].

Die *Affekt-Darbietung* dient der Kommunikation von Emotionen während einer sozialen Interaktion. Ekman und seine Mitarbeitern wiesen die Existenz pankultureller, d. h. kulturübergreifender Elemente im emotionalen Gesichtsausdruck nach. Danach werden bestimmte mimische Verhaltensweisen in jeder Kultur erkannt und mit denselben Emotionen verbunden. Kulturelle Unterschiede existieren dagegen für die Stimuli (Auslöser) von Emotionen und für Regeln zur Darbietung von Emotionen. Diese Darbietungsregeln sind Techniken, die im sozialen Lernprozeß erworben werden um den Gesichtsausdruck in bestimmten Situationen zu kontrollieren und zu steuern. Japaner z. B. maskieren negative Gefühle im formalen sozialen Kontakt mit höflichem Lächeln [Ekman70].

1.1.2 Der anwendungsorientierte Einsatz von Videokommunikationstechnologien

Der vorangegangene Abschnitt verdeutlicht, daß die Bedeutung visueller Kommunikationsformen wie Mimik und Gestik für die soziale Interaktion durch zahlreiche Forschungsarbeiten auf dem Gebiet der Kinesik erwiesen ist. Daß die Geschichte der Videokommunikation trotzdem geprägt ist durch den Widerspruch zwischen anhaltend optimistischen Markteinschätzungen und geringer Akzeptanz [Egido89], läßt den Schluß zu, daß bei der Entwicklung der ersten Systemgenerationen weniger der Anwendungsnutzen im Vordergrund stand, als die Bedeutung der Videokommunikationstechnologie als Wirtschaftsfaktor.

Ab Mitte der achtziger Jahre erwachte neues Interesse an der Videokommunikation. Ausgehend von den Entwicklungen auf dem Gebiet der Rechnerkommunikation bildeten sich verschiedene Forschungsgruppen, die sich mit Methoden zur Unterstützung verteilter Arbeitsgruppen mittels vernetzter Computer auseinandersetzten. Die Forschungen auf diesem Gebiet wurden unter dem Begriff *Computer Supported Cooperative Work* (CSCW) zusammengefaßt. CSCW repräsentiert Methoden, die kooperatives Arbeiten mittels Computertechnologie unterstützen. Dabei liegt der Schwerpunkt bei der Entwicklung von Systemen für kooperatives Arbeiten verschiedener Individuen zur gleichen Zeit an verschiedenen Orten [EncHoNo94].

Im Rahmen dieser Aktivitäten beschäftigten sich zahlreiche Untersuchungen damit, den Anwendungsnutzen von Videokommunikation für die Zusammenarbeit zwischen physikalisch verteilten Arbeitsgruppen zu ermitteln. In Langzeitversuchen wurden verschiedene Formen von Telekooperation analysiert, die sich jeweils in der technischen Ausstattung und der Anordnung des verwendeten Equipments unterschieden [BlyHaIr93]. Dabei wurde insbesondere der Beitrag unterschiedlicher Kommunikationsmedien wie Audio, Video und Dokumentenkommunikation zur telekooperativen Lösung konkreter Aufgaben ermittelt. Die durchgeführten Studien kommen zu dem gemeinsamen Ergebnis, daß sich Videokommunikation kaum leistungssteigernd oder zeitsparend auf task-orientierte Arbeiten auswirkt. Die Nutzung eines Videokanals hat vielmehr soziale Bedeutung und ist eher für die informelle, zwischenmenschliche Kommunikation geeignet. Die Wirkung ist daher oft subtil und objektiven Messungen schwer zugänglich [Kraut88; Gale91; Fish et al 93].

Da es sich bei Gruppenarbeit jedoch unbestreitbar um einen zutiefst sozialen Prozeß handelt, stellt das Kommunikationsmedium Video einen nicht zu vernachlässigenden Einflußfaktor dar. So konnten die folgenden Vorteile von Videokommunikation für die Unterstützung verteilter Arbeitsgruppen identifiziert werden [Fish et al 93]:

- Unterstützung sozialer Beziehungen und damit verstärkte „soziale Präsenz" der Teilnehmer
- Lösung komplexer und mehrdeutiger Kommunikationsprobleme
- Steigerung von Spontaneität und Häufigkeit der Kommunikation

Neben Nutzen und Vorteilen wurden auch akzeptanzhemmende Faktoren ermittelt. So wurden an erster Stelle die hohen Kosten für Anschaffung und Betrieb von Videokonferenz-Ausstattung angeführt. Leute in Büroumgebungen würden Videokommunikation in einem optimalen Informationssystem-Design integrieren, wenn keine Budgetbeschränkungen berücksichtigt werden müßten [WIK93; Egido89]. Negativ wurden umständliche Zugangsprozeduren auf Videokonferenzausstattungen empfunden. Potentielle Anwender bevorzugen spontanen Zugriff bei ständiger Verfügbarkeit in der gewohnten Arbeitsumgebung. Darüber hinaus wurden Fehler in der Erwartungshaltung der Anwender ausgemacht. Videokommunikation ersetzt keinesfalls Face-to-face-Kommunikation, sondern ist dann erfolgreich wenn sie Features bereitstellt, die sonst nicht möglich sind [Egido89].

Diese Aussage wird bestätigt durch eine Untersuchung, die das Fraunhofer Institut für Systemtechnik und Innovationsforschung 1989 im Auftrag der Philips Kommunikations Industrie AG durchführte. Ausgehend von verschiedenen Anwendungsmöglichkeiten des ISDN-Bildtelefons in der geschäftlichen Kommunikation wurden Anforderungen an die Technik formuliert und Marktpotentiale abgeschätzt. Dabei wurde die Erkenntnis gewonnen, daß eine umfassende Lösung für alle Anwendungsfälle nicht existiert. Die Anforderungen an Videokommunikationskomponenten hängen sehr stark von der jeweiligen Anwendungssituation ab. Verschiedene Einsatzgebiete der Videokommunikation erfordern somit auch verschiedene Lösungen. Als Ergebnis der Untersuchung wurden allein acht Bildtelefon-Anwendungstypen identifiziert, denen jeweils alternative Technikkonfigurationen zuzuordnen sind. Trotz der Klassifizierung verschiedener Anwendungstypen wurde ein zentrales Anliegen potentieller Bildtelefonanwender identifiziert, nämlich die Möglichkeit zur interaktiven Bearbeitung und Besprechung von Unterlagen und Gegenständen im Rahmen einer kooperativen Telekommunikationssitzung [Hudetz89].

Zusammenfassend kann konstatiert werden, daß visuelle Kommunikationsformen wie Mimik, Gestik und Körpersprache nicht nur eine bedeutende Rolle in der zwischenmenschlichen Kommunikation spielen, sondern sehr wohl mittels geeigneter Technologien zu vermitteln und nutzbringend einsetzbar sind. Darüber hinaus wurde in zahlreichen Studien zum Anwendungsnutzen der Bedarf nach Videokommunikationsmitteln für verschiedene Anwendungsfälle festgestellt. Als Voraussetzung für die breite Akzeptanz wurden die folgenden grundlegenden Anforderungen identifiziert:

– Überwindung der Cost/Benefit-Hürde
– Verfügbarkeit in Kombination mit einer Telekooperationskomponente
– Hohe Anwendungsflexibilität
– Integration in die gewohnte Arbeitsumgebung

1.1.3 Verfügbare Systeme

Nachdem in den vorstehenden Abschnitten der Anwendungsnutzen von Videokommunikationsmitteln in telekooperativen Situationen festgestellt wurde, gilt es nun festzustellen, ob der Markt Systeme anbietet, die den identifizierten grundlegenden Anforderungen gerecht werden. Dazu wird zunächst ein Überblick über existierende Endgeräte für die Multimedia-Kommunikation vermittelt, der die Marktsituation zu Beginn der hier dokumentierten Arbeit Anfang 1992 wiedergibt.

   Die existierenden Lösungen für Endgeräte der audiovisuellen Telekommunikation lassen sich im wesentlichen einer der nachfolgend beschriebenen Kategorien zuordnen [Ovum92; Yankee92; Häusler94]:

– *Studio- oder Built-In-Systeme*, sind festinstallierte, komplexe und komfortable Videokonferenzendstellen für durchschnittlich 3 bis 10 Personen. Sie waren vor allem in der Anfangszeit der Videokommunikation dominierend.
– *Rollabout- oder Kompakt-Systeme* sind mobile Geräte, die in Form eines rollbaren Schranks angeboten werden und flexibel einsetzbar sind.
– *Bildtelefone* dienen der Verbindung von Einzelarbeitsplätzen.
– *Computerbasierte Systeme* werden auch mit Begriffen wie Multimedia-PC und PC-integriertes Bildtelefon bezeichnet.

Die grundlegenden Merkmale der aufgezählten Systemklassen werden im folgenden kurz vorgestellt.

1.1.3.1 Studiosysteme

Bei Videokonferenz-Studios handelt es sich um spezielle Räume mit fest installiertem Equipment. Die Studioräume werden gewöhnlich von Netzbetreibern auf Stundenbasis vermietet. Darüber hinaus existieren Speziallösungen, die auf die Bedürfnisse der jeweiligen Benutzergruppe zugeschnitten sind.

   Studiosysteme dienen der Unterstützung von Konferenzen zwischen entfernten Gruppen und sind meist gemäß einem room-in-room Paradigma konzipiert, bei dem zwei entfernte Raumhälften mittels Videokommunikation zusammengesetzt werden. Die Übertragung erfolgt über Breitband-Netzwerke, angemietete Satellitenkanäle oder ISDN. Haupteinsatzgebiet sind mittlere und große Unternehmen mit verteilten Standorten.

Abb. 1.4. Typisches Videokonferenz-Studio

Die Miete für ein Videokonferenz-Studio beträgt bis zu mehreren zehntausend DM pro Stunde. Die Kosten für die Einrichtung eines eigenen Studios betrugen Anfang 1992 etwa 140 000 $ [Ovum92].

1.1.3.2 Rollabout-Systeme

Rollabout-Systeme sind Mobilgeräte die weniger exklusiv als Videokonferenz-Studios sind, dafür jedoch flexibler einsetzbar.

Die Ausstattung besteht in der Regel aus Personen- und Dokumentenkameras, Videocodec, Audiocodec sowie großen Monitoren für die Videokommunikation und die Darstellung von Dokumentengrafik. Die Geräte sind auf ein rollbares Rack montiert und können von Raum zu Raum bewegt werden. Die Übertragung erfolgt über bis zu drei ISDN Basisanschlüsse.

Rollabout-Systeme erfordern keine aufwendigen Raumumbauten und finden in jedem Abteilungsbesprechungsraum Platz. Hauptanwendungsgebiet sind Konferenzen zwischen kleinen und mittleren Gruppen.

Die Kosten für Endgeräte betrugen Anfang 1992 mehr als 30 000 $, während die Übertragungskosten den damaligen ISDN Gebühren entsprachen [Ovum92].

Abb. 1.5. Rollabout Videokonferenz-System

1.1.3.3 Bildtelefone

Bildtelefone sind Stand-alone-Geräte für die gehobene Büroausstattung. Die Funktionalität entspricht meist der eines komfortablen Telefons mit Videokanal. Bei den meisten der angebotenen Systeme erfolgt die Übertragung über den ISDN Basisanschluß (2×64 Kbps).

Abb. 1.6. Bildtelefon (Quelle: AEG)

Bildtelefone werden vorwiegend für die Videokommunikation auf der Chefetage eingesetzt. Die Kosten für digitale Bildtelefone werden in den einschlägigen Marktuntersuchungen aus dem Jahr 1992 nicht genannt, da sich die meisten Systeme noch vor der Markteinführung befanden. Das Bildtelefon der Deutschen

Bundespost kostete zum Zeitpunkt seiner Markteinführung mehr als 30 000 DM
[Ovum92; Yankee92].

1.1.3.4 Computerbasierte Systeme

Anfang 1992 arbeiteten verschiedene Anbieter in Europa an der Entwicklung
PC-basierter Systeme, insbesondere an der Entwicklung von VLSI-Chip-Sets für
die Videokommunikation. In einer Ovum-Studie zur Entwicklung des Videokon-
ferenz-Marktes in Europa, die im Mai 1992 erschien, wurde das Erscheinen von
Produkten, die für den praktischen Betrieb geeignet und zu „vernünftigen" Preisen erhältlich sind, für 1995 erwartet [Ovum92].

Während andere Anbieter wie PictureTel sich abwartend verhielten, kündigte
CLI (Compression Labs Inc.) im März 1992 unter dem Namen *Cameo Personal
Video System* das erste PC-basierte Desktop System an. Ein externer Codec wur-
de mit der seriellen Schnittstelle eines Macintosh-Computers verbunden. Das
Videobild wurde über eine spezielle Einsteckkarte in ein Fenster der Benutzer-
oberfläche eingeblendet. Das Subsystem mit Codec, Kamera, Video- und ISDN-
Karte sollte etwa 4 500 $ kosten.

Dem Vorteil, das erste kommerziell verfügbare System zu sein, standen einige
schwerwiegende Nachteile gegenüber. So konnten die verwendeten Codecs nur
untereinander kommunizieren und waren nicht einmal zu anderen CLI-
Produkten kompatibel. Als störend wurde auch die extrem niedrige Ortsauflösung
des Videobildes empfunden. Darüber hinaus war gleichzeitig nur die Übertragung von Audio und Video möglich. Zusätzliche Daten konnten nicht gleichzeitig übertragen werden. Damit ging die Funktionalität über die eines PC-basierten
Bildtelefons nicht hinaus [Yankee92].

1.1.4 Das Fehlen bedarfsgerechter Systeme

Die Prüfung der zu Beginn der vorliegenden Arbeit am Markt angebotenen Systeme gegen die unter 1.1.2 identifizierten grundlegenden Anforderungen

- Low-cost-System
- Bereitstellung von Werkzeugen zur Telekooperation für die Unterstützung der
  Zusammenarbeit weit entfernter Partner
- Hohe Anwendungsflexibilität, so daß das System möglicht viele lokale und
  verteilte Anwendungssituationen unterstützt
- Arbeitsplatz-Integration

macht deutlich, daß die vorgestellten existierenden Systemlösungen erhebliche
Defizite aufweisen. Lediglich Bildtelefone und das Apple-Macintosh-basierte
Cameo Personal Video System(CLI) sind zur Integration in Büroarbeitsplätze
geeignet. Beide Lösungen sind jedoch für reine Bildtelefonanwendungen konzi-

piert und lassen somit die geforderte Anwendungsflexibilität vermissen. Insbesondere mangelt es an einer Telekooperationskomponente, die das gemeinsame Arbeiten zweier entfernter Kooperationspartner an verteilten Dokumenten ermöglicht.

Zur Überwindung der Cost/Benefit-Hürde ist die Verfügbarkeit kostengünstiger Systemlösungen für die identifizierten Anwendungsfälle notwendig. Dazu gehört zum einen die Bereitstellung geeigneter Low-cost Endgeräte und zum anderen deren Betrieb an kostengünstigen, d.h. schmalbandigen Übertragungsmedien.

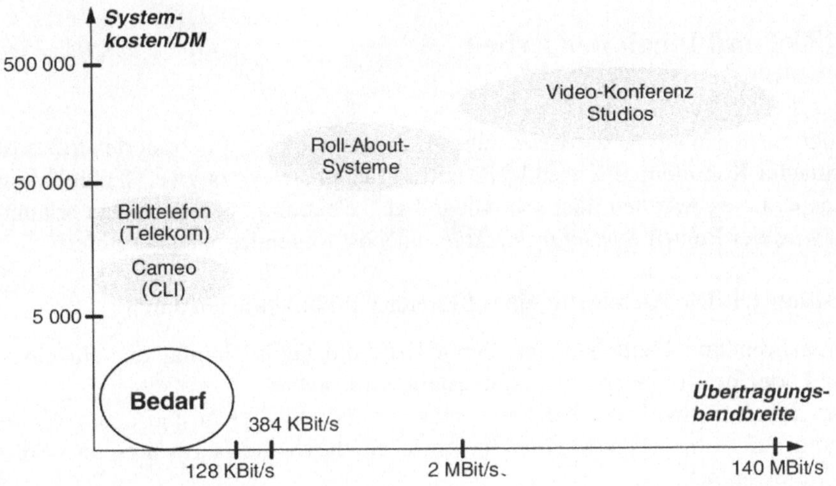

Abb. 1.7. Ausgangssituation Anfang 1992

Abb. 1.7 gibt einen Überblick über den Endgerätemarkt für Videokommunikationssysteme, wie er sich zu Beginn der vorliegenden Arbeit darstellte. Die zu diesem Zeitpunkt verfügbaren Systeme sind ihrem Endgerätepreis und der benötigten Übertragungskapazität zugeordnet. Die Graphik zeigt deutlich den Mangel an kostengünstigen Systemen (Endgerätekosten unter 5 000 DM) im Bereich geringer Übertragungsbandbreite (kleiner 128 Kbps).

Die Gegenüberstellung existierender Systemlösungen mit den identifizierten grundlegenden Anforderungen in Tabelle 1.1 verdeutlicht die Defizite existierender Systeme im Hinblick auf die hergeleiteten Anforderungen. Es ist daher festzustellen, daß die am Markt angebotenen Endgeräte für Videokommunikation zur Deckung des identifizierten Bedarfs nicht geeignet sind.

Tabelle 1.1. Prüfung existierender Systeme gegen grundlegende Anforderungen

	Studio-Systeme	Roll-About-Systeme	Bildtelefon	Cameo (CLI)
Low-cost	—	—	—	—
Telekooperation	—	—	—	—
Anwendungsflexibilität	—	—	—	—
Arbeitsplatzintegration	—	—	✓	✓

1.2 Ziel und Inhalt der Arbeit

Ziel der vorliegenden Arbeit ist es, eine Architektur für ein PC-basiertes low-cost Multimedia-Kommunikationsendgerät zu erarbeiten, welches zwei Teilnehmern telekooperatives Arbeiten über schmalbandige Telekommunikationsnetze erlaubt. Dazu wird der Begriff *Systemarchitektur* zunächst folgendermaßen definiert:

Definition 1.1. Die Architektur eines Systems wird beschrieben durch

– Verfahren und Methoden, mit deren Hilfe die Funktionalität der einzelnen funktionalen Komponenten bereitgestellt wird, sowie
– das Zusammenwirken der Komponenten im Gesamtsystem und deren Abbildung auf technischen Module (beschrieben durch die Hardware- und Software-Struktur).

Motiviert durch den vorstehend identifizierten Bedarf wurde bei der vorliegenden Arbeit ein Lösungsansatz gewählt, der die identifizierten grundlegenden Anforderungen an Multimedia-Kommunikationssysteme erfüllt, indem die Eingangs geschilderten technologischen Trends aufgegriffen werden:

– Die Integration in dieArbeitsumgebung wird duch vollständig Integration aller Komponenten in den Arbeitsplatz-PC erreicht. Dabei erlaubt der Einsatz von Multimedia-Technologien insbesondere die PC-integrierte Präsentation und Verarbeitung von Audio- und Videosignalen.
– Telekooperation wird durch den Einsatz von CSCW-Methoden unterstützt.
– Niedrige Endgerätekosten und PC-Integration werden durch den Einsatz von hochintegrierten elektronischen Schaltkreisen für die Signalverarbeitung erreicht.
– Kostengünstiger Betrieb wird durch den Einsatz von ISDN als Übertragungsmedium gewährleistet.

Der gewählte Ansatz sieht vor, einen Arbeitsplatz-PC mit Modulen zum ISDN-Zugang und zur Video- und Audioverarbeitung zu einem Multimedia-ISDN-PC zu erweitern, so daß ein multimediales, diensteintegrierendes Endgerät für das diensteintegrierende Telekommunikationsnetz ISDN geschaffen wird, welches als Arbeitsgerät für telekooperative Anwendungen genutzt werden kann. Das System soll darüber hinaus vor allem auf den Einsatz im privaten Bereich und in Büroumgebungen optimiert sein. Zum einen sollen dabei die natürlichen Kommunikations- und Kooperationsmittel des Menschen mittels Telekommunikation über große Entfernungen hinweg unterstützt werden, zum anderen sollen diese Mittel durch die Technologie der elektronischen Datenverarbeitung ergänzt und bereichert werden.

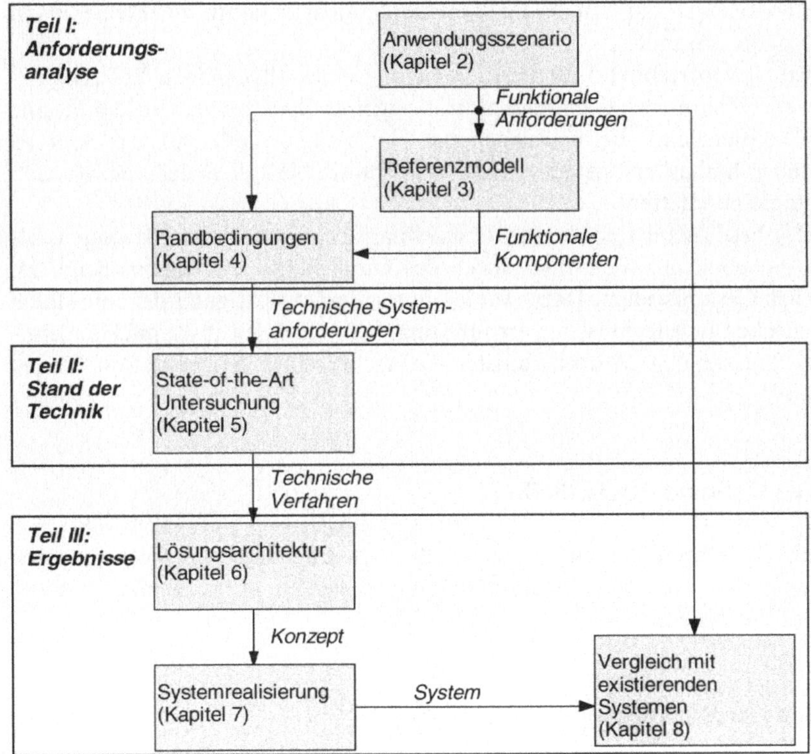

Abb. 1.8. Struktur der vorliegenden Arbeit

Die Arbeit gliedert sich in drei Teile. Im ersten Teil werden die relevanten funktionalen und technischen Anforderungen an ein PC-basiertes Multimedia-Kommunikationsendgerät identifiziert. Davon ausgehend, wird im zweiten Teil der Stand der Technik ermittelt und analysiert. Im dritten Teil wird zunächst die im Rahmen dieser Arbeit gefundene Lösungsarchitektur vorgestellt. Anschließend wird die Realisierung eines Systems auf Basis der Lösungsarchitektur beschrieben. Durch die Gegenüberstellung dieses Systems mit kommerziellen Lösungen wird schließlich der Nachweis erbracht, daß die vorgestellte Lösungsarchitektur hinsichtlich der ermittelten Anforderungen überlegen ist.

Im einzelnen wird in den nachfolgenden Kapiteln dieser Arbeit wie folgt vorgegangen (s. Abb. 1.1).

1.2.1   Teil I: Anforderungsanalyse

In Kapitel 2 wird zunächst ein Szenario für telekooperative Anwendungen modelliert. Anschließend werden auf der Basis dieses Anwendungsmodells funktionale Anforderungen an ein Videokommunikationssystem in telekooperativen Anwendungen ermittelt.

Gegenstand von Kapitel 3 ist die Entwicklung eines allgemeinen Referenzmodells für ein Multimedia-Kommunikationsendgerät. Zum einen wird damit eine Basis für vergleichende Betrachtungen zur Verfügung gestellt und zum anderen wird darüber hinaus ein gemeinsames Verständnis bezüglich der verwendeten Terminologie geschaffen.

Kapitel 4 beschäftigt sich mit der Feststellung technischer Anforderungen, sowohl an die einzelnen Funktionsblöcke des entwickelten Referenzmodells, als auch an das Gesamtsystem. Dazu werden unter Berücksichtigung der relevanten physiologischen und technischen Randbedingungen und den in Kapitel 2 identifizierten funktionalen Anforderungen die technischen Systemanforderungen abgeleitet.

1.2.2   Teil II: Stand der Technik

In Kapitel 5 werden bei einer State-of-the-Art Untersuchung die relevanten technischen Verfahren für die einzelnen Komponenten des allgemeinen Referenzmodells ermittelt.

1.2.3   Teil III: Ergebnisse der Arbeit

Im nachfolgenden Kapitel 6 wird eine Lösungsarchitektur für ein Multimedia-Kommunikationsendgerät vorgestellt, welche die in Kapitel 4 identifizierten technischen Anforderungen erfüllt. Anschließend wird in Kapitel 7 die Realisierung eines Systems beschrieben, welches im Rahmen der vorliegenden Arbeit auf der Basis der ermittelten Lösungsarchitektur entwickelt wurde.

In Kapitel 8 erfolgt der Vergleich des realisierten Systems mit existierenden Endgeräten für Multimedia-Kommunikation. Dazu wird zunächst eine Bestandsaufnahme existierender Systeme durchgeführt. Als Basis für die anschließende Gegenüberstellung werden Kriterien herangezogen, die sich unmittelbar aus den in Kapitel 2 ermittelten *Funktionalen Anforderungen* ableiten. Auf diese Weise wird der Nachweis erbracht, daß die im Rahmen dieser Arbeit entwickelte Systemarchitektur bislang existierenden Lösungen hinsichtlich der identifizieren Anforderungen überlegen ist.

Teil I
Anforderungsanalyse

Im folgenden Kapitel 2 wird zunächst ein Szenario für eine telekooperative Anwendung modelliert. Ausgehend von diesem Anwendungsszenario werden aus der Sicht des Benutzers verschiedenartige *funktionale Anforderungen* an das Gesamtsystem abgeleitet.

Anschließend wird in Kapitel 3 ein *Referenzmodell für Multimedia-Kommunikationsendgeräte* zur Unterstützung von telekooperativen Anwendungen entwikkelt. Dieses Modell enthält alle funktionalen Komponenten, die von einem Multimedia-Kommunikationssystem bereitgestellt werden müssen, ist jedoch hinsichtlich der Ausprägung dieser Komponenten generisch.

In Kapitel 4 wird zunächst eine Untersuchung der relevanten physiologischen und technischen Randbedingungen durchgeführt. Unter Berücksichtigung dieser Randbedingungen und der identifizierten funktionalen Anforderungen werden dann *technische Anforderungen*, sowohl an die einzelnen Komponenten des Referenzmodells als auch an das Gesamtsystem, abgeleitet. Diese technischen Anforderungen müssen von einer optimalen Systemarchitektur erfüllt werden.

2 Multimedia-Kommunikation in telekooperativen Anwendungen

Die Zusammenführung von Rechnertechnologie und Telekommunikation auf der Basis moderner Mikroelektronik ermöglicht die computergestützte Zusammenarbeit mehrerer Partner über weite Entfernungen hinweg. Telekooperatives Arbeiten hat gegenüber Face-to-face Meetings den Vorteil, daß eine virtuelle Nähe zum Kooperationspartner hergestellt wird, ohne den Zugriff auf die vertraute Arbeitsumgebung aufgeben zu müssen. So können, anders als auf Reisen, wichtige Unterlagen nicht vergessen werden. Voraussetzung hierfür ist die Integration eines solchen telekooperativen Systems in die Arbeitsumgebung.

2.1 Anwendungsszenario für Multimedia-Kommunikation in telekooperativen Anwendungen

Mit dem Ziel, zunächst funktionale Anforderungen an ein telekooperatives System abzuleiten, wird im folgenden ein Szenario für telekooperative Anwendungen modelliert, das für reale Besprechungssituationen in einer Büroumgebung typisch ist. Dazu wird zunächst die Zusammenarbeit zweier Partner in einer lokalen Sitzung beschrieben. In einem weiteren Schritt wird dieses lokale Szenario durch örtliche Trennung der Kooperationspartner in ein verteiltes Szenario überführt. Die Zahl der Sitzungsteilnehmer wird dabei auf zwei beschränkt, um durch die Betrachtung einer dyadischen Struktur den Übergang von einem lokalen in ein verteiltes Szenario zu vereinfachen. Abb. 2.1 verdeutlicht diese Vorgehensweise anhand einer Zeit/Ort Matrix nach Johansen. Dabei werden den vier möglichen Zeit/Ort-Konstellationen menschlicher Zusammenarbeit verschiedene Interaktionsmittel zugeordnet [Johan88]. Der Pfeil markiert den Übergang von einer rein lokalen Kooperation, bei der sich die Kooperationspartner zur gleichen Zeit am gleichen Ort befinden müssen, hin zu einem verteilten Szenario, bei dem sich die Kooperationspartner an verschiedenen Orten befinden.

Aus der Beschreibung des lokalen Kooperationsszenarios werden zunächst Basisanforderungen abgeleitet, welche zur Durchführung einer effektiven Zusammenarbeit erfüllt sein müssen. Die anschließende Beschreibung eines örtlich verteilten Kooperationsszenarios erfaßt funktionale Erweiterungen, welche notwendig sind, um die Entfernung zwischen den Kooperationspartnern zu überwinden.

	Zeit	
	gleich	verschieden
Ort gleich	Kooperation basierend auf Face-to-face Kommunikation	Nachrichten-basiert
verschieden	Telekooperation basierend auf Multimedia-Tele-kommunikation	Mail, Email

Abb. 2.1. Zeit/Ort-Matrix

2.1.1 Das lokale Szenario: Kooperatives Arbeiten

Zur Definition eines lokalen Szenarios wird eine Situation beschrieben, wie sie typisch ist für die tägliche Zusammenarbeit in vielen Unternehmensbereichen:

Zwei Partner finden sich zu einem Arbeitstreffen zusammen mit dem Ziel, zu einem bestimmten Gegenstand oder Thema gemeinsam ein Ergebnis zu erarbeiten und dieses zu dokumentieren. Die Kommunikation wird mit den natürlichen Mitteln der menschlichen Face-to-face Kommunikation durchgeführt, d. h. es werden sowohl verbale als auch nonverbale Kanäle zur Verständigung genutzt. (Abb. 2.2)

Die natürliche, menschliche Kommunikation bedarf im allgemeinen keiner zusätzlicher technischer Hilfsmittel. Die Erfahrung zeigt jedoch, daß gerade in der geschäftlichen Kommunikation Situationen auftreten können, in denen die verbalen und nonverbalen menschlichen Kommunikationsmittel allein nicht ausreichen, um komplexe Sachverhalte vollständig und in adäquater Zeit zu vermitteln. Oft scheitern die natürlichen Kommunikationsmittel dabei nicht an schwierigen logischen Zusammenhängen, sondern an der Abbildung dieser Zusammenhänge auf eine lineare Anordnung, wie sie der Darstellungsweise der menschlichen Sprache entspricht. In solchen Situationen werden sogenannte *supplementäre* Informations- und Kommunikationsmittel herangezogen, indem man seinem Partner ein schwieriges Problem auf einem Blatt Papier skizziert und erläutert, ihm anhand eines Modells dessen Funktion erklärt oder ihm ein Schriftstück zur Einsicht gibt. Dabei haben im allgemeinen beide Partner Zugriff auf den Informationsträger und können zeigen, markieren oder Annotationen einfügen [Fischer87]. Ein supplementäres Kommunikationsmittel kann also allgemein als Dokument im gemeinsamen Zugriff mehrerer Kooperationspartner bezeichnet werden.

Abb. 2.2. Nutzung natürlicher Kommunikationsmittel in einer kooperativen Sitzung

Abb. 2.3 zeigt eine Szene, in der parallel zur Face-to-face Kommunikation eine Handskizze als supplementäres Mittel eingesetzt wird.

Abb. 2.3. Gemeinsamer Dokumentenzugriff in einer kooperativen Sitzung

Die Eigenschaften der kooperativen Sitzung im hier geschilderten lokalen Szenario lassen sich wie folgt charakterisieren:

- Das *Ziel* der kooperativen Sitzung ist es, zu einem Gegenstand (Thema) gemeinsam ein Ergebnis zu erarbeiten und zu dokumentieren.
- Die betrachtete *Gruppenstruktur* ist dyadisch, d.h. es gibt zwei Sitzungsteilnehmer und die begleitende Kommunikation läuft daher im Dialog ab.
- Besondere Maßnahmen zur *Vorbereitung* der Sitzung sind nicht notwendig, so daß ein Meeting so spontan eingeleitet werden kann wie ein Telefonanruf.
- Die Kooperationspartner sind im Rahmen der Sitzung gleichberechtigt und der *Ablauf* der Sitzung ist durch konstruktive Zusammenarbeit geprägt, d. h. insbesondere, daß der Zugriff auf die supplementären Kommunikationsmittel zwischen den Kooperationspartnern einvernehmlich geregelt wird.
- Zum Informationsaustausch werden
  - verbale (Sprache und Lautäußerungen),
  - nonverbale (Mimik, Gestik und Körpersprache) und
  - supplementäre (Text, Bild, Graphik)
  Kommunikationsmittel eingesetzt.

Beim Übergang zu einer räumlich weit verteilten Anordnung der Kooperationspartner gilt es, die Charakteristika der beschriebenen kooperativen Sitzung weitgehend zu erhalten.

2.1.2 Das verteilte Szenario: Telekooperatives Arbeiten

Aus der räumlichen Trennung der Kooperationspartner ergibt sich der Übergang von einem lokalen zu einem räumlich verteilten Szenario. Zum einen muß dabei gewährleistet werden, daß die beschriebenen Charakteristika und funktionalen Möglichkeiten einer kooperativen Sitzung wie

- dyadische Struktur
- spontanes Zustandekommen
- konstruktive Absprache zwischen gleichberechtigten Partnern

mit den Mitteln multimedialer Telekommunikation auch über große Entfernungen hinweg bereitgestellt werden.

Zum anderen soll darüber hinaus gemäß dem hier verfolgten Ansatz eine funktionale Erweiterung erreicht werden, indem durch Integration von Multimedia-Kommunikationsmitteln in den Arbeitsplatzrechner die Möglichkeiten moderner Rechnertechnologie im Rahmen der telekooperativen Sitzung nutzbar gemacht werden.

Multimedia-Telekommunikation dient dabei nicht nur der Vergrößerung der Reichweite natürlicher und supplementärer Kommunikationsmittel, sondern erlaubt darüber hinaus auch die Bearbeitung elektronischer Dokumente und die gemeinsame Nutzung von Anwendungsprogrammen. Neben verbalen und nonverbalen Signalen müssen dazu auch die jeweiligen Ein- und Ausgabeoperationen zum Arbeitsplatzrechner des entfernten Kooperationspartners übertragen werden.

In der untenstehenden Tabelle werden die im lokalen Szenario benutzten Kommunikationsmittel den entsprechenden, in einem Multimedia-Kommunikationssystem verfügbaren Informationsträgern zugeordnet.

Tabelle 2.1. Zuordnung natürlicher Kommunikationsmittel zu Informationsträgern in einem Multimedia-Kommunikationssystem

	Lokales Szenario: Face-to-face Kommunikation	Verteiltes Szenario: Multimedia-Kommunikation
Natürliche menschliche Kommunikationsmittel	Sprache Lautäußerungen	Audiokommunikation
	Mimik Gestik Körpersprache	Videokommunikation
Supplementäre Kommunikationsmittel	Text Bilder Graphik	Elektronische Repräsentation von Text Bildern Graphik Darüber hinaus gemeinsame Nutzung von Anwendungsprogrammen

Durch eingehende Analyse des verteilten Szenarios, werden in den folgenden Abschnitten die funktionalen Anforderungen an ein Multimedia-Kommunikationssystem spezifiziert.

2.2 Ableitung funktionaler Systemanforderungen

Die Analyse des verteilten Kommunikations- und Kooperationsszenarios führt zu einer Reihe von *funktionalen Anforderungen* an ein multimediales Kommunikationssystem. Die Anforderungen beziehen sich dabei auf das Gesamtsystem in seiner Funktion als Mittler menschlicher Kommunikation. Unter dem Sammelbegriff *funktionale Anforderungen* werden im Rahmen dieser Arbeit zusammengefaßt:

– Anwendungsorientierte Anforderungen
– Anwenderorientierte Anforderungen
– Allgemeine Anforderungen

Die *anwendungsorientierten Anforderungen* an das System ergeben sich aus der Analyse des oben entwickelten verteilten Szenarios und repräsentieren die Funktionalität, welche durch das Multimedia-Kommunikationssystem bereitgestellt werden muß.

Die *anwenderorientierten Anforderungen* berücksichtigen relevante Eigenschaften und Bedürfnisse des Systembenutzers und seiner Arbeitsumgebung, wobei physiologische Aspekte an dieser Stelle unberücksichtigt bleiben.

Die *allgemeinen Anforderungen* leiten sich zum einen aus der Motivation der Arbeit ab und orientieren sich an dem in Kapitel 1 identifizierten Bedarf. Zum anderen beinhalten sie auch Implikationen aus den anwendungsorientierten und anwenderorientierten Anforderung.

2.2.1 Anwendungsorientierte Anforderungen

Aus der Analyse des beschriebenen Telekooperationsszenarios ergibt sich die Forderung nach drei essentiellen funktionalen Komponenten des Multimedia-Kommunikationssystems, nämlich:

– Videokommunikation
– Audiokommunikation
– verteilter Zugriff auf elektronische Dokumente

Die *Videokommunikations-Komponente* dient zur Übermittlung von Mimik und Gestik zwischen den Telekooperationspartnern und ist insbesondere im internationalen Umgang dazu geeignet, die Verständnissicherheit bei fremdsprachlicher Kommunikation signifikant zu erhöhen, vorausgesetzt die Kommunikationspartner kennen sich von früheren persönlichen Begegnungen.

Die *Audiokommunikations-Komponente* dient zur Übermittlung von Sprachsignalen zwischen den Telekooperationspartnern und sollte als wichtigstes Kommunikationsmittel des Menschen immer verfügbar sein. Insbesondere für taskorientiertes Arbeiten ist die sprachliche Kommunikation von höchster Wichtigkeit. Wegen ihres Stellenwertes in der menschlichen Interaktion ist für die Audiokommunikation ein Höchstmaß an Zuverlässigkeit und Betriebssicherheit zu fordern.

Zur Unterstützung der Kommunikation sollten die menschlichen Interaktionsmittel wie Sprache, Mimik und Gestik auch über weite Entfernungen hinweg durch supplementäre Kommunikationsmittel ergänzt werden. Dies wird durch die Bereitstellung des *verteilten Zugriffs zur gemeinsamen Bearbeitung elektronischer Dokumente* wie z. B. Text, hochaufgelöste farbige Standbilder sowie Vektor- und Pixel-Graphiken erreicht. Wie bei einer natürlichen Kooperation gleichberechtigter Partner sollte die Regelung des verteilten Zugriffs auf konstruktiver Absprache zwischen den beiden Benutzern beruhen. Eine kontrollierende Instanz zur Organisation konkurrierenden Zugriffs (floor passing) ist in einem rein dyadischen System nicht notwendig.

2.2.2 Anwenderorientierte Anforderungen

Das Multimedia-Kommunikationssystem ist für den Einsatz in telekooperativen Anwendungen im Heim- und Bürobereich bestimmt und soll in die dort bestehende Arbeitsumgebung, nämlich den Schreibtisch (engl.: desktop), integriert werden. Dies impliziert eine Reihe von weiteren Forderungen, nämlich

– die Funktionsfähigkeit in heterogenen Netzwerkumgebungen, da der Zugang zum Telekommunikationsnetz im Office-Bereich auch über ein zwischengeschaltetes lokales Computernetzwerk erfolgen kann
– Skalierbarkeit der Übertragungskapazität zur Anpassung an die verfügbaren Übertragungskanäle
– die platzsparende Integration von Multimedia-Kommunikation und klassischen Telekommunikationsdiensten wie Fax und Telefon im PC, um eine Ansammlung von unterschiedlichen dienstespezifischen Endgeräten auf dem Schreibtisch zu vermeiden
– die Erweiterung von klassischen Telekommunikationsdiensten um Multimedia-Komponenten, wie z. B. einen multimedialen Anrufbeantworter

Um eine große Anwendungsflexibilität zu gewährleisten, soll das System die telekooperative Nutzung möglichst vieler Anwendungsprogramme ermöglichen.

Den Forderungen nach Desktop-Integration und hoher Anwendungsflexibilität läßt sich aufgrund des hohen Verbreitungsgrades von Anwendungsprogrammen für PCs, die mit der graphischen Betriebssystemerweiterung *Microsoft Windows 3.1* bzw. *3.11* ausgestattet sind (vgl. Abb. 2.4), am besten durch die Realisierung des Multimedia-Kommunikationssystems auf der Basis einer Windows-PC-Plattform nachkommen. Die genannten 16-Bit-Varianten *Windows 3.x* werden zukünftig von den eigenständigen 32-Bit-Betriebssystemen *Windows 95* und *Windows NT* abgelöst. Deshalb ist bei der Implementierung eines Systems auf Basis der im Rahmen dieser Arbeit entwickelten Architektur darauf zu achten, daß die verwendeten Konzepte übertragbar sind.

Betriebssystem	Marktanteil
DOS	8,5%
Mac	5,6%
OS/2	4,1%
Windows 95	4,1%
Windows NT	0,7%
andere	2,8%
Windows 3.x	74,2%

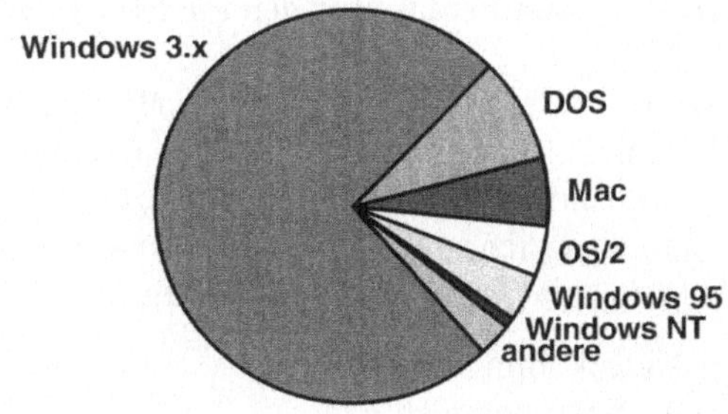

Abb. 2.4. Marktanteile der Anwendungspakete für PC-Betriebssysteme (Deutschland '95) (Quelle: [Woll95])

Durch die Wahl von Windows-PCs als Systemplattform wird darüber hinaus sichergestellt, daß die Interaktion des Benutzers mit dem System einfach und intuitiv erfaßbar ist, da die Funktionalität über eine vertraute Benutzeroberfläche zugänglich ist.

2.2.3 Allgemeine Anforderungen

Die allgemeinen Anforderungen an das Multimedia-Kommunikationssystem repräsentieren zum einen grundlegende Anforderungen aus der Motivation der Arbeit und lassen sich zum anderen aus den bisher beschriebenen anwendungsorientierten und anwenderorientierten Anforderungen folgern.

Wie die Ausführungen in Kapitel 1 belegen, sind neben dem Anwendungsnutzen des Systems vor allem dessen Kosten als Determinante für die breite Akzeptanz zu betrachten [Kraut88]. Diese Erkenntnis führt zu der Forderung nach einem *Low-cost System*. Dabei impliziert die Forderung nach niedrigen Kosten

- Niedrige Endgerätekosten. Als Größenordnung für eine obere Schranke kann gelten, daß die Kosten für die in den PC zu integrierenden Komponenten für die Multimedia-Kommunikation die Kosten für den PC nicht überschreiten sollen.
- Geringen Betriebskosten und daher niedrige Übertragungsgebühren.

Die Forderung nach einem offenen System ermöglicht die plattformübergreifende Kommunikation zwischen zwei unterschiedlichen Systemen durch die Berücksichtigung von Übertragungsstandards. Als Beispiel aus der Videokommunikation für die *Interoperabilität* verschiedenartiger Systeme sei die Kommunikation eines Bildtelefons mit einem Videokonferenz-Studio angeführt.

Um der Forderung nach Unterstützung eines möglichst weiten Anwendungsbereichs gerecht zu werden, muß das Multimedia-Kommunikationssystem auf einfache Weise um funktionale Komponenten *erweiterbar* sein.

2.2.4 Zusammenfassung der Funktionalen Anforderungen

Aus der Modellierung und anschließenden Analyse eines Anwendungsszenarios für räumlich weit verteilte Telekooperationssitzungen konnten anwendungsorientierte, anwenderorientierte und allgemeine Anforderungen an ein Multimedia-Kommunikationsendgerät abgeleitet werden. Die folgende Liste enthält eine Zusammenfassung der identifizierten Anforderungen:

- Videokommunikation
- Audiokommunikation
- Verteilter Zugriff auf elektronische Dokumente
- Anpaßbarkeit an heterogene Netzwerkumgebungen
- Integration in Windows-PC

- Low-cost System
- Interoperabilität
- Erweiterbarkeit

Aus diesen *Funktionalen Anforderungen* lassen sich direkt Kriterien ableiten, die als Basis für die Beurteilung von Systemrealisierungen herangezogen werden können.

3 Referenzmodell für Multimedia-Kommunikationsendgeräte

In diesem Abschnitt wird ein allgemeines Referenzmodell für Multimedia-Kommunikationssysteme in Telekooperations-Anwendungen hergeleitet. Damit wird eine Basis für vergleichende Betrachtungen entwickelt und gleichzeitig ein gemeinsames Verständnis für die verwendete Terminologie sichergestellt.

Zu diesem Zweck werden Funktionseinheiten identifiziert und ihr Zusammenwirken dargestellt. Der Detaillierungsgrad der Darstellung ist so gewählt, daß zum einen eine hinreichende Allgemeingültigkeit gewährleistet ist, so daß sich die einzelnen Funktionseinheiten in jedem Multimedia-Kommunikationssystem wiederfinden. Zum anderen muß die Darstellung so detailliert sein, daß sich Funktionen, welche für die Multimedia-Kommunikation spezifisch sind, einzelnen Blöcken des Modells zuordnen lassen. Im Verlauf dieser Arbeit werden funktionale Einheiten als *Komponenten* bezeichnet, während für die Hardware- und Softwarebausteine einer Systemrealisierung der Begriff *Modul* verwendet wird. Dabei können mehrere funktionale Komponenten auf einem Modul implementiert sein, umgekehrt können mehrere Module für die Realisierung einer Komponente notwendig werden.

In den folgenden Abschnitten wird zunächst eine allgemeine Bestimmung des Begriffs *Kommunikation* vorgenommen. Anschließend werden die grundlegenden Begriffe der von C. E. Shannon begründeten mathematischen Informationstheorie eingeführt, soweit sie für das Verständnis der nachfolgenden Abhandlungen notwendig sind. Durch sukzessive Verfeinerung von Shannons allgemeinem Kommunikationsmodell wird ein Referenzmodell für Multimedia-Kommunikationssysteme entwickelt, welches den funktionalen Anforderung des in Kapitel 2 entwickelten Anwendungsszenarios Telekooperation entspricht.

3.1 Die allgemeine Kommunikationsproblematik

Die allgemeine Kommunikationsproblematik beschäftigt sich mit der Frage, welche Probleme generell zu lösen sind, um eine erfolgreiche Kommunikation zwischen Individuen oder Systemen zu ermöglichen. Bei der Untersuchung dieser Frage geht man davon aus, daß Kommunikation durch den Austausch von Nachrichten zwischen einem Sender und einem Empfänger mittels vorab vereinbarter Zeichen zustande kommt. Eine abstrahierte Sicht auf die allgemeine Kommunikationsproblematik legt nahe, daß für eine befriedigende Lösung des allgemeinen Problems, verschiedene einzelne Probleme auf drei aufeinander aufbauenden Ebenen zu lösen sind [Shan76].

– Auf Ebene A wird die Frage behandelt, wie genau die Zeichen der Kommunikation vom Sender zum Empfänger der Nachricht übertragen werden können. Es handelt sich hierbei um das technische Problem.
– Auf Ebene B muß geklärt werden, wie genau die übertragenen Zeichen der gewünschten Bedeutung entsprechen (Das semantische Problem). Das Ziel ist eine genügend gute Näherung der Interpretation der Nachricht beim Empfänger.
– Ebene C schließlich behandelt die Frage, wie effektiv die empfangene Nachricht das Verhalten des Empfängers in der gewünschten Weise beeinflußt (Das Effektivitätsproblem). Hierbei geht Weaver davon aus, daß – bei hinreichend weitläufiger Auslegung des Begriffs Verhalten – Kommunikation entweder das Verhalten beeinflußt oder aber ohne ersichtliche Wirkung bleibt.

Die Probleme auf den drei beschriebenen Ebenen sind eng miteinander verknüpft. So wirken sich Einschränkungen auf der technischen Ebene A auch auf die Ebenen B und C aus. Da dies jedoch nicht umgekehrt gilt, erscheint es am zweckmäßigsten, die Funktionen der einzelnen Ebenen als aufeinander aufbauend zu betrachten, wobei die technische Ebene A sich an unterster Stelle befindet. Die Darstellung in der nachfolgenden Tabelle verdeutlicht diese Betrachtungsweise.

Tabelle 3.1. Die drei Ebenen des Allgemeinen Kommunikationsproblems

Kommunikations-ebene	Behandeltes Problem	Behandelnde Wissenschaft
Ebene C	Effektivität der Nachricht	Psychologie, Soziologie, Propagandatheorie, Werbung, Rhetorik
Ebene B	Semantik der Codezeichen	Linguistik. Mimik, Gestik, Körpersprache
Ebene A	Genauigkeit der Übertragung	Nachrichtentechnik, Informations- und Codierungstheorie

Im Rahmen dieser Arbeit werden im wesentlichen Probleme der Ebene A behandelt. Bei der nachfolgenden, schrittweisen Entwicklung eines Referenzmodells für Multimedia-Kommunikationsendgeräte in Telekooperations-Anwendungen wird dabei von dem allgemeinen Kommunikationsmodell ausgegangen, welches

Claude E. Shannon zur Entwicklung der mathematischen Grundlagen der Informationstheorie heranzog.

3.2 Grundlagen der Informations- und Codierungstheorie

3.2.1 Das Shannonsche Kommunikationsmodell

In seinem fundamentalen Beitrag zur Informationstheorie entwickelte C. E. Shannon die mathematischen Grundlagen der technischen Kommunikation. Er stützte sich dabei auf das Modell eines Nachrichtenübertragungssystems, das aus Nachrichtenquelle, Sender, gestörtem Übertragungskanal, Empfänger und Nachrichtenziel besteht (Abb. 3.1) [Shan48].

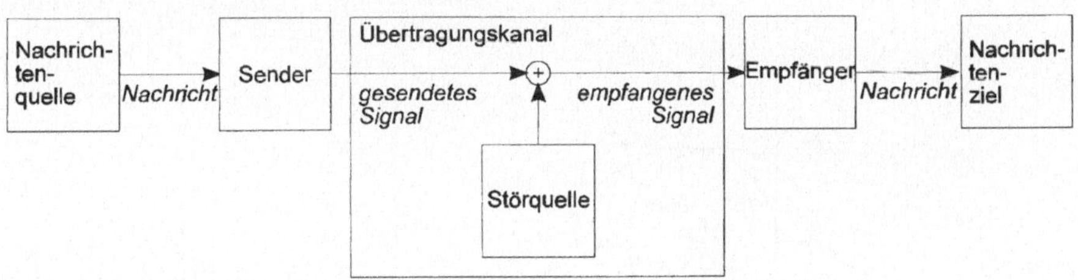

Abb. 3.1. Shannons Modell eines Kommunikationssystems

Die *Nachrichtenquelle* bezeichnet die Einrichtung oder Person, welche die zu übertragende *Information* erzeugt, indem sie aus einem vorhandenen, begrenzten Nachrichten- oder Zeichenvorrat einzelne Nachrichten auswählt. Da dieser Auswahlprozeß aus der Sicht des Nachrichtenziels statistischen Gesetzmäßigkeiten unterliegt, läßt er sich als Zufallsprozeß interpretieren, der mit den Mitteln der Wahrscheinlichkeitstheorie einer mathematischen Behandlung zugänglich ist. Das Modell ist so allgemein gehalten, daß es auf jede Situation angewendet werden kann, in der an einem Ort, entweder exakt oder angenähert, eine Nachricht reproduziert wird, die an einem anderen Ort ausgewählt wurde.

Der Begriff Nachricht bezeichnet ein Zeichen eines Zeichenvorrates, welcher willkürlich zum Nachrichtenvorrat deklariert wurde. Dabei kann es sich um Nachrichten verschiedenen Typs handeln, etwa um Funktionen der Zeit (wie z. B. beim Telefon) oder um Funktionen der Zeit und zweier Ortsvariablen (z. B. Fernsehen). Auch Kombinationen daraus oder auch der Austausch „einfacher" Signale, wie Rauchzeichen finden in diesem allgemeinen Modell Berücksichtigung. Der Zeichenvorrat des Senders und der Zeichenvorrat des Empfängers müssen sich mindestens teilweise überschneiden, es muß ein gemeinsamer Zeichenvorrat vorhanden sein (vgl. Abb. 3.2). Ein Zeichenvorrat wird *Alphabet* genannt, wenn die zugehörigen Zeichen linear geordnet sind [Stein77, Heise95].

Der Sender bildet aus der ursprünglichen Nachricht ein *Signal*, das über den *Übertragungskanal* geschickt werden kann. Das Signal ist also eine physikalische Darstellung der Nachricht. Da der Kanal nur Symbole einer gewissen endlichen Menge, des sogenannten *Eingangsalphabets* übertragen kann, beinhaltet die Übersetzung der Nachricht in das Signal oft einen Codiervorgang, bei dem die Nachricht auf eine Folge von Elementen des Eingangsalphabets (z. B. Zahlen oder Buchstaben) abgebildet wird [Tops74].

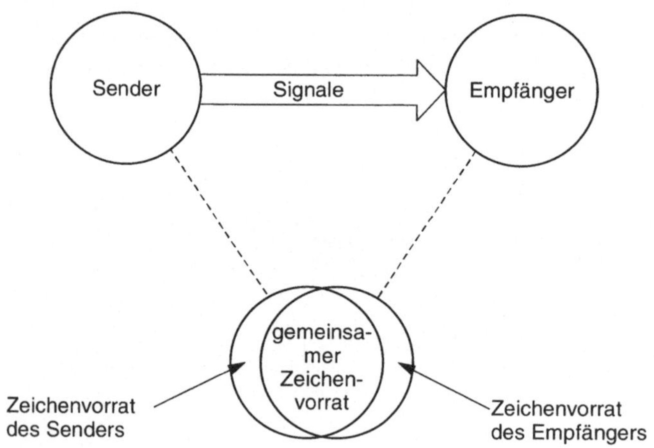

Abb. 3.2. Gemeinsamer Zeichenvorrat bei Sender und Empfänger (Quelle: [Stein77])

Der Übertragungskanal repräsentiert die physikalischen Mittel, welche für die Übertragung zur Verfügung stehen. Während des gesamten Übertragungsprozesses werden dem Signal im allgemeinen Störungen hinzugefügt. Die Erzeugung aller dieser Störanteile denkt man sich in einer einzigen *Störquelle* konzentriert.

Der *Empfänger* hat die Aufgabe, aus dem mehr oder weniger gestörten Empfangssignal die ursprüngliche Nachricht zu reproduzieren und sie an das Nachrichtenziel weiterzugeben. Die Reproduktion beinhaltet einen Decodierprozeß, bei dem die empfangenen Folgen von Elementen des sogenannten *Ausgangsalphabets* des Kanals in Nachrichten übersetzt werden.

3.2.2 Information als meßbare Größe

Die informationstheoretische Interpretation des Begriffes *Information* hat zum Ziel, Information ein Maß zuzuordnen und auf diese Weise einer mathematischen Behandlung zugänglich zu machen. Information hat in diesem Sinne nichts mit der Bedeutung der Nachrichten zu tun, sondern sagt etwas über die Freiheit der Quelle aus, zwischen den einzelnen Zeichen des Zeichenvorrates zu wählen.

Der Informationsgehalt einer Nachricht wird mittels der Wahrscheinlichkeit ihres Auftretens definiert. Verfügt eine Nachrichtenquelle über einen Zeichenvorrat X, bestehend aus n Zeichen, so daß $X=\{x_1, x_2, ..., x_n\}$, so läßt sich jedem Zeichen x_i mit $i \in \{1, 2, ..., n\}$ eine Wahrscheinlichkeit p_i zuordnen, mit der x_i von der Quelle ausgewählt wird. Der Informationsgehalt I des Zeichens x_i ist nun definiert als

$$I(x_i) = -ld(p_i) \qquad \text{(Gl. 3.1)}$$

Wegen der Verwendung des *Logarithmus dualis* wurde als Maßeinheit für die Information das *bit* (von *binary* digi*t* – z. dt. Binärziffer) gewählt [Heise95].

Eine wichtige Kenngröße für Nachrichtenquellen ist der mittlere Informationsgehalt ihrer Zeichen, der in Analogie zur Thermodynamik als *Entropie* bezeichnet wird. Die Entropie kann als Maß für die mittlere Unsicherheit über die Auswahl eines bestimmten Zeichens x_i durch die Nachrichtenquelle interpretiert werden. Die Entropie H einer Quelle ist definiert durch

$$H = -\sum_i p_i \times ld(p_i) \qquad \text{(Gl. 3.2)}$$

Das Verhältnis der tatsächlichen Entropie einer Quelle zu der maximal möglichen Entropie bei Verwendung des gleichen Zeichenvorrats, wird als die *relative Entropie* der Quelle bezeichnet. Die Differenz der relativen Entropie zu dem Wert Eins wird als *Redundanz* (zu dt.: Überfluß) oder Weitschweifigkeit der Informationsquelle bezeichnet. Sie ist ein Maß für den Grad des Überflüssigen in einer Nachricht aus dieser Quelle [Shan76, Tops74].

Der Begriff der Kapazität K eines Übertragungskanals bemißt die Informationsmenge, die pro Zeiteinheit übertragen werden kann in *bit pro Sekunde*. Ihr Wert entspricht der maximalen Übertragungsrate, mit der die von einer Quelle generierte Information über einen gestörten Kanal übertragen werden kann. Die Übertragungsrate kann durch geeignete Codierung der Nachrichten im Sender optimiert werden [Shan76].

3.2.3 Quellen- und Kanalcodierung

Aus dem Bedürfnis einer klaren Unterscheidung zwischen Codiervorgängen, die von den Eigenschaften des Paares Quelle-Ziel abhängen und Codiervorgängen, die von den Eigenschaften des Übertragungskanals abhängen, resultierte die in Abb. 3.2 dargestellte Verfeinerung des Modells von Shannon. Der Sender wird in einen Quellencodierer und einen Kanalcodierer aufgeteilt. Entsprechend der Symmetrie des Models wird der Empfänger in einen Kanaldecodierer und einen Quellendecodierer unterteilt [Fano66].

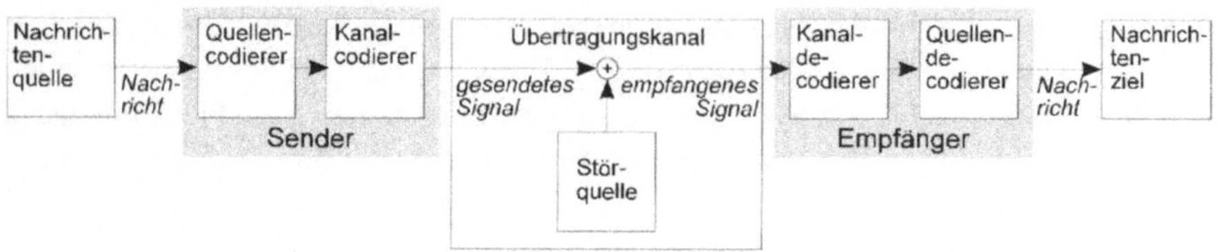

Abb. 3.3. Trennung von Quellencodierung und Kanalcodierung

Der *Quellencodierer* transformiert den Ausgang der Nachrichtenquelle in eine geeignete Zwischendarstellung, wie z. B. binäre Ziffern. Auf diese Weise kann der *Kanalcodierer* unabhängig von der Beschaffenheit von Nachrichtenquelle und Nachrichtenziel gestaltet werden. Der Quellencodierer erfüllt zwei Aufgaben. Zum einen codiert er die von der Quelle ausgesandten Nachrichten in Wörter aus Elementen des Eingangsalphabets des Kanals, damit dieser überhaupt in der Lage ist die Nachrichten zu übertragen. Die zweite Aufgabe des Quellencodierers ist die Datenkompression, d. h. die Verdichtung der von den Nachrichten vermittelten Information zum Zwecke der Steigerung der Übertragungsrate, bei gegebener Kapazität des Übertragungskanals. Dazu werden die von der Quelle ausgegebenen Nachrichten von überflüssiger Redundanz befreit [Heise95].

Diese Redundanzreduktion folgt dem einfachen Prinzip, häufige Nachrichten durch kurze Codewörter und seltene Nachrichten durch längere Codewörter zu codieren. Eines der wichtigsten Verfahren, denen dieses Prinzip zugrunde liegt ist die Huffmann-Codierung [Huf52].

Als Maß für die Qualität der Quellencodierung dient das Verhältnis der Quellenentropie zu der erzielten mittleren Länge der Codewörter. Dieses Maß wird als *Effizienz* der Codierung bezeichnet. Eine Quellencodierung wird dann ideal genannt, wenn die Effizienz gleich Eins ist, d. h. wenn die erzielte mittlere Codewortlänge gleich der Entropie der Quelle ist [Heise95]. Aus diesem Grund wird auf redundanzreduzierende Kompressionsverfahren auch der Begriff *Entropie-Codierung* angewandt.

Die Aufgabe des Kanalcodierers ist es, trotz der Störungen die auf den Kanal wirken, eine zuverlässige Übertragung der Nachrichten zu gewährleisten. Dazu werden die zu übertragenden Daten durch gezieltes Hinzufügen von Redundanz so codiert, daß sie möglichst sicher über den Kanal übertragen werden und von dem Kanaldecodierer auf der Empfängerseite fehlerfrei reproduziert werden können. Darüber hinaus paßt der Kanalcodierer die codierten Repräsentationen der Nachrichten an die physikalischen Eigenschaften des Kanals an.

3.3 Referenzmodell für ein Multimedia-Kommunikationsendgerät

Das bisher betrachtete Modell eines Kommunikationssystems ist unbestimmt hinsichtlich der Möglichkeit, gleichzeitig die Ausgangssignale mehrerer Nachrichtenquellen über einen Kanal zu übertragen. Diese Betrachtungsweise ist im Hinblick auf eine möglichst allgemeingültige theoretische Behandlung technischer Kommunikationssysteme zweckmäßig. Bei Berücksichtigung menschlicher Kommunikationsmittel muß jedoch zumindest die gemeinsame Übertragung visueller und akustischer Signale betrachtet werden.

Bei der im Rahmen dieser Arbeit behandelten Klasse telekooperativer Anwendungen müssen der Gegenstelle, neben visuellen und akustischen Signalen, zusätzlich Informationen über die jeweiligen lokalen Operationen auf ein im gemeinsamen Zugriff befindliche Dokument mitgeteilt werden. Somit müssen auf der Sendeseite mindestens drei Nachrichtenströme unterschiedlicher Charakteristik der Übertragungskapazität eines Kanals zugeordnet werden. Dabei durchläuft jeder dieser Nachrichtenströme zunächst einen eigenen Quellencodierer, der die Nachrichten unter Berücksichtigung der Eigenschaften der jeweils erzeugenden Quelle optimal codiert.

Im allgemeinen besteht ein zeitlicher Zusammenhang zwischen den drei Signalen, der entweder nach der Übertragung rekonstruierbar sein, oder sogar während des Übertragungsprozesses erhalten bleiben muß. Dieser Umstand schafft eine eigene Klasse von Problemen und macht eine differenziertere Betrachtungsweise notwendig.

Zur Behandlung dieser Problematik wird eine eigene Instanz eingeführt, die auf der Sendeseite zwischen die verschiedenen Quellencodierer und den Kanalcodierer geschaltet ist. Dieser sogenannte Multiplexer sorgt für die Verteilung der zur Verfügung stehenden Übertragungskapazität unter den Datenströmen, die gleichzeitig von drei verschiedenen Quellencodierer kommen. Dabei fällt ihm die Aufgabe zu, die Synchronizität, also den zeitlichen Zusammenhang zwischen den einzelnen Nachrichtenströmen zu erhalten. Wie Abb. 3.4 zeigt, muß auf der Empfangsseite ein Gegenstück, der sogenannte Demultiplexer existieren, der die verschiedenen Signalanteile im gemultiplexten Datenstrom identifiziert und den verschiedenen Quellendecodierern zuordnet.

Abb. 3.4 zeigt eine vereinfachte Darstellung des Übertragungskanals, bei der auf die Abbildung der Störquelle verzichtet wird. Im folgenden wird davon ausgegangen, daß es sich bei realen Übertragungskanälen ausnahmslos um mehr oder weniger gestörte Kanäle handelt.

Für die Verarbeitung und Übertragung in elektronischen Systemen müssen die visuellen und akustischen Signale der menschlichen Kommunikation zunächst in elektrische Signale gewandelt werden. Das gleiche gilt für die naturgemäß manuellen Zugriffe auf das zu bearbeitende Dokument. Diese Operationen sind in Abb. 3.4 als Teilfunktionen der jeweiligen Quellencodierer berücksichtigt.

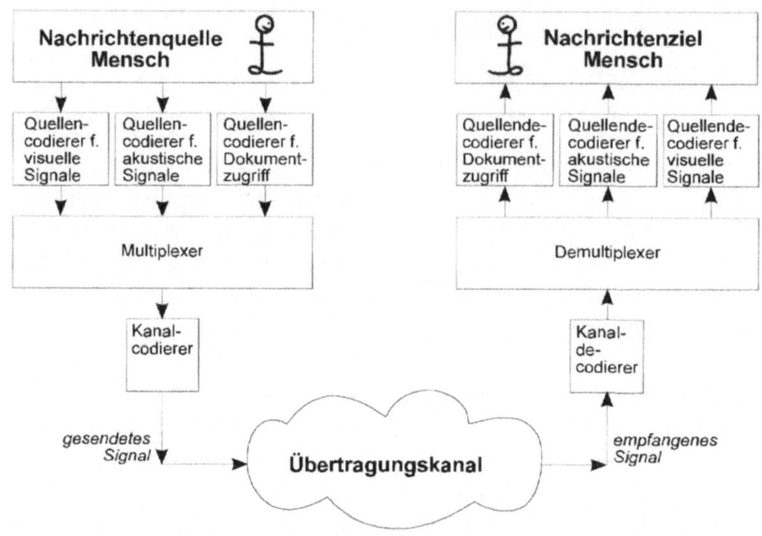

Abb. 3.4. Gleichzeitige Übertragung von drei Nachrichtenströmen

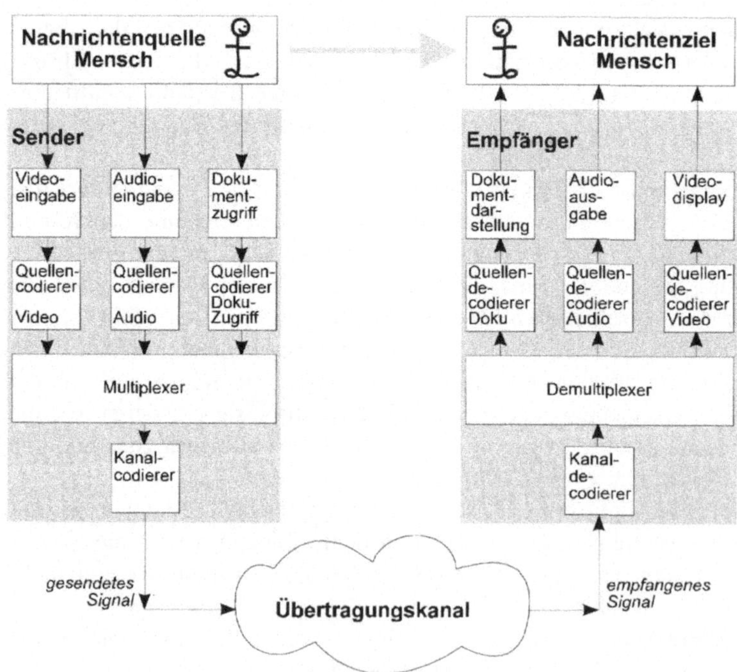

Abb. 3.5. Funktionale Komponenten von multimedialem Sender und Empfänger

Da der Schwerpunkt dieser Arbeit auf der Entwicklung einer Architektur für PC-basierte Multimedia-Kommunikationssysteme liegt und nicht auf der Entwicklung optisch-elektrischer, akustisch-elektrischer oder taktil-elektrischer Wandler, werden die Quellencodierer für die visuellen, akustischen und manuellen Signale nachfolgend in Eingabegeräte und nachgeschaltete Quellencodierer für die elektrischen Signale unterteilt.

Wie in Abb. 3.5 gezeigt, besteht der Quellencodierer für die visuellen Nachrichten nun aus einem Eingabegerät, das optische Signale in elektronische wandelt, und dem nachgeschalteten Quellencodierer für das elektrische Videosignal. Entsprechend besteht der Quellendecodierer aus einem Decodierer für die elektrischen Signale und einem zugehörigen Ausgabegerät. Auf gleiche Weise wird der akustische Signalweg und der Dokumentenzugriff behandelt.

Bei dem in Kapitel 2 beschriebenen lokalen Szenario muß es den Kommunikationspartnern möglich sein, während des Redens die mimischen Reaktionen des Kommunikationspartners zu beobachten, um unmittelbar Feedback zu erhalten. Der Mensch fungiert in dieser Situation zeitgleich als Nachrichtenquelle und Nachrichtenziel.

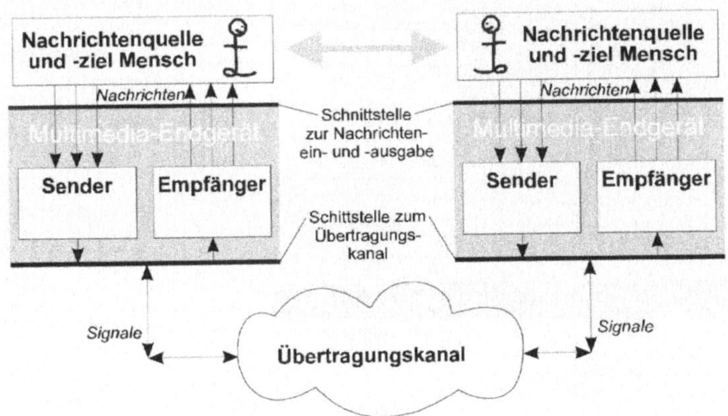

Abb. 3.6. Symmetrie des Modells für Multimedia-Kommunikation

Die Übertragung der Nachrichten muß konsequenterweise gleichzeitig in beide Richtungen möglich sein. Das heißt aber auch, daß ein Endgerät für die multimediale Kommunikation für das gleichzeitige Senden und Empfangen von Signalen geeignet sein muß und demnach sowohl die bisher identifizierten funktionalen Komponenten des multimedialen Senders als auch die des multimedialen Empfängers enthalten muß.

Abb. 3.7 zeigt im Überblick die notwendigen funktionalen Komponenten eines Endgerätes für die Multimedia-Kommunikation in Telekooperations-Anwendungen. Dieses Model eines Multimedia-Kommunikationsendgerätes enthält alle notwendigen funktionalen Komponenten, um die Anforderungen aus dem in Kapitel 2 untersuchten Telekooperationsszenario zu erfüllen, ohne jedoch eine bestimmte Art der technischen Realisierung vorauszusetzen. Das Modell ist damit hinreichend generisch, um als allgemeines Referenzmodell für Multimedia-Kommunikationssysteme in solchen telekooperativen Anwendungen zu dienen, welche die in Kapitel 2 beschriebenen Merkmale aufweisen.

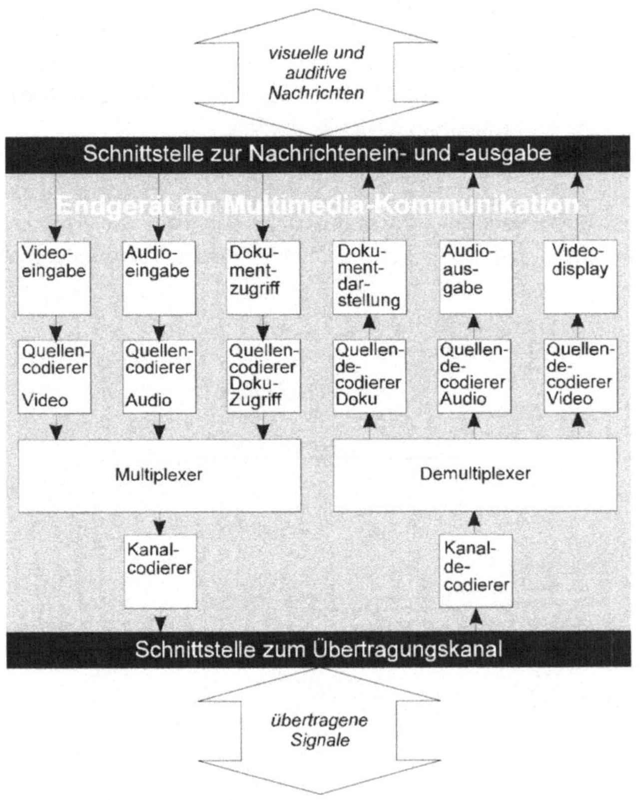

Abb. 3.7. Generisches Referenzmodell für Multimedia-Kommunikationsendgeräte

Wesentlichen Einfluß auf die Art der technischen Realisierung, sowohl des Gesamtsystems als auch der einzelnen Komponenten, haben die Randbedingungen, die an den Systemschnittstellen erfüllt werden müssen. Diese Schnittstellen sind daher in der Abbildung besonders hervorgehoben.

Die Dualität von Sender und Empfänger, Codierer und Decodierer, Multiplexer und Demultiplexer macht deutlich, daß das Zustandekommen einer Kommunikation das Einvernehmen der Kommunikationspartner über bestimmte Konventionen voraussetzt, welche die Kontaktaufnahme, die Einzelheiten des Kommunikationsablaufs und das Beenden der Kommunikation regeln. Diese Konventionen werden Protokolle genannt und betreffen Absprachen über

– das verwendete Übertragungsmedium (Übertragungskanal)
– das verwendete Alphabet
– die verwendeten Codierungsverfahren
– die Kontaktaufnahme zum Kommunikationspartner (Adressierung)

Die Verwendung bestimmter Protokolle entscheidet also darüber, welche Partner über einen bestimmten Kommunikationsdienst miteinander kommunizieren können und welche nicht. Aus diesem Grunde wird die weltweite Standardisierung von Kommunikationsprotokollen in verschiedenen Gremien mit großem Aufwand betrieben.

Obwohl die Entwicklung von Kommunikationsprotokollen nicht Gegenstand dieser Arbeit ist, müssen existierende Protokolle gleichwohl bei der Entwicklung einer geeigneten Architektur für Multimedia-Kommunikationsendgeräte berücksichtigt werden.

4 Technische Anforderungen

Mit Hilfe des in Kapitel 3 entwickelten Referenzmodells für Multimedia-Kommunikationsendgeräte lassen sich technische Anforderungen an die einzelnen Funktionsblöcke des Referenzmodells und an das Gesamtsystem ableiten. Dabei sind neben den in Kapitel 2 abgeleiteten, funktionalen Anforderungen an das Multimedia-Kommunikationssystem auch die an den Systemschnittstellen herrschenden Randbedingungen zu berücksichtigen.

Bei der nun folgenden Untersuchung wird zwischen technischen und physiologischen Randbedingungen unterschieden. Die technischen Randbedingungen leiten sich zum einen aus den Eigenschaften des gewählten Übertragungsnetztes ISDN und zum anderen aus der Verwendung von Windows-PCs als Systemplattform ab. Die physiologischen Randbedingungen bestimmen sich weitgehend aus den Eigenschaften des menschlichen Perzeptionsapparates.

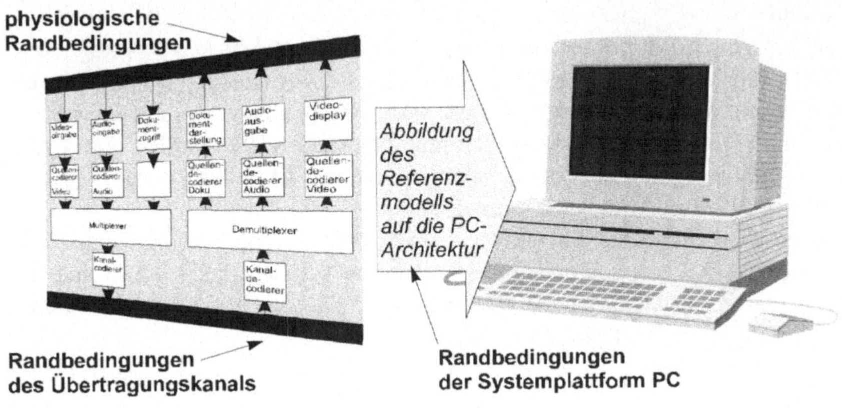

Abb. 4.1. Randbedingungen für die technische Realisierung eines Endgerätes für die Multimedia-Kommunikation

Aus Kenntnis der in Kapitel 2 identifizierten funktionalen Anforderungen und der nachfolgend beschriebenen physiologischen und technischen Randbedingungen lassen sich technische Anforderungen an ein Endgerät für Multimedia-Kommunikation in telekooperativen Anwendungen identifizieren.

4.1 Physiologische Randbedingungen

Bildet man das in Kapitel 2 entworfene Telekooperationsszenario auf das generische Referenzmodell ab, so wird deutlich, daß der Mensch in seiner Funktion als Nachrichtenquelle und Nachrichtenziel integraler Bestandteil des Multimedia-Kommunikationssystems ist. Somit sind die Eigenschaften, Fähigkeiten und Beschränkungen der Kommunikationsmittel des Menschen als wesentliche Randbedingungen bei der Entwicklung multimedialer Kommunikationssysteme zu berücksichtigen.

Insbesondere die Kenntnis der natürlichen Grenzen menschlicher Wahrnehmungsfähigkeit erlaubt es, den für die Übertragung multimedialer Nachrichten erforderlichen technischen Aufwand auf ein realisierbares Maß zu beschränken. So wird bei der Quellencodierung einer Nachricht vor der Redundanzreduktion oft zunächst eine sogenannte *Irrelevanzreduktion* durchgeführt, indem diejenigen Anteile der Nachricht eliminiert werden, welche vom menschlichen Perzeptionsapparat ohnehin nicht wahrgenommen werden können. Eine allgemeinere Auslegung des Begriffs Irrelevanz erlaubt darüber hinaus auch die Beseitigung von Informationen, die für den Empfänger in der jeweiligen Situation nicht von Interesse sind.[1]

In diesem Abschnitt werden die Eigenschaften der natürlichen Kommunikationsmittel des Menschen vorgestellt, welche für die Entwicklung eines multimedialen Kommunikationssystems relevant sind. Entsprechend dem Sender-Empfänger-Dualismus des eingeführten Kommunikationsmodells werden den Wahrnehmungsmöglichkeiten der betrachteten Sinne die Mitteilungsformen gegenübergestellt, die diese Sinne ansprechen.

Der Mensch verfügt über eine Reihe von Sensoren, mit denen er Informationen verschiedenster Art aus seiner Umwelt gewinnen kann. Tabelle 4.2 ordnet den wahrnehmbaren, sogenannten Ansprechenergien die zugehörigen menschlichen Wahrnehmungssinne und Sinnesorgane zu.

---

[1] Diese Interpretation des Begriffs Irrelevanz weicht von der informationstheoretischen Auslegung ab. In der Informationstheorie versteht man unter Irrelevanz denjenigen Anteil der am Ausgang des Empfängers beobachteten Entropie, der im Mittel pro Zeiteinheit von der Störquelle beigesteuert wird. (vgl. Kapitel 3)

Tabelle 4.2. Ansprechenergie, Wahrnehmungssinne und Sinnesorgane (Quelle: [Röhl82])

Ansprechenergie	Wahrnehmungssinn	Sinnesorgan
optisch	Gesichtssinn	Auge
akustisch	Gehör	Ohr
chemisch	Geruch Geschmack	Nase Zunge
mechanisch	Drucksinn	Haut
thermisch	Wärmesinn, Kältesinn	Haut

Tabelle 4.3 zeigt einen Vergleich zwischen dem neuronalen Informationsfluß in den Nervenbahnen mit dem Informationsfluß der bewußten Wahrnehmung. Für fünf Sinnesorgane sind links Schätzwerte für die Gesamtzahl der Rezeptoren und in der Mitte für den maximalen Informationsfluß (Kanalkapazität) angegeben. Auf der äußerst rechten Spalte sind die bewußt wahrnehmbaren maximalen Informationsflüsse angegeben, wie sie als Kanalkapazität in psychophysischen Experimenten ermittelt wurden [Schmidt85].

Tabelle 4.3. Neuronaler Informationsfluß und bewußte Wahrnehmung

Sinnessystem	Anzahl der Rezeptoren	Gesamte Kanal-kapazität (Bit/s)	Psychophysische Kanalkapazität (bps)
Augen	$2 \cdot 10^8$	10^7	40
Ohren	$3 \cdot 10^4$	10^5	30
Haut	10^7	10^6	5
Zunge	$3 \cdot 10^7$	10^3	1
Nase	$7 \cdot 10^7$	10^5	1

Diese Darstellung macht deutlich, daß die Fähigkeit zur bewußten Informationsaufnahme über den Gesichtssinn und das Gehör am besten ausgeprägt ist. Da diese sogenannten *Fernsinne*, vor allen anderen bei der menschlichen Kommunikation eingesetzt werden, beschränken sich die nachfolgenden Betrachtungen auf die Verarbeitung visueller und auditiver Nachrichten und geben einen Überblick über die Leistungsfähigkeit von Auge und Ohr.

4.1.1 Der Gesichtssinn

Mit dem menschlichen Gesichtssinn kann Licht wahrgenommen werden, das aus elektromagnetischen Schwingungen mit Frequenzen im Bereich von $3 \cdot 10^{14}$ Hz bis 10^{15} Hz besteht. Die Ausbreitungsgeschwindigkeit des Lichts beträgt etwa

$3 \cdot 10^8$ m/s. Dementsprechend liegen die Wellenlängen des sichtbaren Lichtes im Bereich von 1000 nm bis 300 nm.

4.1.1.1 Der Aufbau des Auges

Das menschliche Auge besteht, wie Abb. 4.2 zeigt, im wesentlichen aus einem optischen System und der Netzhaut (lat.: Retina). Das optische System ist ein zusammengesetztes, nicht exakt zentriertes Linsensystem, das auf die Netzhaut ein umgekehrtes und stark verkleinertes Bild der Umwelt projiziert.

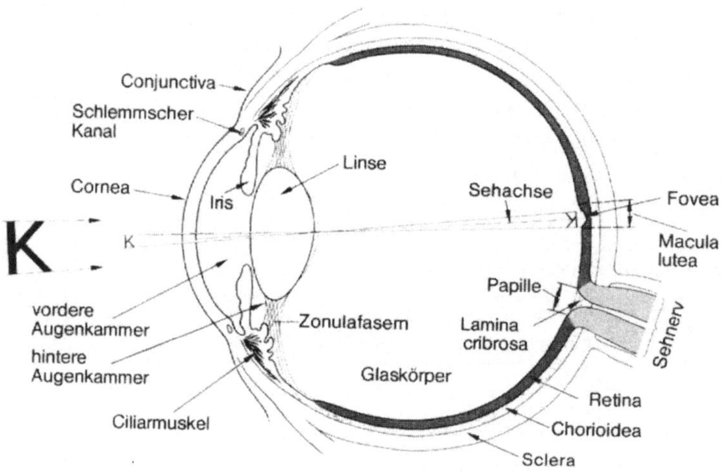

Abb. 4.2. Horizontalschnitt durch das menschliche Auge (Quelle: [Schmidt85])

Auf der Netzhaut befinden sich Pigmentzellen, Rezeptoren (Lichtsinneszellen) und Nervenzellen. Bei den Rezeptoren wird zwischen zwei verschiedenen Klassen unterschieden, nämlich den etwa 120 Millionen Stäbchen und den etwa 6 Millionen sogenannten Zapfen.

Die Stäbchen sind zum Sehen bei den Beleuchtungsbedingungen einer sternklaren Nacht (skotopisches Sehen) und somit für das Hell-Dunkel- und Dämmerungssehen zuständig.

Die Zapfen sind die Rezeptoren mit denen unter den Beleuchtungsbedingungen des Tageslichts gesehen wird (photopisches Sehen). Sie benötigen weitaus helleres Licht und dienen dem Farbensehen. Das photopische Sehen zeichnet sich durch gute Sehschärfe, gutes Farbensehen und kurze visuelle Reaktionszeiten aus.

4.1.1.2 Die zeitlichen Eigenschaften der visuellen Wahrnehmung

Die obere zeitliche Grenzfrequenz des Sehens wird *Flimmerfusionsfrequenz* oder *kritische Flimmerfrequenz* genannt. Ein intermittierender Lichtreiz oberhalb der Flimmerfusionsfrequenz kann nicht mehr von einem konstanten Lichtreiz gleicher mittlerer Leuchtdichte unterschieden werden. Die Flimmerfusionsfrequenz steigt mit der mittleren Leuchtdichte des Lichtreizes. Unter skotopischen (Stäbchensehen) Adaptions- und Reizbedingungen wird Flimmerlicht höchstens bis 22 Hz als intermittierend wahrgenommen. Unter photopischen Bedingungen liegt die Flimmerfusionsfrequenz bei etwa 60 Hz. Aufgrund der höheren Flimmerfusionsfrequenz des Zapfensystems läßt sich schließen, daß die Signalverarbeitung durch die Zapfen wesentlich rascher erfolgt als durch die Stäbchen.

Die Messung der Flimmerfusionsfrequenz wird jeweils für einen bestimmten Bereich des Gesichtsfeldes durchgeführt. Werden die alternierenden Reize jedoch nacheinander an verschiedene Stellen der Netzhaut projiziert, so wird eine Scheinbewegung des Lichtreizes wahrgenommen, die unter bestimmten Bedingungen nicht von einer wirklichen Bewegung unterschieden werden kann. Dieser Fall tritt ein, wenn die Zeit Δt zwischen zwei aufeinanderfolgenden Reizen kleiner als 120 ms ist. Die Entstehung dieser Scheinbewegung wird in der Videotechnik ausgenutzt. Dort werden Bildfolgen aus einzelnen Bildern mit einer Bildwechselfrequenz oberhalb der Flimmerfusionsgerenze (ab 18 bis 30 Hz) wiedergegeben, so daß beim Beobachter der Eindruck einer fließenden Bewegung entsteht.

4.1.1.3 Farbensehen

Die vom normal farbtüchtigen Menschen wahrnehmbaren Farbwerte (Farbvalenzen) zerfallen in zwei große Klassen, nämlich die bunten und die unbunten Farben. Die unbunten Farbvalenzen werden Graustufen genannt. Unter den Beleuchtungsbedingungen des normalen Tageslichts kann man 30 bis 40 verschiedene Graustufen zwischen dem tiefsten Schwarz und dem hellsten Weiß unterscheiden.

Die bunten Farbvalenzen lassen sich durch drei Größen charakterisieren, nämlich den *Farbton*, die *Sättigung* und die *Dunkelstufe*. Die Farbtöne lassen sich in einem in sich geschlossenen Farbenkreis ordnen, von rot über orange, gelb, grün, blau, violett, purpur bis rot. Die Sättigung einer Farbvalenz hängt vom unbunten Anteil ab. Farbton und Farbsättigung bestimmen zusammen die Farbart. Spektrales Rot mit Schwarz gemischt ergibt zum Beispiel die Farbart Braun. Die Dunkelstufe gibt den relativen Wert des unbunten Anteils einer Farbart auf der Graustufenleiter zwischen Schwarz und Weiß an. Für selbstleuchtende Lichtreize tritt an die Stelle der Dunkelstufe die *Helligkeit*.

Alle Farbtöne des Farbenkreises entsprechen bestimmten Spektralfarben im Spektrum des sichtbaren Sonnenlichtes oder können durch additive Farbmischung von zwei Spektralfarben hergestellt werden. Eine additive Farbmischung entsteht, wenn auf die gleiche Netzhautstelle Licht verschiedener Wellenlängen fällt. Für den normal Farbtüchtigen kann jede Farbart, die durch selbstleuchtende Lichtquellen herstellbar ist, durch eine additive Farbmischung von drei geeignet gewählten Farbtönen hergestellt werden. Dies wird durch den Begriff *trichromatisches Sehen* bezeichnet. Zur eindeutigen Beschreibung einer Farbart wurden durch eine internationale Übereinkunft die Wellenlängen sogenannter Primärfarben oder Primärvalenzen festgelegt. Es handelt sich dabei um die Spektralfarben mit den Wellenlängen 700 nm (Rot), 546 nm (Grün) und 435 nm (Blau).

Die trichromatische Theorie des Farbensehens führt die beschriebenen Eigenschaften der Farbwahrnehmung auf die Existenz von drei verschiedenen Zapfenarten zurück, welche als unabhängige Empfängersysteme des photopischen Sehens arbeiten und deren Signale gemeinsam in einem neuronalen Helligkeitssystem und in einem neuronalen Farbsystem verrechnet werden.

4.1.2 Das Gehör

Mit dem menschlichen Gehör können Schallwellen wahrgenommen werden. Schallwellen entstehen durch Schallquellen, welche die umgebende Luft zu Schwingungen anregen, die sich wellenförmig mit einer Geschwindigkeit von etwa 340 m/s ausbreiten. Da Schwingungsrichtung und Ausbreitungsrichtung des Schalls identisch sind, spricht man von Longitudinalwellen. Durch die Schwingungen der Luftmoleküle gibt es in einem Schallfeld Zonen, in denen die Luftmoleküle dichter gepackt sind und solche in denen weniger Moleküle vorhanden sind. Dementsprechend ist in diesen Zonen der Druck erhöht, bzw. erniedrigt. Die auftretende Druckamplitude wird Schalldruck genannt und ist eine wichtige Größe zur Charakterisierung von Schallereignissen.

In der Akustik wird statt des Schalldruckes meist der Schalldruckpegel L verwendet. Dieser gibt das logarithmische Verhältnis eines Schalldruckes p_x zu einem Bezugsschalldruck $p_0 = 2 \cdot 10^{-5}$ N/m^2 an und wird in deziBel (dB) gemessen.

$$L = 20 \, log \, {}_{10} \frac{p_x}{p_0} (dB) \qquad\qquad\qquad (\text{Gl. 4.3})$$

Die Hörbarkeit eines Tones wird durch den Schalldruck und die Frequenz bestimmt. In Abb. 4.3 ist der Wahrnehmungsbereich des menschlichen Gehörs mittels der sogenannten Hörfläche dargestellt. Gesunde Erwachsene können Frequenzen im Bereich von 20 Hz bis etwa 16 kHz hören. Der Schalldruckpegel, bei dem ein Ton gerade hörbar ist, wird Hörschwelle genannt und ist von der Frequenz abhängig. Das Ohr ist in dem Bereich zwischen 2000-5000 Hz am empfindlichsten.

Sprachsignale. Das menschliche Stimmorgan besteht aus einem Impulsgenerator, den Stimmbändern, mehreren Resonatoren, den Hohlräumen des Hals-Nasen-Rachenraumes und der Schallaustrittsöffnung, dem Mund. Die Volumina der Hohlräume sind veränderlich, z. B. durch die Zunge. Neben stimmhaften Lauten kann das Stimmorgan durch Ablassen der Luft aus den Hohlräumen sogenannte Zisch- und Explosivlaute erzeugen.

Der Frequenzumfang der menschlichen Stimme umfaßt bei Männern und Frauen etwa drei Oktaven. Der Hauptsprachbereich ist in Abb. 4.3 grau unterlegt.

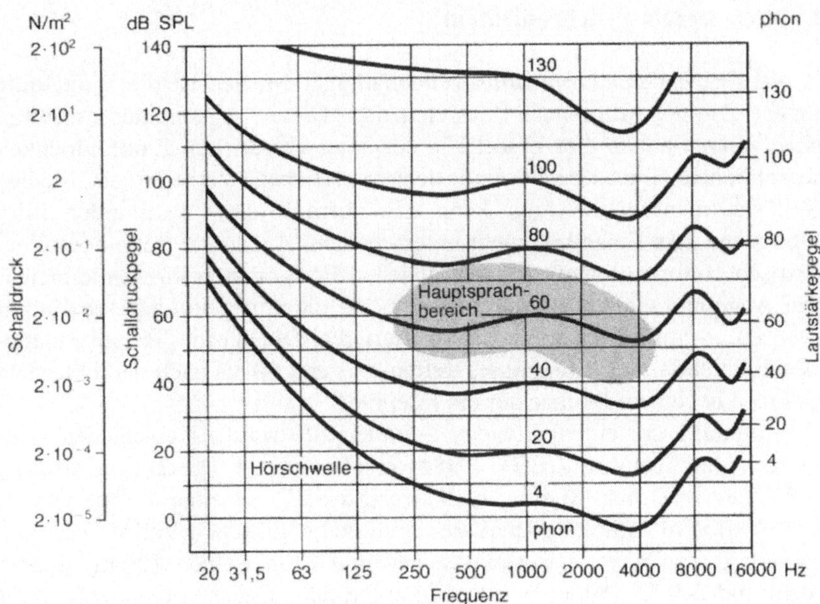

Abb. 4.3. Der menschliche Hörbereich mit Kurven gleicher Lautstärke (Quelle: [Schmidt85])

4.1.3 Synchronizität

Der Grad an Natürlichkeit, welcher bei einer Multimedia-Kommunikation empfunden wird, ist durch viele Einflußfaktoren bestimmt. Neben der Qualität der einzelnen Kommunikationsmedien spielt vor allem ihre Synchronizität eine wichtige Rolle. Weicht die zeitliche Beziehung der Medien weit von den natürlichen Verhältnissen ab, so ist es sehr schwierig, dem Inhalt der Kommunikation zu folgen. Neben der Beeinträchtigung der Verständlichkeit beeinflußt starker Versatz zwischen den Medien sogar die Bewertung des Kommunikationsinhaltes [Stein96].

Bei der Präsentation multimedialer Datenströme wird zwischen zwei Klassen von Synchronisations-Problemen unterschieden, nämlich der *inter-stream syn-*

chronization und der *intra-stream synchronization*. Die *inter-stream synchronization* hat zum Ziel, die zeitlichen Beziehungen zwischen verschiedenen Medien zu erhalten und den zeitlichen Versatz bei der Wiedergabe möglichst gering zu halten. Die *intra-stream synchronization* beschäftigt sich mit den zeitlichen Schwankungen, welche bei der Wiedergabe eines Mediums im Verhältnis zu einer als Referenz dienenden Zeitbasis auftreten [Stein96].

4.1.3.1 Inter-Stream Synchronization

Für die *inter-stream synchronization* zeitabhängiger Medien ist die Einhaltung bestimmter Zeitintervallgrenzen ausreichend. Diese sogenannten *weichen Zeitanforderungen* haben ihre Ursache in der unterschiedlichen Empfindlichkeit der menschlichen Sinnesorgane und dem natürlichen Versatz von Medien [Stein89]. Das menschliche Auge kann z.B. oberhalb einer bestimmten Bildwechselfrequenz kein Einzelbild mehr unterscheiden. Außerdem treffen optische und akustische Informationen, die vom gleichen Ereignis herrühren, nie gleichzeitig bei Auge und Ohr eines Menschen ein, da die Ausbreitungsgeschwindigkeiten von Licht- und Schallwellen stark differieren. Die akustischen Informationen eines 20 m entfernten Ereignisses treffen z.B. erst 60 ms nach den optischen Informationen bei einem Beobachter ein [Stein96].

Zur Bestimmung der einzuhaltenden Zeitintervalle wurden verschiedene Untersuchungen durchgeführt. CCET (1988) empfiehlt eine Obergrenze von +/- 150 ms Versatz zwischen Audio und Video [Stein93]. In einer Arbeit von A. Murphy (1990) wird zum ersten mal die durch den natürlichen Versatz von Medien hervorgerufene Asymmetrie einbezogen und Grenzen von 120 ms (Audio vor Video) und 240 ms (Video vor Audio) aufgestellt. Dagegen empfiehlt CCIR [ISSUE] engere Grenzen von 20 ms (Audio vor Video) und 40 ms (Video vor Audio).

Die Heterogenität der bislang veröffentlichten Ergebnisse bezüglich der Intervallgrenzen gaben Anlaß zur Durchführung umfangreicher Untersuchungen am IBM European Networking Center (IBM-ENC) in Heidelberg. Gegenstand der dort durchgeführten Studie ist die Ermittlung des tolerierbaren zeitlichen Versatzes zwischen verschiedenen Medien bei gleichzeitiger Präsentation von Video, Audio und supplementären Kommunikationsmittel. Damit wurden gerade die Randbedingungen ermittelt, welche bei einer Telekooperation an der Schnittstelle zwischen Mensch und Multimedia-Kommunikationsendgerät einzuhalten sind.

Die Teilnehmer einer Telekooperationssitzung arbeiten ähnlich wie bei einer Bildtelefonsitzung in nächster Nähe zu einem Bildschirm. Die verwendete Kamera befindet sich in den allermeisten Fällen auf dem Monitor, um den sogenannte *Parallax-Error* vermeiden, da ein zu großer Fehlwinkel zwischen Kamera und Bildschirm zum Verlust des Augenkontakts und damit zu einem unnatürlichen Eindruck führt. Die Angaben zum gerade noch akzeptablen Grenzwinkel sind unterschiedlich und bewegen sich zwischen 7,5° [ISSUE] und 12° [Fischer87].

Die auf dem Bildschirm positionierte Kamera kann in der Regel nur den Kopf oder allenfalls den Kopf und die Schultern eines Kooperationsteilnehmers erfassen. Damit erhöht sich die Aufmerksamkeit des Betrachters hinsichtlich Augenbewegungen, Mimik und Lippenbewegungen des Gegenübers. In dieser Situation kommt der Synchronizität von Sprache und Lippenbewegungen, der sogenannten Lippensynchronisation, gesteigerte Bedeutung zu.

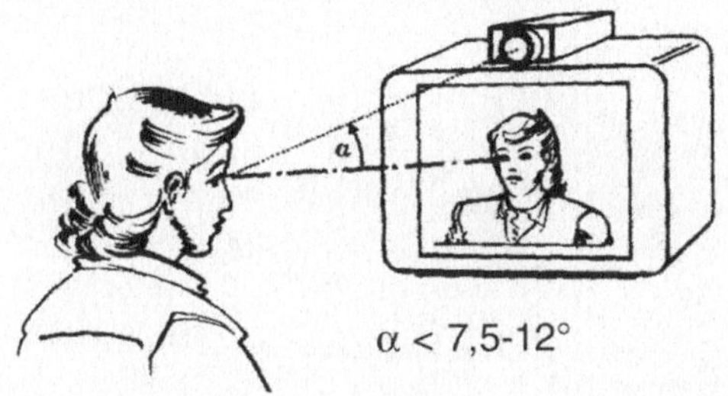

Abb. 4.4. Grenzwinkel zur Sicherstellung des Blickkontakts (Quelle: [Fischer87])

Neben der Übertragung von Audio und Video spielt bei der Telekooperation das gemeinsame Arbeiten an einem Dokument eine wichtige Rolle. Bei diesem *Document-Sharing* müssen Änderungen oder Mausbewegungen eines Telekooperationsteilnehmers für den jeweils anderen sofort sichtbar werden. Das *Document-Sharing* stellt natürlich andere Anforderungen an die Synchronisation, als die Problematik der Lippensynchronisation. Beide Problemkreise werden in den folgenden Abschnitten untersucht.

Lippensynchronisation. Um festzustellen, wann zusammengehörende Audio- und Videosignale als synchronisiert bzw. als nicht synchronisiert empfunden werden, wurden einer größeren Anzahl von Testpersonen Videoclips vorgespielt, in denen ein einzelner Redner, ähnlich wie bei einer Nachrichtensendung, einen Text vorträgt. Dabei wurde zwischen den Audio- und Videosignalen ein künstlicher Zeitversatz erzeugt, der in Schritten von 40 ms variiert wurde. Um den Einfluß verschiedener Bildauflösungen zu untersuchen, wurden die Testreihen außerdem mit drei verschiedenen Zoomfaktoren durchgeführt. Beim *Head View* erfaßt die Kamera nur den Kopf des Redners, beim *Shoulder View* befinden sich Kopf und Schultern im Bild und beim *Body View* die gesamte sitzende Person.

Die Testpersonen sollten einerseits angeben, ob sie einen Synchronisationsfehler entdecken können und anderseits bewerten, inwieweit dadurch die Qualität der Darstellung beeinflußt wird. Abb. 4.5 zeigt die Testergebnisse für das Erkennen eines Synchronisationsfehlers im Überblick. In der horizontalen Achse ist der tatsächliche Versatz von Video in Bezug zu Audio dargestellt. Die negativen Werte entsprechen also dem Synchronisationsfehler Video vor Audio, die positiven Werte dem Fehler Audio vor Video.

Die in Abb. 4.5 erkennbare Asymmetrie hinsichtlich positivem bzw. negativem Versatz begründet sich durch die Gewöhnung des menschlichen Gehirns an den natürlichen Versatz zwischen visuellen und akustischen Signalen. Da aufgrund unterschiedlicher Ausbreitungsgeschwindigkeiten visuelle Signale immer vor den akustischen Signalen eintreffen, ist das menschliche Gehirn gegenüber solchen Synchronisationsfehlern unempfindlicher.

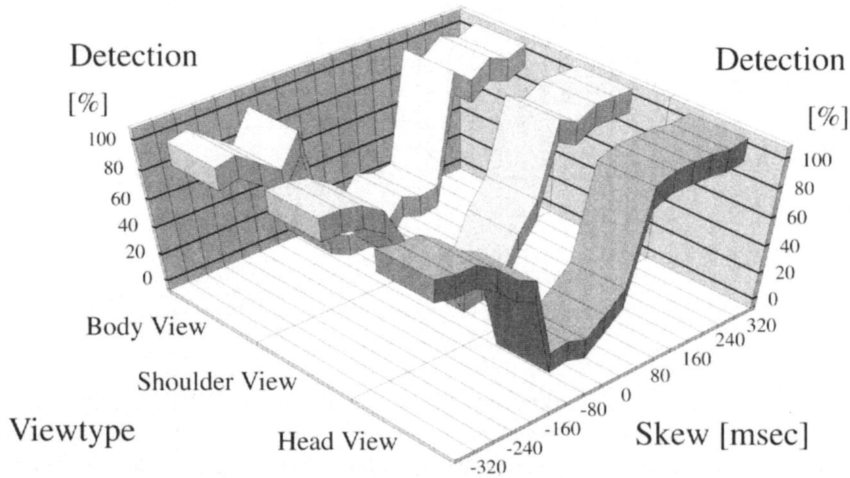

Abb. 4.5. Wahrnehmung von Synchronisationsfehlern (Quelle: [Stein96])

Der unterschiedliche Kurvenverlauf bei den jeweiligen Zoomfaktoren läßt auf einen Zusammenhang zwischen der Bildauflösung und dem Erkennen von Synchronisationsfehlern schließen. Die Kurve *Body View* verläuft deutlich flacher als die Kurve *Head View*. Je genauer also für den Betrachter die Mimik und Lippenbewegungen des Telekooperationspartners zu erkennen sind, desto eher werden Synchronisationsfehler erkannt.

Erweitert man die Fragestellung und verlangt eine genaue Spezifikation des Synchronisationsfehlers hinsichtlich dem Vorzeichen des wahrgenommenen Versatzes, so gelangt man zu den in folgender Abbildung dargestellten Ergebnissen. Anhand dieser Darstellung der Untersuchungsergebnisse für den *Shoulder View* wird die unterschiedliche Wahrnehmung von positivem und negativem Versatz noch deutlicher erkennbar.

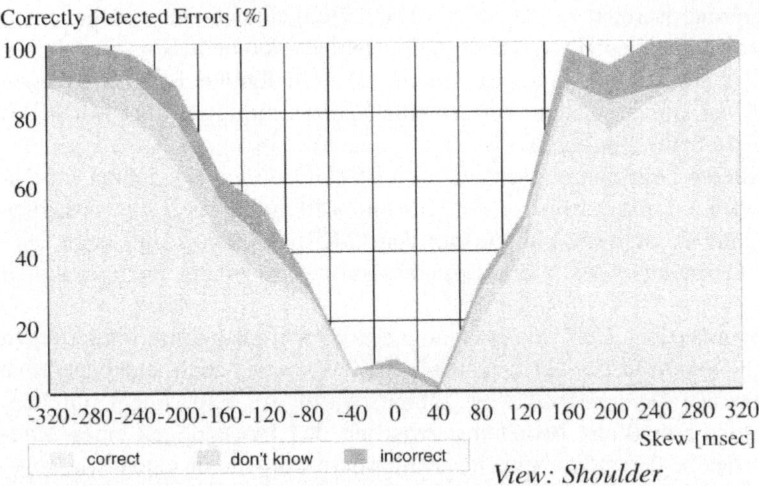

Abb. 4.6. Richtig erkannte Synchronisationsfehler beim *Shoulder View*) (Quelle: [Stein96])

Entscheidender als die bloße Wahrnehmung von Synchronisationsfehlern ist allerdings die Frage, ab wann sich ein Synchronisationsfehler störend auf das Verfolgen des dargestellten Inhaltes auswirkt. Diese Ablehnungsschwelle wird in der folgenden Abbildung der Ergebnisse für den *Shoulder View* mit dem Begriff *Level Of Annoyance* bezeichnet.

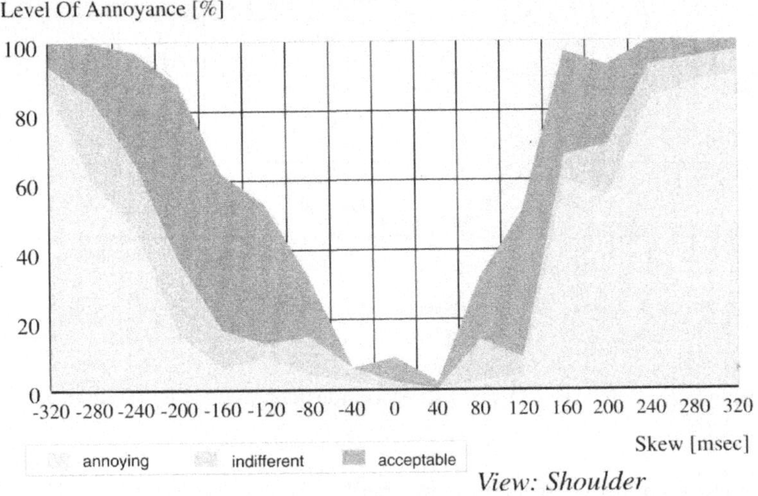

Abb. 4.7: Ablehnungsschwelle beim *Shoulder View* (Quelle: [Stein96])

Der dunkelgraue Bereich in der obigen Darstellungen steht für den Fall, daß die Testpersonen zwar einen Synchronisationsfehler erkannt haben, dem Inhalt des Videoclips aber trotzdem folgen konnten. Der hellgraue Bereich dagegen bedeutet, daß bei einem solchen Versatz eine Konzentration auf den Inhalt des Videoclips nicht mehr möglich ist.

Aufgrund dieser Testreihen lassen sich *weiche Zeitbedingungen* aufstellen. Danach erscheint ein Versatz zwischen -80 ms und +80 ms für die Lippensynchronisation akzeptabel, während ein Versatz von -240 ms/+160 ms und mehr vom Inhalt eines Gesprächs oder Videoclips ablenkt und zu einem unangenehmen Gefühl führt.

Zeigersynchronisation. Zur Untersuchung der Synchronisationsanforderungen bei *Computer-Supported Cooperative Work* (CSCW), wozu auch telekooperative Anwendungen wie *Document-Sharing* zählen, wurde ein Experiment durchgeführt, bei dem die zeitliche Beziehung zwischen den Bewegungen eines Mauscursors und der begleitenden Sprache manipuliert wurden. In einem von zwei Teilexperimenten wurde anhand einer Karte eine Reiseroute erklärt, in dem anderen wurden einzelne Teile einer technischen Zeichnung erläutert. Es zeigte sich, daß bei der Zeigersynchronisation weitaus größere Abweichungen tolerierbar sind, als bei der Lippensynchronisation.

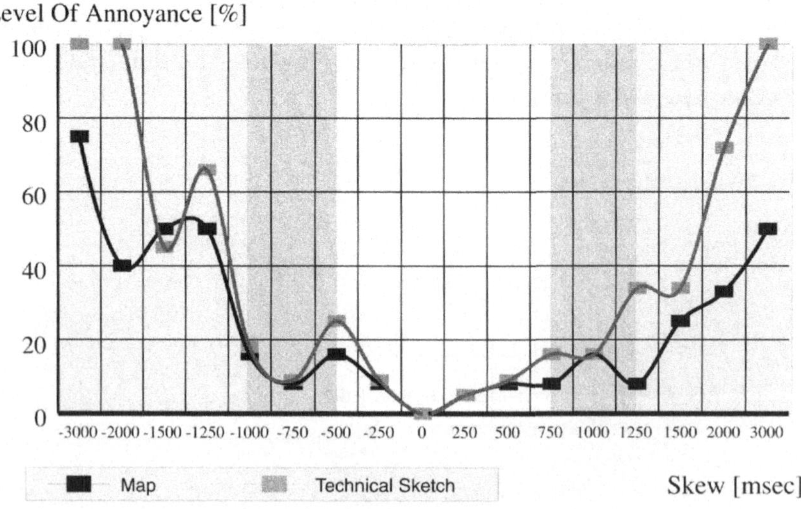

Abb. 4.8. Ablehnungsschwelle bei Zeigersynchronisationsfehlern (Quelle: [Stein96])

Die obige Graphik stellt die Ergebnisse der beiden Teilexperimente dar. Wie zu erkennen ist, wird ein Versatz zwischen -500 ms (Zeiger vor Audio) und

+750 ms (Audio vor Zeiger) kaum wahrgenommen. Erst oberhalb von -1s und +1,25s wirken sich die Synchronisationsfehler störend aus und erschweren telekooperatives Arbeiten.

4.1.3.2 Intra-Stream Synchronization

Bisher wurden in diesem Kapitel ausschließlich Problemstellungen behandelt, die sich mit der sogenannten *inter-stream synchronization*, also der Synchronisation unterschiedlicher Datenströme befassen. Synchronisations-Probleme ergeben sich jedoch auch innerhalb eines Datenstroms (*intra-stream synchronization*).

Bei der *Ende-zu-Ende-Verzögerung* (End-to-End-Delay) handelt es sich um die Zeitdauer zwischen der Entstehung und der Präsentation eines Mediums. Sie sollte bei Videokommunikation möglichst nicht mehr als 120 ms [Stein96], auf keinen Fall aber mehr als 250 ms [ISSUE] betragen.

Neben der absoluten Ende-zu-Ende-Verzögerung spielt der sogenannte *Jitter* eine große Rolle. Als Jitter wird die maximale Differenz zweier Ende-zu-Ende-Verzögerungen bezeichnet, die zwischen zwei aufeinanderfolgenden Datenpaketen auftreten [ZhaKes91]. Experimente haben gezeigt, daß das menschliche Gehör besonders stark auf Jitter reagiert. Unregelmäßigkeiten in der Audio-Präsentation müssen also unbedingt vermieden werden [Stein96]. Jitter läßt sich durch Puffern des Datenstroms bei der Datensenke vermeiden, indem ein Teil der Daten, die ein Medium repräsentieren, zwischengespeichert wird. Im Falle von Verzögerungen auf der Übertragungsstrecke werden die noch im Puffer befindlichen Daten abgespielt und eine kontinuierliche Präsentation garantiert. Dieses Puffern erhöht allerdings automatisch die absolute Ende-zu-Ende-Verzögerung.

4.2 Technische Randbedingungen

Bisher wurde ein allgemeingültiges Modell für multimediale Kommunikationsendgeräte entwickelt und die relevanten physiologischen Randbedingungen untersucht. Durch die Wahl von Windows-PCs als Basis-Systeme und die Festlegung auf das Übertragungsmedium ISDN wurden *technische Randbedingungen* eingeführt, die bei der Entwicklung einer geeigneten Systemarchitektur berücksichtigt werden müssen. Bevor diese im folgenden identifiziert werden, wird zunächst die zum Verständnis erforderliche Terminologie eingeführt, indem die entsprechenden technologischen Grundlagen erläutert werden.

4.2.1 Das Übertragungsnetz ISDN

Im März 1989 wurde das diensteintegrierende, digitale Telekommunikationsnetz *ISDN* (*I*ntegrated *S*ervices *D*igital *N*etwork) von der Deutschen Bundespost Telekom eingeführt. Seitdem können Sprache, Text und Bilder über ein gemeinsames Netz übertragen werden. Seit Anfang 1994 steht das ISDN in den alten Bundesländern flächendeckend zur Verfügung. In den neuen Bundesländern wurde dieser Versorgungsgrad 1995 erreicht.

Das ISDN stellt eine Integration bestehender Telekommunikationsdienste, wie Datex-L, Datex-P, Telex und Fernsprechdienst dar und bietet durch seine Standardbitrate von 64 Kbps vollduplex eine Grundlage für den Einsatz neuer Dienste, wie z.B. Videokonferenzen [Bada94].

Telekommunikationsdienste wie Telefonieren, Telefax, Teletex, Bildschirmtext und Datenübertragung werden charakterisiert durch ihre technischen, betrieblichen und benutzungsrechtlichen Dienstmerkmale. Diese beschreiben sämtliche Kommunikationsfunktionen und -protokolle, die zur Abwicklung des jeweiligem Telekommunikationsdienstes erforderlich sind.

Kommunikationsprotokolle umfassen sämtliche Regeln und Vorschriften für die Kommunikationsabläufe zwischen Benutzer und Netz oder von Benutzer zu Benutzer über das Netz. Die Funktionen und Protokolle des ISDN lassen sich entsprechend der hierarchischen Struktur der sieben Schichten des OSI-Referenzmodells[2] gliedern.

4.2.1.1 Das OSI-Referenzmodell für offene Kommunikation

Mit dem OSI-Referenzmodell wurde von ISO[3] in Abstimmung mit CCITT[4] ein abstraktes Modell für die Beschreibung von Funktionen und Protokollen für die Kommunikation zwischen offenen Systemen entwickelt [Bock90]. Das OSI-Modell strukturiert die Funktionen von offenen Systemen in sieben übereinander liegenden Schichten. Zweck jeder Schicht ist es, der jeweils übergeordneten Schicht einen bestimmten Dienst zu erbringen. Virtuell kommuniziert dabei die Schicht n einer Maschine jeweils mit der Schicht n einer anderen Maschine. Die Regeln und Bestimmungen, nach denen die Kommunikation abläuft, werden allgemein als Protokoll der Schicht n bezeichnet.

---

[2] OSI = *O*pen *S*ystems *I*nterconnection
[3] ISO = *I*nternational *S*tandards *O*rganization
[4] CCITT = *C*ommitée *C*onsultatif *I*nternational *T*élégraphique et *T*éléphonique (heute ITU-T)

Tabelle 4.4. Die Funktionen der einzelnen Schichten des OSI-Modells

	Schicht	Aufgabe
7	Anwendungsschicht (Application)	Zusammenarbeit d. Systeme Email, Filetransfer
6	Darstellungsschicht (Presentation)	legt Präsentationsform fest Quellencodierung, ...
5	Kommunikationssteurschicht (Session)	installiert Kommunikationssitzungen Dialogsteuerung
4	Transportschicht (Transport)	Auswahl d. Transportdienstes Verbindungsauf- und -abbau Mehrfachnutzung eines Kanals durch mehrere Nachrichtenströme
3	Vermittlungsschicht (Network)	Rooting, Verbindungsaufbau
2	Sicherungsschicht (Data Link)	Fehlerkorrektur
1	Bit-Übertragungsschicht (Physical)	physikalische. Anpassung an Übertragungskanal

Tatsächlich erfolgt die Datenübertragung nicht direkt von der Schicht *n* einer Maschine zu der Schicht *n* einer anderen Maschine. Statt dessen gibt jede Schicht Daten und zugehörige Steuerinformationen an die direkt unter ihr liegende Schicht weiter, bis die unterste Schicht erreicht ist. Unter Schicht 1 befindet sich das physikalische Übertragungsmedium, über das die tatsächliche Kommunikation läuft [Tan92].

Die Protokolle der Schichten 1 bis 4 sind transportorientiert, das heißt sie regeln zum einen den Zugang zum Netz (Schichten 1 bis 3) und zum anderen den Transport der Informationen über das Netz von Benutzer zu Benutzer (end-to-end). Dabei sind Schicht 1 die physikalischen Anschlußbedingungen wie Benutzer-Netz-Schnittstelle, Übertragungsgeschwindigkeit und elektrische Charakteristika zugeordnet [Bock90].

Schicht 2 enthält Prozeduren für die Erkennung und Korrektur von Übertragungsfehlern, sowohl für die Signalisierung als auch für die Übermittlung der Nutzinformationen. Im ISDN findet die Benutzer-Netz- und die Benutzer-Benutzer-Signalisierung im D-Kanal statt. Die Nutzinformationen können leitungsvermittelt oder paketvermittelt im B-Kanal, sowie paketvermittelt im D-Kanal übertragen werden [Bock90].

Die Protokolle der Vermittlungs- oder Netzschicht (Schicht 3) dienen dem Auf- und Abbau, sowie der Überwachung der physikalischen Verbindung. Bei paketvermittelter Kommunikation sorgt sie außerdem für die Steuerung und Kontrolle des Transports der Pakete. Schicht 4 ist die Transportschicht, die den Transport sowie die logische Verkettung von Nachrichtenblöcken von Endgerät zu Endgerät (end-to-end) überwacht und steuert [Bock90].

Die anwendungsorientierten Protokolle sind den Schichten 5 bis 7 zugeordnet. Schicht 5 enthält die Kommunikationssteuerung (Session) mit Auf- und Abbau sowie Kontrolle der logischen Verbindung. Auch die Umschaltung zwischen unterschiedlichen Betriebsarten eines Dienstes sowie die Korrektur von Übertragungsfehlern, die in den transportorientierten Schichten nicht behoben werden konnten, erfolgen in dieser Schicht durch die wiederholte Übermittlung zusammenhängender Informationen. Schicht 6 umfaßt Funktionen zur Informationsdarstellung wie die Auswahl von Schrift- und Graphikzeichensätzen, Format und Struktur eines Dokumentes. Schicht 7 sind die Funktionen zur Steuerung der Anwendungen und zur Verarbeitung von Nachrichten für die Kommunikation zugeordnet. Zu den Funktionen der Schicht 7 zählt auch die zur Steuerung des Kommunikationsprozesses notwendige Auswertung nachrichtenbezogener Angaben, wie zum Beispiel Art der Nachricht, Qualitätsanforderungen, Name oder Adresse des Kommunikationspartners oder des Verarbeitungsprozesses eines Rechners [Bock90].

4.2.1.2 Die Benutzer-Netz-Schnittstelle im ISDN

Der ISDN Kunde kann zwischen zwei Anschlußarten wählen. Der Basisanschluß mit der S_0-Schnittstelle bietet 2 Basiskanäle (B-Kanäle) für die Übertragung von Nutzdaten mit einer Übertragungsrate von jeweils 64 Kbps und einen Signalisierungskanal (D-Kanal) für die Steuerung der Verbindung mit 16 Kbps. Der Basisanschluß ist für den direkten Anschluß von Endgeräten konzipiert. An den Primärmultiplexanschluß können Nebenstellenanlagen angeschlossen werden. Er bietet an der S_{2M}-Schnittstelle 30 B-Kanäle und einen Signalisierungskanal mit jeweils 64 Kbps [Bock90]. Während über die B-Kanäle die eigentliche Datenübertragung stattfindet, wird über den D-Kanal der Verbindungsauf- und -abbau zwischen den Endgeräten gesteuert.

Zur Übertragung der digitalen Signale zwischen der Vermittlungsstelle und dem ISDN-Teilnehmer werden die vorhandenen Kupferdoppeladerleitungen des analogen Telefonnetzes verwendet. Der physikalische Anschluß des Teilnehmers an das ISDN erfolgt über einen aktiven Netzabschluß, den *Network Terminator (NT)*. Er setzt die zweiadrige Telefonleitung auf die S_0-Schnittstelle um. S_0 ist eine Vierdrahtschnittstelle bei der Sende- und Empfangsrichtung getrennt auf jeweils einer Kupferdoppelader laufen [Moritz93]. Abb. 4.9 zeigt ein Beispiel für die Belegung der S_0-Schnittstelle.

Die S_0-Schnittstelle des Basisanschluß ist als passiver Bus ausgelegt, an den bis zu 12 Kommunikatiossteckdosen angebracht sein können. Es dürfen gleichzeitig 8 Endgeräte angeschlossen werden, die über eine einheitliche Rufnummernbasis erreichbar sind. Die Adressierung eines einzelnen Endgerätes erfolgt über eine zusätzliche Endgeräteauswahlziffer (beim nationalen D-Kanal-Protokoll 1TR6) bzw. eine eigene Rufnummer (beim europäischen D-Kanal-Protokoll E-DSS1).

Da die S_0-Schnittstelle zwei B-Kanäle zur Verfügung stellt, können gleichzeitig zwei der maximal acht angeschlossenen Endgeräte Daten übertragen. Die beiden B-Kanäle können sowohl zu zwei verschiedenen als auch zu einem gemeinsamen Zielanschluß geschaltet werde. Im letzteren Fall steht eine Datenrate von 128 Kbps vollduplex zur Verfügung [Bock90]. Während einer bestehenden Verbindung ist es möglich, den Kommunikationsdienst zu wechseln. So kann z. B. ein Telefonat kurz unterbrochen werden, um dem Gesprächspartner ein Fax zu senden und anschließend kann das Gespräch wieder aufgenommen werden. Die laufenden Kosten für die Nutzung einer S_0-Schnittstelle sind mittlerweile[5] geringer als für einen analogen Doppelanschluß.

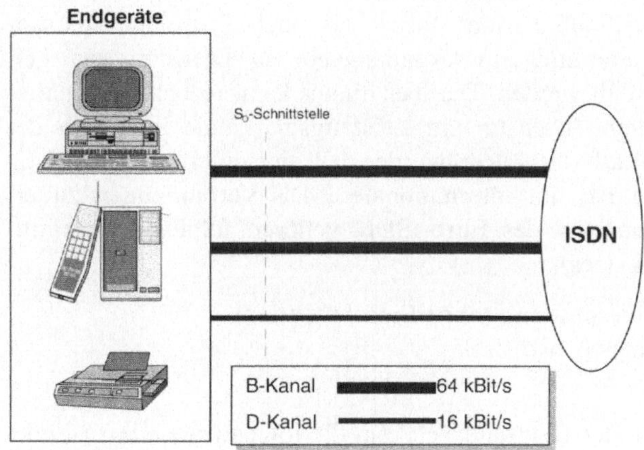

Abb. 4.9. ISDN S_0-Schnittstelle (Quelle: [Bada94])

Die Signale der B- und D-Kanäle werden im Zeitmultiplexverfahren übertragen. Die Funktionsweise dieses Verfahrens ist in Abb. 4.10 für die S_0-Schnittstelle des Basisanschlusses dargestellt, funktioniert jedoch prinzipiell genauso an der S_{2M}-Schnittstelle des Primärmultiplexanschlusses.

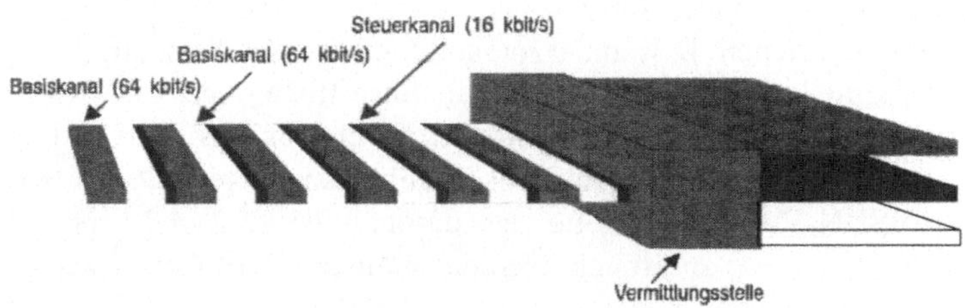

Abb. 4.10. Die Zeitliche Verschachtelung der Kanäle am Basisanschluß (Quelle: [AGBü91])

---

[5] vgl. Gebührenreform der Telekom ab 1. Juli 1996.

4.2.1.3 Das Euro-ISDN Protokoll

Ähnlich wie in Deutschland wurden auch in anderen europäischen Ländern zunächst nationale ISDN-Netze entwickelt. Für ein europaweites einheitliches Netz fehlte es daher an einem einheitlichen technischen Standard. Um die Vorteile von ISDN auch international nutzen zu können, haben sich 26 Netzbetreiber aus 20 europäischen Ländern[6] auf den Euro-ISDN-Standard verständigt. Mit der Unterzeichnung eines *'Memorandum of Understanding (MoU)'* verpflichteten sie sich, diesen europäischen ISDN-Standard bis Ende 1993 in ihrem Bereich einzuführen. Jeder Unterzeichner soll sowohl Basis- als auch Primärmultiplexanschlüsse anbieten. Außerdem muß ein Grundangebot an Diensten und Leistungsmerkmalen bereitgestellt werden. Darüber hinaus kann jedoch jeder nationale Netzbetreiber zusätzliche Dienste und Leistungsmerkmale innerhalb des Euro-ISDN anbieten. Ebenfalls festgelegt wurde, daß eine internationale Netzschnittstelle bereitzustellen ist, um internationale ISDN-Verbindungen zu ermöglichen. Zum Mindestangebot des Euro-ISDN gehören folgende Übermittlungsleistungen (Bearer-Services):

– 64 Kbps transparente Übermittlung (ohne Einschränkung)
– 3,1 kHz-a/b-Übermittlungsdienst
– Sprachübermittlung

Darüber hinaus werden von der Deutsche Telekom die folgenden Ende-zu-Ende-Dienste (Tele-Services) angeboten:

– Telefon 3,1 und 7 kHz
– Bildtelefon
– Telefax Gruppe 2/3 und 4
– T-Online 64 Kbps (Bildschirmtext)

Das Euro-ISDN unterscheidet sich vom bestehenden deutschen ISDN nur durch das verwendete D-Kanal-Protokoll. Im nationalen ISDN ist dies das 1-TR6-Protokoll, im Euro-ISDN das E-DSS1-Protokoll. Die notwendige Anpassung geschieht in den ISDN-Vermittlungsstellen im wesentlichen durch den Austausch bzw. die Ergänzung entsprechender Software.

Wegen der unterschiedlichen D-Kanal-Protokolle kann eine Endeinrichtung mit nationalem D-Kanal Protokoll nicht an einem Euro-ISDN-Anschluß betrieben werden und umgekehrt. Deshalb wird von der Telekom der Euro-ISDN-Mehrgeräteanschluß auch als bilingualer Basisanschluß angeboten. Dabei wird auf der Seite zur ISDN-Vermittlungstelle das europäische D-Kanal-Protokoll unterstützt, auf Teilnehmerseite zusätzlich noch das nationale Protokoll. Dadurch

---

[6] Im einzelnen sind dies: Belgien, Dänemark, Deutschland, Finnland, Frankreich, Griechenland, Großbritannien, Irland, Italien, Jugoslawien, Luxemburg, Niederlande, Norwegen, Österreich, Portugal, Schweden, Schweiz, Spanien, Türkei und Zypern.

ist es möglich, die bisherigen ISDN-Endgeräte zusammen mit neuen Euro-ISDN-Endgeräten an einem Anschluß zu betreiben [Fink92].

4.2.2   Der PC als Systemplattform

Zur Feststellung der Randbedingungen, die sich aus der Wahl von PCs in Verbindung mit Windows Betriebssystemen als Systemplattform ergeben, werden in diesem Abschnitt die folgenden Fragen untersucht:

- Inwieweit ist der PC geeignet, die Funktionalität der Komponenten des Referenzmodells für Multimedia-Kommunikationsendgeräte bereitzustellen?
- Welche Erweiterungsmöglichkeiten existieren, falls nicht alle Komponenten des Referenzmodells durch die Grundausstattung eines PCs bereitgestellt werden können?
- Inwieweit sind PCs echtzeitfähig bezüglich der Zeitschranken, welche durch die physiologischen Randbedingungen gegeben sind?

Zur Behandlung dieser Fragestellungen werden zunächst Architektur und Komponenten eines Windows-PCs vorgestellt, um nachfolgend die für Systemerweiterungen und Echtzeitanforderungen relevanten Eigenschaften zu untersuchen.

4.2.2.1   Architektur und Komponenten von Windows-PCs

Die Microsoft Betriebssysteme *Windows 3.1*, *Windows 3.11*, *Windows 95* und *Windows NT* sind für PCs entworfen, deren CPU entweder aus einem Intel-Prozessor oder einem zu Intel-Prozessoren pinkompatiblen Prozessor eines anderen Herstellers besteht. Der Aufbau dieser PCs entspricht im wesentlichen dem klassischen *von-Neumann-Modell* [ObVo86] und umfaßt die folgenden Komponenten:

- CPU mit Steuerwerk und Rechenwerk
- Bausteine zur Entlastung der CPU, wie Interrupt-Controller, Timer, DMA-Controller
- Speicher, bestehend aus Arbeitsspeicher (ROM und RAM) und Festspeicher (Diskette, Festplatte)
- Ein- und Ausgabegeräten (Tastatur, Maus, Bildschirm, Drucker)
- Systembus(se) für die Übertragung von Daten, Adressen und Befehlen zwischen den einzelnen Komponenten

Von der Technologie her gesehen, sind die heutigen Windows-PCs Weiterentwicklungen des Anfang der achtziger Jahre eingeführten IBM-PC. Einer der wichtigsten Gründe für den Erfolg des IBM-PC waren zusätzliche, an den Systembus angeschlossene Steckplätze für Erweiterungskarten. Mittels einer Einsteckkarte, die dem Busprotokoll des PC genügte, kann die Grundausstattung um zusätzliche Hardware-Komponenten erweitert werden. Dieses modulare Konzept ist auch in den modernen Windows-PCs verwirklicht. Insbesondere Ein- und Ausgabegeräte wie Schnittstellenbausteine und Graphikcontroller befinden sich meist auf eigenen Einsteckkarten.

Graphikkarten. Im Bereich der Graphikkarten verhalfen nicht zuletzt die gesteigerten Anforderungen der graphischen Betriebssystemerweiterung Windows der VGA-Karte[7] zum Durchbruch. Heute verkaufte PCs sind fast ausschließlich mit VGA-Karten oder leistungsfähigeren Super-VGA-Karten ausgestattet. Während die von IBM vorgesehenen Standard VGA-Modi über eine Auflösung von 640×480 Bildpunkten bei 16 möglichen Farben nicht hinausgingen, bieten heute verfügbare Super-VGA-Karten Auflösungen von 1280×1024 Bildpunkten bei 16,8 Mio. möglichen Farben [Stehr95].

VGA-Karten verfügen standardmäßig über einen 20-poligen Hilfsanschluß auf der Platine. Dieser sogenannte *Feature-Connector* erlaubt die Übertragung von Videodaten von der VGA-Karte zu einem Zusatzadapter. In die andere Richtung können Signale von diesem Zusatzadapter direkt an den Digital-Analog-Wandler der VGA-Karte weitergeleitet werden. Es können jedoch zur selben Zeit nur Daten in eine Richtung übertragen werden [Mich88]. Mittlerweile wurde mit dem VESA-Media-Channel[8] (VMC) eine intelligente Variante des Feature-Connectors entwickelt, welche die Beschränkung auf 256 Farben und niedrige Refreshraten überwindet [Bert95].

Der Systembus. Die Übertragung von Daten zwischen den Anwendungsprogrammen, die von der CPU abgearbeitet werden, und peripheren Hardwarekomponenten wie Arbeitsspeicher, Tastatur, Festplatte oder Einsteckkarten, erfolgt über den Systembus. Einsteckkarten befinden sich aus Sicht der CPU hinter einem sogenannten I/O-Port und müssen daher bestimmte Kontrollsignale auswerten, mit denen die CPU ankündigt, daß sie mit der angelegten Adresse nicht auf Speicher, sondern einen ebensolchen I/O-Port zugreift. Dabei spricht man von Zugriffen, wenn entweder die CPU oder ein anderer Busmaster die Kontrolle hat. Bei DMA-Zugriffen[9] handelt es sich um einen Transfer zwischen einem I/O-Port und dem Arbeitsspeicher.

Der 16 Bit PC/AT-Bus[10] auch ISA-Bus[11] genannt, wurde von IBM 1985 eingeführt und ist eine Weiterentwicklung des 8 Bit XT-Bus. Für den AT-Bus existiert die IEEE-Spezifikation P996 [Still91]. Außer den Daten-, Adreß- und Kontrolleitungen bietet der AT-Bus 11 Interrupt-Request-Eingänge, eine Reset-Leitung, den Bustakt von 8,33 MHz und den Videotakt. Datentransfers können mit einer maximalen Geschwindigkeit von 2 MByte/s durchgeführt werden. Für die von Generation zu Generation ständig steigenden Rechenleistungen der im PC eingesetzten Prozessoren stellte die beschränkte Übertragungsleistung des AT-Bus

---

[7]   VGA = Video Graphics Array
[8]   VESA = Video Electronics Standard Association
[9]   DMA - Direct Memory Access
[10] AT - Advanced Technology
[11] ISA - Industry Standard Architecture

einen Flaschenhals dar. Weiterentwicklungen wie die Micro-Channel-Architektur und der EISA-Bus konnten sich jedoch kaum durchsetzen [Schnur92].

Erst das zu Beginn der 90er Jahre eingeführte Konzept des Local-Bus traf auf breitere Akzeptanz. Bei diesem Konzept ist der schnelle Local-Bus an den Host-Bus der CPU gekoppelt. Parallel dazu existiert jedoch auch ein ISA-Bus für I/O-Komponenten, der über spezielle Controller-Bausteine an den Local-Bus gekoppelt ist, so daß auch ISA-Erweiterungskarten verwendet werden können. Nachdem sich anfangs der VESA-Local-Bus zu behaupten schien, hat sich seit etwa 1995 der PCI[12]-Bus als Quasi-Standard durchgesetzt. Mit dem PCI-Bus sind Transferraten von etwa 120 MBps erreichbar [Schnur92].

Das Zusammenwirken von Hardware und Software. Ein PC-System besteht neben den oben beschriebenen Hardware-Komponenten, die auch als Geräte (engl.: devices) bezeichnet werden, aus bestimmten Software-Komponenten. Dabei handelt es sich um Programme, die der Prozessor, unterstützt durch die periphere Hardware, abarbeitet, um die ihm zugedachten Aufgaben zu erfüllen.

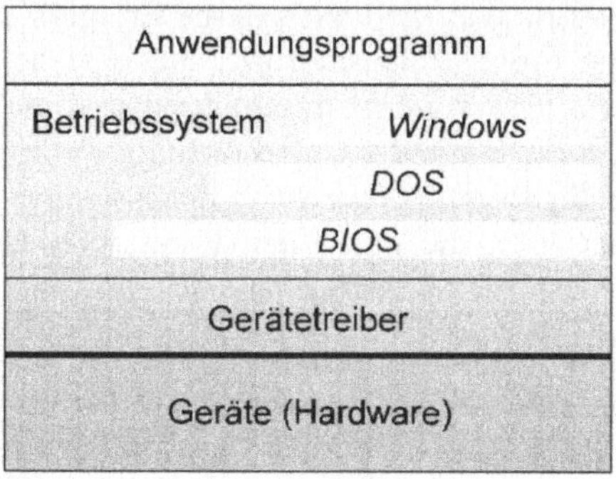

Anwendungsprogramm

Betriebssystem   Windows

DOS

BIOS

Gerätetreiber

Geräte (Hardware)

Abb. 4.11. Schichtenmodell für die Software und Hardware eines PC-Systems[13]

Die Software eines PC-Systems kann allgemein in verschiedenen, übereinander liegenden Schichten angeordnet werden (vgl. Abb. 4.11), nämlich

- die Anwendungsschicht, welche die *Anwendungsprogramme* enthält, die dem Benutzer die gewünschte Funktionalität bereitstellen,
- das *Betriebssystem*, das die grundlegende Funktionalität des PCs zur Verfügung stellt, wie die Ein- und Ausgabe, die Dateiverwaltung, etc. und
- die *Gerätetreiber*, die den darüberliegenden Software-Schichten eine einheitliche Schnittstelle für Zugriffe auf die Geräte in der Hardwareschicht bieten.

---

[12] PCI - Peripheral Component Interconnect.

[13] Bei den 16-Bit-Betriebssystemen *Windows 3.1* und *Windows 3.11* besteht das Betriebssystem aus den Dienstprogrammen und Funktionen von *Windows*, *DOS* und *BIOS*. Bei den 32-Bit-Varianten *Windows 95* und *Windows NT* wird *DOS* nicht mehr benötigt.

Generell greifen höhere Schichten auf Funktionen der unteren Schichten zu, wobei der Zugriff über wohldefinierte Schnittstellen erfolgt. Diese Kapselung der Schichten durch einheitliche Schnittstellen hat den Vorteil, daß die jeweils höhere Schicht unabhängig von der eigentlichen Implementierung der unteren Schichten ist, und auch mit Hardware- und Software-Komponenten anderer Hersteller funktionsfähig ist, solange die Spezifikationen für die Schnittstellen eingehalten werden.

Anwendungsprogramme können jedoch auch, unter Umgehung der unteren Schichten, direkt über den Gerätetreiber auf die Hardware zugreifen. Dies bringt oft Geschwindigkeitsvorteile bei der Ausführung des Programms, geht aber auf Kosten der Kompatibilität mit anderen Geräten.

Zur Synchronisation eines Anwendungsprogramms mit Ereignissen, welche in der peripheren Hardware auftreten, existieren grundsätzlich zwei Methoden. Wird die Peripherie immer wieder an bestimmten Programmstellen abgefragt, so spricht man von *Polling*. Bei der zweiten Methode führt die Erzeugung von Interrupt-Anforderungen durch die Peripherie zur Ausführung einer *Interrupt Service Routine*.

Interrupts geben dem PC die Möglichkeit, zu jeder Zeit auf externe Ereignisse zu reagieren. Ein Interrupt unterbricht die Programmausführung, um eine bestimmte Prozedur, nämlich die *Interrupt Service Routine*, auszuführen und anschließend mit der Programmausführung an der Stelle der Unterbrechung fortzufahren. Die Verwaltung und Priorisierung der Interrupts wird von programmierbaren Interrupt-Controllern (PICs) übernommen, die damit den Prozessor von zeitraubenden Arbeiten entlasten. Die Intel 80x86-Prozessoren unterscheiden vier Interrupt Typen.

- *Software-Interrupts* sind im Grunde vereinfachte Unterprogrammaufrufe, die durch einen INT-Befehl im Programmcode initiiert werden. Software Interrupts werden nicht durch den PIC gesteuert, dienen zur Verarbeitung von vorhersehbaren Ereignissen und arbeiten synchron zu Programmausführung.
- *Hardware-Interrupts* werden mittels Interrupt-Anforderung (engl.: Interrupt-Request) durch die Peripherie ausgelößt und dienen zur Verarbeitung unvorhersehbarer Ereignisse. Dabei wird zwischen *maskierbaren* und *nicht maskierbaren* Interrupts unterschieden. Während maskierbare Interrupts nur dann ausgeführt werden, wenn ein bestimmtes Flag im Prozessor gesetzt ist, führen nicht maskierbare Interrupt immer zur Programmunterbrechung.
- Die letzte Gruppe bilden die *Exception-Interrupts*, die im Falle eines Fehlers zur Programmunterbrechung führen (z.B.: Division durch Null).

Jeder Hardware- oder Exception-Interrupt bewirkt einen Software-Interrupt, wobei nur die Exception-Interrupts eine eindeutige Zuordnung haben. Hardware-Interrupts können vom Benutzer beliebige Software-Interrupts, insgesamt 256, zugeordnet werden. Die Verwaltung übernimmt der Interrupt-Controller-Baustein. Intel hat, um Überschneidungen zu vermeiden, die ersten 32 Software-Interrupts reserviert. Microsoft hat sich an diese Konvention gehalten und benutzt die INT-Nummern erst ab 21h [ErSt88].

4.2.2.2 Microsoft Windows

Die 16-Bit Betriebssysteme *Windows 3.1* und *Windows 3.11* bilden eine graphische Erweiterung zum Betriebssystem *DOS*. Sie ermöglichen im Gegensatz zu *DOS* die parallele Ausführung mehrerer Anwendungsprogramme in einem non-preemptiven Multitasking. Dem Anwender, wie auch dem Entwickler, werden umfangreiche graphische Fähigkeiten und eine einheitliche Benutzungsschnittstelle zur Verfügung gestellt. Es können Daten zwischen den einzelnen Anwendungsprogrammen ausgetauscht werden, und alle Programme greifen auf einheitliche I/O-Treiber zu.

Die 16-Bit-Varianten von Windows werden zunehmend von den 32-Bit-Betriebssystemen *Windows 95* und *Windows NT* abgelöst, wobei ersteres vorwiegend für den Heimbereich entwickelt wurde und letzteres wegen seiner höheren Beanspruchung von Systemressourcen eher für den professionellen Bereich geeignet ist. Sowohl bei *Windows 95* als auch bei *Windows NT* handelt es sich um eigenständige Betriebssysteme, die ohne *DOS* auskommen und mit der Fähigkeit zu preemptivem Multitasking ausgestattet sind. *Windows NT* erlaubt den Aufbau von vernetzten Client-Server-Strukturen und liegt demnach in einer Client- und einer Servervariante vor.

Da das in Kapitel 7 beschriebene, auf Basis der entwickelten Architektur realisierte System *MISTER COOL* unter *Windows 3.x* implementiert wurde, beschränken sich die folgenden Betrachtungen auf die 16-Bit-Versionen von Windows. Bei der Systemrealisierung wurde jedoch darauf geachtet, daß die verwendeten Implementierungskonzepte auf *Windows 95* bzw. *NT* übertragbar sind.

Windows intern. Windows-Programme sind im Gegensatz zu DOS-Programmen nicht sequentiell, prozedurgesteuert organisiert, sondern arbeiten in einer Nachrichtenschleife, die während der Programmausführung ständig durchlaufen wird. Die Programme sind dadurch in der Lage, ständig auf Änderungen an der Benutzungsschnittstelle zu reagieren. Nachrichten (messages) können aber auch verwendet werden, um das Verstreichen einer bestimmten Zeitspanne anzuzeigen. Das Verstreichen einer bestimmten Zeitspanne führt zur Erzeugung einer WM_Timer-Message. Ein Windows-Programm kann nun auf diese Nachricht reagieren, indem in der Nachrichtenschleife beim Auftreten dieser Nachricht in ein Unterprogramm verzweigt wird.

Nachrichten, die das Verstreichen einer Zeitspanne anzeigen, entstehen durch Hardware-Interrupts des Systemzeitgebers (Int 0). Der Chip sendet 18,2 mal pro Sekunde eine Interrupt-Anforderung aus, so daß der minimale Zeitrahmen auf 54,925 ms beschränkt ist. Da Windows aber nicht interruptorientiert arbeitet, sondern es gemäß dem Konzept des kooperativen Multitasking jedem Anwendungsprogramm selbst überläßt wann es den Prozessor wieder frei gibt, führen diese Interrupts nicht sofort zur Ausführung einer bestimmten Prozedur, sondern werden in einer Nachrichten-Warteschlange gepuffert. Die vom Systemzeitgeber ausgelösten Nachrichten zeigen dementsprechend nur das Verstreichen einer Mindestzeitspanne an.

Gemäß DIN Norm 44300 ist der Echtzeitbetrieb eines Rechnersystems definiert als Betrieb, bei dem Programme zur Bearbeitung anfallender Daten ständig derart betriebsbereit sind, daß die Verarbeitungsergebnisse innerhalb einer vorgegebenen Zeitspanne verfügbar sind [DIN85]. Dabei werden die einzuhaltenden Zeitspannen durch die jeweilige Anwendung bestimmt. Windows wird im allgemeinen als nicht echtzeitfähig bezeichnet. Die Begründung dieser Aussage bedarf einer weitreichenden Kenntnis der Windows-Architektur.

Die Basis unter den 16-Bit-Betriebssystemen *Windows 3.xx* bildet DOS, darüber arbeitet im nonpreemptiven Multitasking-Modus ein Manager, der sogenannte virtuelle Maschinen (VMs) verwaltet. Der virtuelle Maschinenmanager (VMM) verwaltet mit Hilfe virtueller Gerätetreiber (VxDs) diese VMs und ermöglicht damit die Ausführung von Programmen im Real Mode (DOS), sowie im Protected Mode (Windows). In jeder VM steht also eine kompletter PC virtuell zur Verfügung. Windows selbst läuft in einer speziellen VM, der SysVM, in der die graphische Oberfläche, sowie Treiber für Maus und Tastatur eingebunden sind. Zusätzlich virtualisiert Windows in jeder VM den PIC, so daß in jeder DOS-Box eigene Interrupt-Zuordnungen verwendet werden können. Diese SysVM und alle VxDs laufen in der höchsten Prioritätsstufe des Prozessors, dem Ring 0.

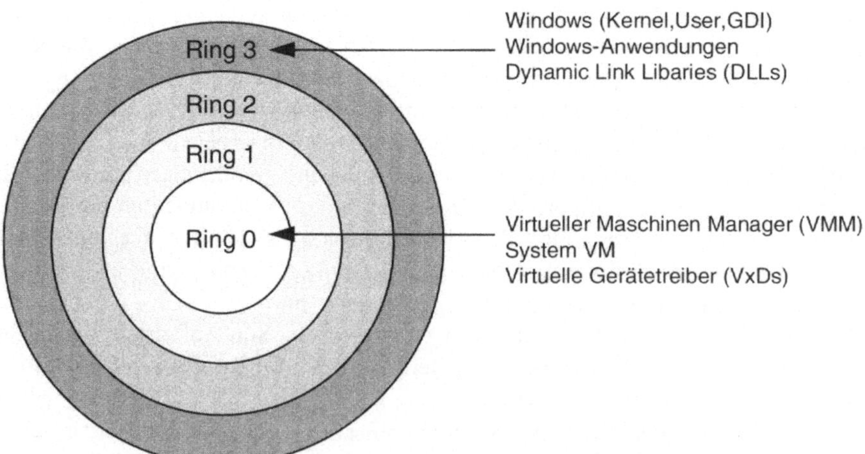

Abb. 4.12. Ring-Schema der Prozessorprioritäten (Quelle: [Long93a])

Wie in Abb. 4.12 dargestellt laufen der Windows-Kern, alle Windows-Anwendungsprogrammen und alle DLLs (Dynamic Link Libaries) in der untersten Prioritätsstufe (Ring 3) des Prozessors. Diese Priorisierung erhöht zwar auf der einen Seite die Stabilität des Betriebssystems, führt aber auch zu Verzögerungen bei der Programmausführung. Das Ausmaß dieser Verzögerungen und Möglichkeiten diese zu verringern, werden weiter unten in diesem Kapitel erläutert.

Hardware Interrupts unter Windows. Die Architektur von Windows hat großen Einfluß auf die Interrupt-Latenzzeit. Diese beträgt unter DOS etwa 12,5 µs, kann sich unter Windows aber schnell auf 130-500 µs ausdehnen [Hans92]. Der prinzipielle Signalweg eines Interrupts ist in Abb. 4.13 dargestellt.

Ein Hardware-Interrupt erreicht zuerst den virtuellen Maschinenmanager (VMM), der diesen an alle geladenen VxDs weiterleitet. Diese VxDs verarbeiten den Interrupt anschließend oder spiegeln ihn in eine VM. Wird ein Interrupt nicht bereits durch einen VxD virtualisiert, so übernimmt der VPICD diese Aufgabe, so daß alle Interrupts unter Windows virtualisiert und in jede VM gespiegelt werden. In der jeweiligen VM (insbesondere der Windows SysVM) führt dies nun zuerst zur Bearbeitung der Protected-Mode Interrupt-Handler und anschließend auch zur Bearbeitung der Real-Mode Interrupt-Handler.

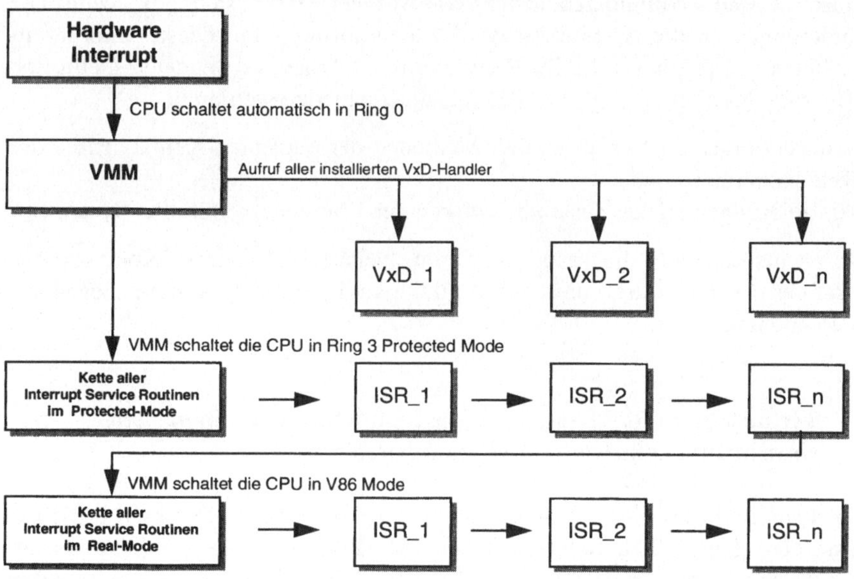

Abb. 4.13. Hardware Interrupt unter Windows (Quelle: [Long93a])

In der Praxis wird ein Hardware-Interrupt allerdings nicht diesen gesamten Weg nehmen, sondern entweder durch ein VxD oder durch eine DLL-Prozedur im Protected-Mode verarbeitet werden. Von Microsoft durchgeführte Messungen haben ergeben, daß die Interrupt-Verarbeitung durch einen VxD etwa die doppelte Zeit in Anspruch nimmt als bei einer reinen DOS-Anwendungen, während die Verwendung einer DLL sogar die zwanzigfache Zeit benötigt [Long93a]. Es wird deshalb empfohlen, bei zeitkritischen Anwendungen einen Interrupt-Handler in einer DLL nur zum Prototyping zu verwenden und anschließend in einen wesentlich komplizierteren VxD umzuschreiben [Long93b].

Polling unter Windows. Wie bereits erwähnt, laufen alle Windows Programme in einer Endlos-Nachrichtenschleife, der sogenannten Callback-Schleife. Es ist deshalb ohne weiteres möglich, den Datenaustausch mit der Peripherie über das *Polling*-Prinzip abzuwickeln, indem man in die Fensterprozedur eines Windows-Programms ein entsprechendes Unterprogramm einfügt.

4.3 Ableitung technischer Anforderungen

Nachdem nun in Kapitel 2 funktionale Anforderungen an ein Multimedia-Kommunikationsendgerät identifiziert und in diesem Kapitel die physiologischen und technischen Randbedingungen festgestellt wurden, lassen sich nun technische Anforderungen an die Architektur des Systems formulieren. Diese Anforderungen können entsprechend der im Rahmen dieser Arbeit verwendeten Definition des Begriffs Architektur (vgl. Kapitel 1.2) unterschieden werden in

– Anforderungen an Verfahren und Methoden der einzelnen Komponenten des Referenzmodells und
– Anforderungen an das Zusammenwirken der Komponenten im PC-System.

Dabei ist insbesondere die Frage zu klären, welche funktionalen Komponenten des Referenzmodells durch die Grundfunktionalität eines PC-Systems abgedeckt werden können.

4.3.1 Technische Anforderungen an die funktionalen Komponenten eines Multimedia-Kommunikationsendgeräts

Die Ableitung technischer Anforderungen an die Systemarchitektur orientiert sich an dem generischen Referenzmodell für Multimedia-Kommunikationsendgeräte. Dabei werden für jede Komponente des Modells technische Eigenschaften formuliert, die zum einen die identifizierten funktionalen Anforderungen erfüllen und zum anderen den festgestellten Randbedingungen entsprechen. Im wesentlichen gilt es, einen Kompromiß zu finden zwischen Qualitätsanforderungen, die aus den physiologischen Randbedingungen resultieren und den Grenzen der Machbarkeit, die durch die technischen Randbedingungen auferlegt werden.

4.3.1.1 Der verteilte Zugriff auf elektronische Dokumente

PC-Systeme sind prädestiniert für die Eingabe, Verarbeitung, Speicherung und Präsentation von elektronischen Dokumenten, wie Textdateien, farbigen Standbildern und Graphiken. Daher werden diejenigen Funktionen des Referenzmodells, welche die Ein- und Ausgabe elektronischer Dokumente betreffen, durch die Standardfunktionalität des PCs abgedeckt.

Der Quellencodierer und -decodierer für den Dokumentenzugriff hat lediglich die Aufgabe, von den peripheren Eingabemedien kommende Signale in digitale Zeichen zu wandeln. Dies wird jedoch von den Standard-Eingabegeräten des PCs wie Maus und Tastatur ohnehin geleistet. Aufgrund der geringen Datenmenge, die beim Dokumentenzugriff anfällt, ist der Aufwand für eine Kompression der zu übertragenden Daten nicht gerechtfertigt.

4.3.1.2 Die Eingabe von Video- und Audiosignalen

Damit die Interaktion einer natürlichen Gesprächssituation möglichst nahekommt, ist es bei der Videokommunikation von entscheidender Bedeutung, den Blickkontakt zwischen den Kommunikationspartnern zu ermöglichen. Um den Eindruck des Blickkontaktes aufrechtzuerhalten, muß der Parallax-Fehler, der durch den Fehlwinkel zwischen Kamera und Monitorbild des Kommunikationspartners entsteht, kleiner als der Grenzwinkel von 7,5 bis 12 Grad gehalten werden. Die Kamera sollte daher möglichst am Monitorrand plazierbar sein.

Darüber hinaus sollte die Kamera farbfähig sein. Die gelieferten Bilder sollten eine genügend hohe Zeitauflösung haben, um Mimik und Gestik des Kommunikationspartners zu vermitteln. Die Ortsauflösung sollte ausreichen, um detaillierte Standbilder zu liefern, die wiederum als supplementäres Kommunikationsmittel dienen können.

Um den Anschluß zusätzlicher Videoquellen wie Videorecorder zu gewährleisten, sollte die Schnittstelle, über die Videosignale geliefert werden, den Standards der Videotechnologie entsprechen.

Für die Eingabe der Audiosignale ist ein Mikrofon notwendig, das die akustisch-elektrische Wandlung der Sprachsignale in mindestens Telefonqualität bewerkstelligt und Standardanschlüsse bietet.

4.3.1.3 Die Ausgabe von Videosignalen

Wegen den Forderungen nach vollständiger PC-Integration und nach Realisierbarkeit als low-cost System sollten für die Ausgabe der Videobilder die vorhandenen Möglichkeiten des PC, wie VGA-Graphikkarte und Monitor genutzt werden. Dabei sind in erster Linie zwei Bildformate zu unterstützen, nämlich:

- Bewegtbilder niedriger Auflösung, die dazu geeignet sind die Mimik und Gestik eines Kommunikationspartners wiederzugeben und darüberhinaus den Eindruck des direkten Blickkontaktes erlauben.
- Farbige Einzelbilder (Schnappschüsse), die als supplementäres Kommunikationsmittel verwendet werden, müssen in hoher Auflösung darstellbar sein.

Für die Videokommunikation müssen mindesten zwei Videobilder gleichzeitig angezeigt werden können, nämlich das empfangene Bild des Kooperationspartners und das Bild der lokalen Kamera zur Kontrolle der gesendeten Information.

Darüber hinaus müssen die Bilder über die graphische Benutzungsoberfläche des Windows-PCs präsentiert werden können, was die Darstellung innerhalb eines Bildschirmfensters erforderlich macht. Über die gesamte Übertragungsstrecke hinweg sollte die Ende-zu-Ende-Verzögerung unter 120 ms gehalten werden.

4.3.1.4 Die Ausgabe von Audiosignalen

Wegen der Empfindlichkeit des menschlichen Gehörs gegen Unregelmäßigkeiten bei der Präsentation von Audiosignalen muß Jitter unbedingt vermieden werden. Über die gesamte Übertragungsstrecke hinweg muß daher ein isochroner Datenstrom gewährleistet werden. Die Ende-zu-Ende-Verzögerung sollte nicht mehr als 120 ms betragen.

Die elektrisch-akustische Wandlung der Schallsignale kann über einen Lautsprecher oder über Kopfhörer erfolgen.

4.3.1.5 Quellencodierer und -decodierer für Videosignale

Der Quellencodierer für Videosignale hat die Aufgabe, analoge Signale, wie sie von handelsüblichen Videokameras geliefert werden, zunächst zu digitalisieren und anschließend so zu komprimieren, daß sie gemeinsam mit Audio- und Dokumentendaten über eine ISDN-S_0-Schnittstelle übertragen werden können. Dazu muß der Videostrom auf bis zu 64000 Bit/s reduziert und an den Multiplexer weitergeleitet werden. Die bei der Quellencodierung entstehenden Verluste sind dabei so gering zu halten, daß die auf der Empfangsseite decodierten Bilder die Mimik und Gestik des Gesprächspartners vermitteln und der Eindruck des Blickkontaktes aufrechterhalten bleibt. Die Zeiten für Codierung, Decodierung und Übertragung dürfen den für die zulässige Ende-zu-Ende-Verzögerung geltenden Grenzwert von 120 ms nicht überschreiten.

Als supplementäre Kommunikationsmittel eingesetzte, hochaufgelöste farbige Standbilder müssen so komprimiert werden, daß sie innerhalb weniger Sekunden über ISDN übertragbar sind.

Der Quellendecodierer muß die von der ISDN-S_0-Schnittstelle kommenden Videosignale dekomprimieren und zur Präsentation an die entsprechenden Instanzen im PC weiterleiten. Wegen der Forderung nach einem offenen System müssen die eingesetzten Verfahren zur Quellencodierung und -decodierung den einschlägigen Standards entsprechen.

Da ein Windows-PC standardmäßig nicht mit Anschlüssen für Videokameras ausgestattet ist, sind zumindest für den Anschluß der Kamera und die Analog-Digital-Wandlung des Videosignals zusätzliche Hardware-Komponenten erforderlich. Diese müssen auf der Basis von PC-Einsteckkarten realisierbar sein, um der Forderung nach PC-Integration zu genügen. Wegen der Forderung nach einem low-cost System sollte der entstehende Hardware-Aufwand möglichst gering sein.

4.3.1.6 Quellencodierer und -decodierer für Audiosignale

Quellencodierer und -decodierer für Audiosignale haben generell die gleichen Aufgaben wie Quellencodierer und -decodierer für Video, nämlich die Digitalisierung der analogen Signale und die anschließende Kompression. Da die Übertragungskapazität eines ISDN-B-Kanals ohnehin für die Übertragung von digitalisierten Sprachsignalen in Telefonqualität ausgelegt ist, ist eine Kompression der Audiosignale für die Sprachübertragung nicht zwingend erforderlich. Um jedoch die verfügbare Übertragungskapazität möglichst ökonomisch zu nutzen und insbesondere um Kapazität für die Übertragung der Videodaten zu gewinnen, ist eine Kompression der Audiodaten dennoch erforderlich.

Dabei ist darauf zu achten, daß bei der Codierung und Decodierung keine Verluste entstehen, damit die Audiosignale bei der Präsentation mindestens die geforderte Telefonqualität aufweisen. Darüber hinaus muß das Codierungsverfahren Jitter in der Audio-Übertragung vermeiden.

Da die Standardausstattung eines Windows-PCs keine Audio-Anschlüsse umfaßt, müssen zumindest für den Anschluß eines Mikrophons und die A/D-Wandlung des analogen Audio-Signals zusätzliche Hardware-Komponenten eingesetzt werden. Dabei ist wegen der Forderung nach einer PC-integrierten low-cost Lösung darauf zu achten, daß der Hardware-Aufwand gering bleibt und die erforderlichen Bausteine auf einer PC-Einsteckkarte Platz finden.

4.3.1.7 Multiplexer und Demultiplexer

Der Multiplexer hat im Multimedia-Kommunikationsendgerät gemäß Kapitel 3 im wesentlichen zwei Aufgaben zu erfüllen, nämlich

– die Synchronisation von Audio-/Video- und Datenstrom
– die optimale Ausnutzung der verfügbaren Übertragungskapazität

Bei der Synchronisation gelten unterschiedliche Anforderung für die Lippensynchronizität, welche den zeitlichen Versatz zwischen Video und Audio bezeichnet und für die Zeigersynchronizität, die für den zeitlichen Versatz zwischen dem Zugriff auf ein elektronisches Dokument und dem begleitenden Audiosignal steht. Bei der Lippensynchronisation wird ein Versatz zwischen -80 ms (Video vor Audio) und +80 ms (Video nach Audio) kaum bemerkt. Ein Versatz von -240 ms bzw. +160 ms und mehr, lenkt dagegen vom Inhalt eines Gesprächs ab und führt zu einem unangenehmen Gefühl. Bei der Zeigersynchronisation wird ein Versatz zwischen -500 ms (Zeiger vor Audio) und +750 ms (Audio vor Zeiger) kaum wahrgenommen. Erst oberhalb von -1 s und +1,25 s fallen die Synchronisationsfehler unangenehm auf und erschweren damit telekooperatives Arbeiten.

Neben den beschriebenen Zeitschranken muß berücksichtigt werden, daß der Zweck des Einsatzes von Multimedia-Kommunikationsmitteln die Unterstützung von telekooperativem Arbeiten ist und somit das taskorientierte Arbeiten an einem verteilten elektronischen Dokument im Vordergrund steht. Die Übertragung der taskbegleitenden Sprachsignale und der verteilte Dokumentenzugriff haben bei beschränkter Übertragungskapazität also Vorrang vor der Übertragung von Videobildern.

Die Forderung nach flexibler Anpaßbarkeit an Änderungen des Übertragungsmediums und die Forderung nach Skalierbarkeit der Übertragungskapazität erfordert eine klare, konfigurierbare Schnittstelle zum Kanalcodierer und -decodierer.

Die Operationen im Multiplexer und Demultiplexer müssen hinreichend schnell durchgeführt werden, damit die gesamte Ende-zu-Ende-Verzögerung der Signale unter dem Grenzwert von 120 ms bleibt.

4.3.1.8 Kanalcodierer und -decodierer

Kanalcodierer und -decodierer sorgen zum einen für den Anschluß des PCs an die ISDN-S_0-Schnittstelle und zum anderen für die gesicherte Übertragung des vom Multiplexer kommenden Datenstroms. Ein Anschluß an das ISDN ist im PC standardmäßig nicht vorhanden. Wegen der Forderung nach einer PC-integrierten low-cost Lösung muß die Schnittstelle zum ISDN auf einer PC-Einsteckkarte mit geringem Hardware-Aufwand realisierbar sein. Bei der Wahl der Verfahren für die Kanalcodierung ist darauf zu achten, daß die Ende-zu-Ende-Verzögerung für jedes übertragene Medium unter 120 ms bleiben muß.

4.3.2 Technische Anforderungen an das Zusammenwirken der einzelnen Komponenten

Die beiden Forderungen nach vollständiger PC-Integration und einer low-cost Realisierung implizieren, daß die standardmäßig zur Ausstattung eines Windows-PCs gehörenden Ressourcen weitestgehend dazu genutzt werden, die Funktionalität der Komponenten des Referenzmodells für Multimedia-Kommunikationsendgeräte in telekooperativen Anwendungen zu erbringen.

Wie im vorhergehenden Abschnitt festgestellt wurde, sind zumindest für die Quellencodierer der Audio- und Videosignale und den Anschluß an das Übertragungsnetzwerk zusätzliche Hardware-Komponenten erforderlich, die gemäß der funktionalen Anforderungen in das PC-System integrierbar sein sollen und dementsprechend auf der Basis von PC-Einsteckkarten realisierbar sein müssen.

Um die vollständige Funktionalität des entwickelten Referenzmodells für Multimedia-Kommunikationsendgeräte auf der Basis eines Windows-PCs zu realisieren, ist es notwendig, das PC-System um ein Subsystem aus PC-Einsteckkarten für die Quellencodierung der Audio- und Videosignale und die zugehörige Software für die Systemintegration zu erweitern.

Das System soll die in Kapitel 2 identifizierten funktionalen Anforderungen erfüllen und insbesondere

- die Unterstützung von heterogenen Netzwerkumgebungen ermöglichen
- die Steigerung der verfügbaren Übertragungskapazität durch einfaches Zustecken von Netzwerkadaptern erlauben
- die Nutzung einzelner Systemkomponenten erlauben (Beispiel: Nutzung der Videokomponente als Frame-Grabber)
- die Funktionen eines multimedialen Anrufbeantworters bereitstellen
- die Integration von Standard-Telekommunikationsdiensten erlauben

Die Berücksichtigung dieser Anforderungen setzt einfache Erweiterbarkeit und größtmögliche Anwendungsflexibilität des Systems voraus. Beides ist nur dadurch zu erreichen, daß die Architektur des Gesamtsystems möglichst modular gestaltet wird. Aus den oben aufgeführten Anforderungen leitet sich eine grundlegende Technische Anforderung an die Architektur des Gesamtsystems ab, nämlich die Forderung nach klarer, modularer Trennung der signalbezogenen Quellencodierung und der am Übertragungsmedium orientierten Kanalcodierung.

Teil II
Stand der Technik

Im ersten Teil dieser Arbeit (Kapitel 2 bis 4) wurde eine Anforderungsanalyse für Multimedia-Kommunikationsendgeräte in telekooperativen Anwendungen durchgeführt. Dabei wurden funktionale und technische Anforderungen an ein Multimedia-Kommunikationsendgerät identifiziert. Im folgenden Kapitel 5 wird eine Untersuchung des State-of-the-Art relevanter Technologien durchgeführt. Die Gliederung orientiert sich an den funktionalen Komponenten des in Kapitel 3 entwickelten generischen Referenzmodells.

5 Existierende Basistechnologien

In diesem Kapitel werden existierende technische Lösungsalternativen für die
einzelnen Komponenten des entwickelten Referenzmodells für Multimedia-Kommunikationsendgeräte vorgestellt.

5.1 Video- und Audioeingabe

Für die Eingabe von Videosignalen existieren mittlerweile eine Reihe von Minikameras, die speziell für die Anwendung im PC-Bereich konzipiert sind. Sie lassen sich platzsparend auf dem Monitor montieren, was außerdem den Vorteil hat, daß beim Einsatz in Videokommunikations-Anwendungen der Fehlwinkel zwischen Kamera und Monitorbild minimiert und damit der Eindruck des Blickkontaktes mit dem Gegenüber vermittelt wird. Diese Kameras liefern meist ein standardisiertes analoges Ausgangssignal.

Für die Eingabe von Audiosignalen ist in die beschriebenen Minikameras meist ein Mikrophon integriert, das die Aufnahme von Audiosignalen mindestens in Sprachqualität erlaubt. Prinzipiell ist für die Audioeingabe jedes Mikrofon geeignet, das sich einfach in die Desktop-Umgebung integrieren, oder wie handelsübliche Kehlkopf-Mikrophone direkt am Körper tragen läßt.

5.2 Audioausgabe

Für die Wiedergabe von Audiosignalen im PC sind kommerziell erhältliche Soundkarten geeignet. Diese sind zu dem Zweck entworfen, Klangereignisse zu digitalisieren und für die Speicherung, Verarbeitung und Präsentation im PC zu präparieren. Sie haben den Nachteil, daß sie zur gleichen Zeit Töne entweder nur aufnehmen oder wiedergeben können [SchoTho93, EichHil93].

Für die elektrisch-akustische Wandlung existieren aktive Mini-Lautsprecher, die für den Anschluß an Soundkarten konzipiert sind.

Eine weitere Möglichkeit für die Ausgabe von Audiosignalen können einfache Kopfhörer verwendet werden. Voraussetzung ist jedoch ein geeigneter Anschluß am PC. Mittlerweile existieren sogenannte Headsets. Dabei handelt es sich um Kopfhörer, in die ein kleines Mikrophon für die Eingabe von Sprachsignalen integriert ist.

5.3 Videoausgabe

Für die PC-integrierte Präsentation von Bewegtbildern existieren im wesentlichen zwei Methoden, nämlich die Overlay- und die Genlock-Methode. Bei der *Overlay-Methode* wird das von der Videoquelle kommende Signal mittels einer speziellen Overlay-Karte digitalisiert und mit der von der Kamera vorgegebenen Geschwindigkeit in einen Videospeicher geschrieben. Anschließend durchläuft das Videosignal wieder einen Digital/Analog-Wandler und wird mit dem analogen Ausgangssignal der VGA-Karte gemischt. Dabei befinden sich sowohl der Digital/Analog-Wandler als auch der Mischer für die beiden analogen Signale auf der Overlay-Karte. Mit Hilfe der Steuersignale der VGA-Graphikkarte, welche deren Feature-Connector entnommen werden, wird das gemischte Signal mit der Bild- und Zeilenwechselfrequenz der VGA-Karte auf den Monitor gebracht [Stotz93].

Die Overlay-Methode ist besonders gut dazu geeignet, laufende Videobilder in ein Bildschirmfenster einzublenden. Dazu wird nicht nur das Timing wie beschrieben an das des Graphikmonitors angepaßt, sondern es wird auch die Größe des Videos an das sogenannte Video-Window angeglichen [Wink92].

Bei der *Genlock-Methode* wird die Darstellung der VGA-Karte in die TV-Norm konvertiert und dem eingespeisten Videosignal überlagert. Dabei wird es auf das Videosignal synchronisiert (Genlock-Funktion), so daß das Mischprodukt anschließend wieder auf TV-Monitore oder Rekorder ausgegeben werden kann [MeiBe92].

5.4 Quellencodierung und -decodierung von Audiosignalen

Dieser Abschnitt bietet einen Überblick über existierenden Verfahren und Standards zur Codierung von Sprachsignalen. Die Betrachtungen beschränken sich dabei auf die Behandlung digitaler Signale und Verfahren.

5.4.1 Audio-Digitalisierung

Das menschliche Gehör nimmt akustische Schwingungen im Frequenzbereich zwischen 20 Hz und 20 kHz wahr, während die menschliche Stimme Tonfrequenzen zwischen 40 Hz und 4 kHz erzeugen kann [Schmidt85]. Für die Übermittlung der menschlichen Sprache gelten demnach geringere Anforderungen als für die Übermittlung von HiFi-Signalen, die den gesamten hörbaren Bereich des Frequenzspektrums abdecken.

Die Amplitude eines analogen Audiosignals ändert sich kontinuierlich mit der Zeit. Zur digitalen Codierung wird die Amplitude des Signals in regelmäßigen Abständen gemessen. Dieser Vorgang wird Abtasten (engl. Sampling) genannt. Gemäß des Abtasttheorems von Nyquist muß die Abtastrate doppelt so hoch wie die höchste Frequenz des abgetasteten Signals sein, um das Signal eindeutig reproduzieren zu können. Für das Sampling der menschlichen Stimme sind demnach 8 kHz ausreichend.

Die abgetasteten Signalamplituden werden auf einen diskreten Wertebereich abgebildet. Die Zahl der Quantisierungsstufen bestimmt die Anzahl der Bits, die notwendig sind einen Abtastwert zu repräsentieren. Bei der Abbildung einer unendlichen Anzahl kontinuierlicher Amplitudenwerte auf eine endliche Anzahl diskreter Werte entsteht ein Quantisierungsfehler. Dieser Fehler ist um so geringer, je größer die Zahl der Quantisierungsstufen ist, d. h. je mehr Bits für die Repräsentation eines Abtastwertes zur Verfügung stehen.

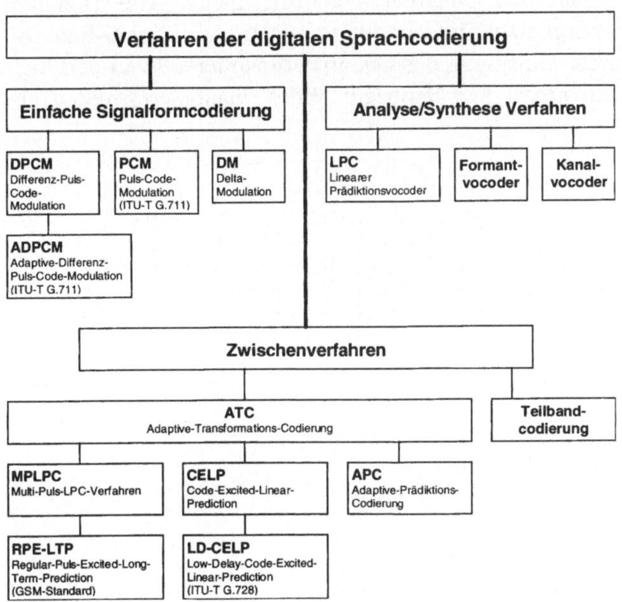

Abb. 5.1. Digitale Verfahren der Sprachcodierung in der Übersicht

5.4.2 Kompressionsverfahren für digitales Audio

Um die Anforderungen an Speicherplatz und Übertragungskapazität zu reduzieren wurden Verfahren zur Kompression von Audiodaten entwickelt. Abb. 5.1 bietet eine nach Kategorien geordnete Übersicht und gibt an, welche Verfahren von der Sektion Telekommunikation der International Telecommunication Union (ITU-T), früher Consultative Commitee International for Telegraph and Telephone (CCITT) oder von Group Special Mobile (GSM) bereits standardisiert sind. In den folgenden Abschnitten werden die einzelnen Verfahren kurz beschrieben.

5.4.2.1 Einfache Signalformcodierung (Waveform Coder)

Bei der einfachen Signalformcodierung wird versucht, den zeitlichen Verlauf eines Sprachsignals nachzubilden.

Puls-Code-Modulation (PCM). Bei der Puls-Code-Modulation wird ein analoges Signal mit einer eingeschränkten Bandbreite von 300-3400 Hz mit einer Frequenz von 8 kHz abgetastet. Die Amplitudenwerte werden mit 8 Bit pro Abtastwert quantisiert. Die Datenrate des PCM Verfahren ergibt sich somit zu 64 Kbps. Diese Übertragungsbandbreite wurde auch für den Basiskanal im ISDN festgelegt [Loch90]. Das PCM Verfahren für Sprache ist in der ITU-T Empfehlung G.711 international genormt.

Bei der uniformen PCM sind die Quantisierungsstufen gleich groß. Dadurch ergibt sich bei niedrigen Signalamplituden ein ungünstigerer Signal-Rausch-Abstand. Abhilfe wird durch Anpassung der Quantisierunsintervalle an den Signalpegel geschaffen, indem niedrige Signalpegel feiner quantisiert werden als hohe.

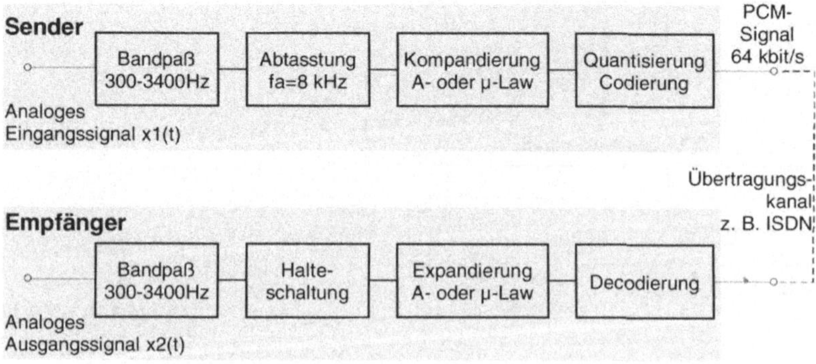

Abb. 5.2. Prinzipschaltbild einer PCM Strecke

Diese nichtlineare Quantisierung wird durch eine Segmentkennlinie nach Abb. 5.3 beschrieben. Von den Telefongesellschaften werden zwei unterschiedliche Quantisierungskennlinien benutzt, nämlich *A-Law* (13 Segment Kennlinie) in Europa und *μ-Law* (15 Segment Kennlinie) in Amerika [Loch90, Holmes91].

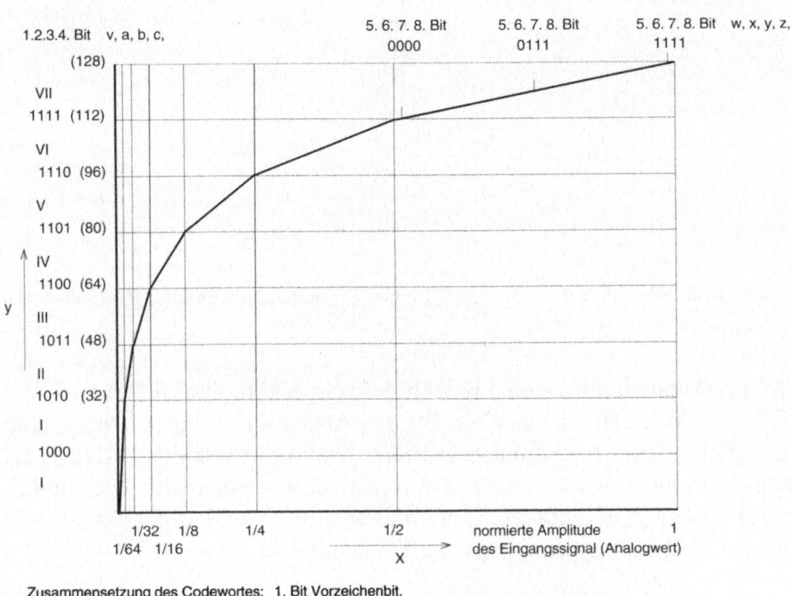

Abb. 5.3. Positiver Teil der nichtlinearen 13-Segment Kompandierungskennlinie nach ITU-T G.711, Quelle: [Loch90, Berg86]

Delta-Modulation (DM). Die Delta-Modulation nutzt die Redundanz zweier aufeinanderfolgender Abtastwerte zur Reduktion des zu übertragenden Datenstroms.

Die Redundanz des menschlichen Sprachsignals wird mathematisch durch die Autokorrelationsfunktion $\varphi(\tau)$ ausgedrückt. Der Verlauf der normierten Korrelationsfunktion ist in Abb. 5.4 dargestellt. Hierbei wurden im Abstand $\tau=n\times125$ μs vier Sprachproben abgetastet, wobei die Bandbreite des Signals auf 300-3400 Hz begrenzt war [Loch90].

Der Verlauf der Kurve zeigt, daß zwei aufeinander folgende Abtastwerte ($\tau=0$ und $\tau=125$μs) im statistischen Mittel nur um 20% differieren. Die restlichen 80% sind Redundanz [Loch90].

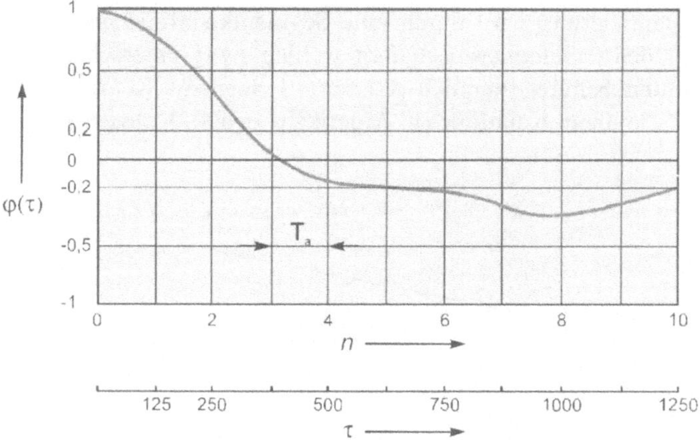

Abb. 5.4. Autokorrelationsfunktion des menschlichen Sprachsignals Quelle: [Loch90]

Das Prinzip der Delta-Modulation ist in Abb. 5.5 dargestellt. Die einfachste Form besteht aus einem Wandler, der nur ein Bit pro Abtastwert benutzt. Dieses eine Bit zeigt lediglich an, ob das Signal gegenüber dem vorhergehenden Abtastwert um ein Quantisierungsintervall erhöht oder vermindert werden soll. Die Signalform kann bei einer hohen Abtastfrequenz, die weit über der zweifachen Signalfrequenz liegt, sehr genau approximiert werden [Loch90].

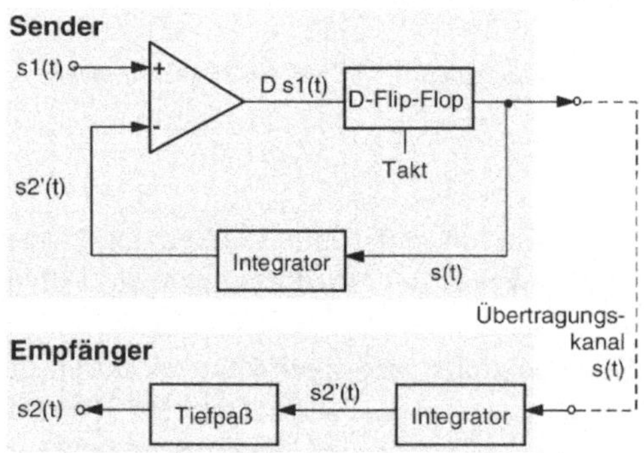

Abb. 5.5. Prinzipschaltbild der Delta-Modulation, Quelle: [Loch90]

Bei einer Telefonbandbreite von 300-3400 Hz beträgt die erforderliche Abtastfrequenz mindestens 50 kHz, was die Effizienz der Codierung stark einschränkt. Als Vorteil ist jedoch zu sehen, daß der Codierer durch seine Rückkopplungsschleife während der Codierung eine Art Gedächtnis für vorangegangene übersteuerte Werte hat. Bei den nachfolgenden Werten wird diese Übersteuerung kontinuierlich unterdrückt. Wenn nun in der Rückkopplungsschleife ein PCM-Codierer anstelle eines 1 Bit Wandlers eingesetzt wird, kann man die Vorteile des PCM-Verfahrens und der Delta-Modulation miteinander verbinden. Man spricht dann von einer Differenz-Puls-Code-Modulation (DPCM) [Loch90].

Differenz-Puls-Code-Modulation. Bei der DPCM wird im Sender aus dem vorangegangenen Signalverlauf ein Prädiktionswert ermittelt. Das Differenzsignal zwischen dem Prädiktionswert und dem tatsächlichem Wert wird mit einer bestimmten Anzahl von Quantisierungsstufen quantisiert, codiert und übertragen. Auf der Empfängerseite wird das Signal reproduziert, indem die mittels eines identischen Prädiktors ermittelten Vorhersagewerte mit dem empfangenen Differenzsignal addiert werden.

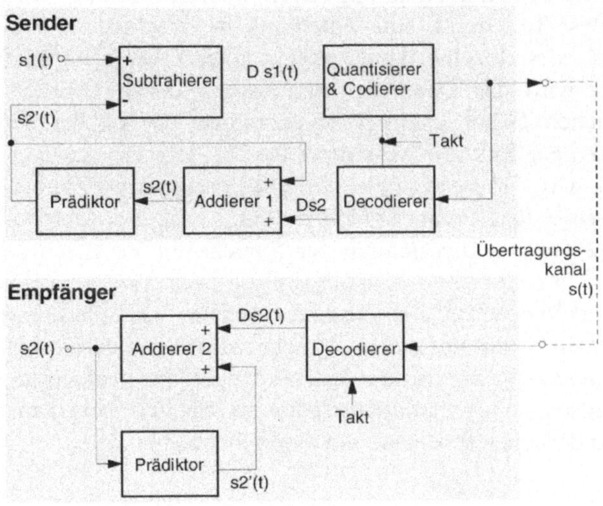

Abb. 5.6. Konzept der Differenz-Puls-Code-Modulation, Quelle: [Loch90]

Aufgrund der Redundanz des Sprachsignals kann das Differenzsignals mit einer geringeren Anzahl von Quantisierungsstufen digitalisiert werden, so daß zur Übertragung eine geringere Bandbreite notwendig ist [Loch90]. Abb. 5.6 zeigt das Konzept der Differenz-Puls-Code-Modulation.

Adaptive-Differenz-Puls-Code-Modulation (ADPCM). Sowohl Sprach- als auch Videosignale sind nichtstationär, d. h. der Verlauf der Korrelationsfunktion $\varphi(\tau)$ in Abb. 5.4 ändert sich mit der Zeit. Die Vorhersage mit konstantem Prädiktionskoeffizienten ist daher nicht optimal. Diese Tatsache wird im ADPCM-Verfahren berücksichtigt. Hierbei kommen Prädiktoren zum Einsatz, die sich der zeitlichen Veränderung der Korrelation von aufeinanderfolgenden Signalwerten anpassen [Loch90].

Die Adaptive-Differenz-Puls-Code-Modulation kommt hauptsächlich zur Reduzierung der Bandbreite in digitalen Sprachübertragungssystemen zum Einsatz und ist bereits für die verschiedenen Übertragungsdatenraten 40, 32 , 24 und 16 Kbps in der CCITT Empfehlung G.726 standardisiert [ITU90]. Das ADPCM-Verfahren mit 32 Kbps wird auch im DECT-Standard[14] und in Fax Geräten angewandt [Loch90, Heigl90, Cavi92].

5.4.2.2 Analyse-Synthese-Verfahren (Vocoder)

Unter dem Begriff Analyse-Synthese-Verfahren sind alle parametrischen Verfahren zur digitalen Codierung von Sprache zusammengefaßt.

Teilband-Codierung. Bei der Teilband-Codierung (engl.: Subband-Coding) wird das Sprachsignal im Analyse-Teil durch eine Filterbank in verschiedene Frequenzbänder aufgeteilt und jedes einzelne Band getrennt codiert. Bei geeigneter Wahl der Frequenzbänder wird das Quantisierungsrauschen durch Überdekkungseffekte im menschlichen Gehör kaum wahrgenommen, so daß bei der Synthese im Decodierer weniger Bits pro Abtastwert für die Reproduktion notwendig sind. In der Praxis wird für die Komplexität eines geeigneten Filterentwurfs eine Auswahl von etwa fünf Frequenzbändern angestrebt. Bei Übertragungsdatenraten von 16-32 Kbps ist die Qualität der Sprache im Vergleich zu Signalformcodierern besser.

Vocoder-Systeme. Das Wort Vocoder ist eine Zusammensetzung von VOice und CODER. Das Vocoder Prinzip beruht auf einem Sprachproduktionsmodell, welches den Vorgang der Klangerzeugung und die darauffolgende Spektrumgestaltung unterscheidet. Der menschliche Artikulationstrakt wird dabei als Hohlraum-Resonator mit zeitlich veränderlichen Resonanzfrequenzen betrachtet.

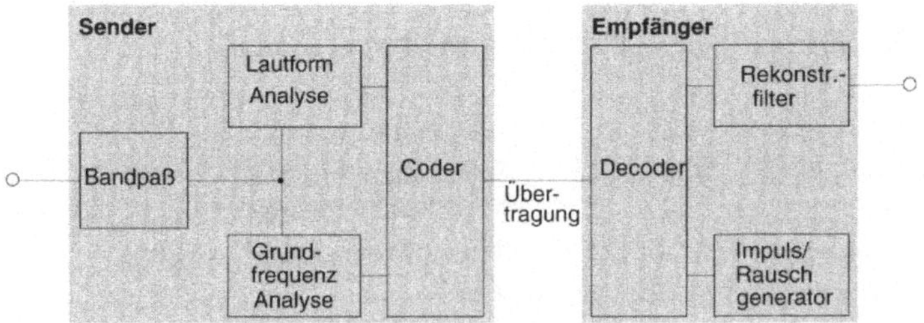

Abb. 5.7. Grundprinzip der Vocoder-Systeme, Quelle: [Fell84] S. 162

Bei den parametrischen Verfahren versucht man nun die Spracherzeugung durch ein elektrisches „Ersatzmodell" zu realisieren. Ein Impulsgenerator wird für die

---

[14] DECT = *D*igital *C*ordless *T*elephone

stimmhafte und ein Rauschgenerator für stimmlose Anregung benutzt. Die Lautformung wird durch ein Filtersystem mit variablen Resonanzfrequenzen vorgenommen. Durch diese Methode ist es möglich, Sprache durch eine geringe Anzahl von Parametern zu beschreiben [Fell84, Holmes91].

Die wichtigsten Unterschiede zwischen den einzelnen Vocoderarten liegen in der Festlegung des variablen Filters. Die drei bedeutendsten Vocodertypen sind

– Kanalvocoder
– Lineare-Prädiktions-Vocoder (LPC-Vocoder)
– Formantvocoder

Bei allen drei Verfahren werden die vorhandenen Daten in kurzen zeitlichen Abschnitten codiert. Es werden dazu die Sprachspektren in zeitlichen Intervallen von 10-30 ms gemessen. Es können Datenraten von 2,4 Kbps bei mäßiger Sprachqualität erzielt werden. Hierzu wird jedoch eine relativ komplexe Gerätekonfiguration benötigt. Durch die Codierung in Zeitintervallen entsteht eine deutlich wahrnehmbare Verzögerung. Bei leistungsfähigen Geräten liegt das Delay unterhalb von 100 ms [Holmes91].

Da Vocodersysteme nur eine sehr vereinfachte Nachbildung des menschlichen Sprachtraktes vornehmen, erreichen sie im Vergleich zum PCM-Verfahren eine schlechtere Sprachqualität. Bei kurzen Lauten des Sprechers ergeben sich erhebliche Verfälschungen des Signals, die jedoch vom menschlichen Gehör nicht sehr stark bewertet werden. Das Ohr orientiert sich eher an Vokalen, welche durch Vocoder-Systeme verhältnismäßig gut übertragen werden.

Das Hauptproblem bei der Realisierung von Vocodersystemen liegt in der zuverlässigen Analyse der Sprachfrequenz. Aufgrund der Codierungsverzögerungen und der hörbaren Sprachverfremdungen spielen reine Analyse-Synthese-Verfahren in der Telekommunikation bislang nur eine untergeordnete Rolle.

5.4.2.3 Zwischensysteme

Als Zwischensysteme bezeichnet man Verfahren der digitalen Sprachcodierung, die sich sowohl die Möglichkeiten der einfachen Signalformcodierung, als auch die der Vocoder zunutze machen. Bei der Kombination entstehen die sogenannten Zwischensysteme, die gewöhnlich eine Übertragungsrate von 4-16 Kbps aufweisen. In diesem Bereich ist die Sprachwiedergabe auf Kosten gesteigerter Komplexität besser als bei anderen Systemklassen [Holmes91]. Im folgenden wird als wichtigstes Zwischensystem die adaptive Transformationscodierung besprochen.

Adaptive Transformationscodierung. Bei der adaptiven Transformationscodierung (ATC) werden die Toleranz des menschlichen Gehörs sowie einige Aspekte der Sprachproduktion berücksichtigt. Bei der gebräuchlichsten Ausprägung der ATC wird das abgetastete Sprachsignal in aufeinanderfolgende Blöcke von ca. 128-256 Abtastwerten zusammengefaßt. Anschließend wird auf jeden Block die diskrete Cosinustransformation angewendet. Die anschließende Verteilung der Bits zur Codierung der transformierten Daten erfolgt adaptiv. Durch die entsprechende Bitverteilung ist es möglich, eine Annäherung an die Qualität von 64 Kbps-PCM zu erreichen. Durch die Zusammenfassung in Abtastblöcke entsteht bei ATC eine Zeitverzögerung im Millisekunden-Bereich.

Heute existieren eine Reihe von Varianten der adaptiven Transformationscodierung, die auf dem Prinzip der linearen Prädiktion basieren. Die wichtigsten sind

– Adaptive Prädiktive Codierung (APC)
– Multi Pulse Linear Prediction Coding (MPLPC)
– Code Exited Linear Prediction (CELP)

Ein weiterer Vertreter der ATC Systeme stellt das Regular-Puls-Excited-Long-Term-Prediction Verfahren (RPE-LTP) dar. Es wurde eigens für die besonderen Anforderungen in einem digitalen Mobilfunknetz entwickelt und befindet sich bereits im Einsatz. Die Nettodatenrate beträgt 13 Kbps, mit Fehlerkorrektur 16 Kbps. Das RPE-LTP ist im wesentlichen eine Weiterentwicklung des MPLPC und ist nach GSM standardisiert [Fey92, Heigl90].

In der Entwicklung befindet sich zur Zeit ein Low-Delay-Code-Excited-Linear-Prediction Verfahren (LD-CELP). Es beruht auf dem Prinzip der CELP Verfahren und arbeitet in Verbindung mit PCM nach dem Transcoder Prinzip. Die Datenrate beträgt 16 Kbps. Die Qualität des Verfahrens soll der 16 Kbps ADPCM überlegen sein. Das LD-CELP Verfahren ist bereits in einem Entwurf von CCITT in der Empfehlung G.728 beschrieben [ITU92].

5.5 Quellencodierung und -decodierung von Videosignalen

In diesem Abschnitt werden existierende Verfahren zur Quellencodierung von Videosignalen vorgestellt. Zunächst wird kurz der prinzipielle Aufbau eines analogen Videosignales beschrieben. Anschließend wird die Digitalisierung analoger Videosignale betrachtet und im darauffolgenden Abschnitt werden existierende Verfahren zur Codierung digitaler Bewegtbilder vorgestellt.

Hierzu sei angemerkt, daß einige Verfahren, die schon im Abschnitt zur Quellencodierung von Audiosignalen diskutiert wurden, auch auf Bewegtbilder anwendbar sind. So wird z. B. die DPCM auch zur Codierung von Stand- und Bewegtbildern eingesetzt (vgl. Abschnitt 5.5.3). Soweit die nachfolgenden Ausführungen das Verständnis solcher Verfahren voraussetzen, wird auf die entsprechenden Abschnitte unter Kapitel 5.1 verwiesen.

5.5.1 Video-Digitalisierung

Mathematisch läßt sich ein Bewegtbild als eine Funktion der Zeit und zweier Ortskoordinaten beschreiben. Die Funktionswerte repräsentieren Helligkeits- und Farbwerte des jeweiligen Bildpunktes. Eine Bildübertragung gilt als exakt gelöst, wenn der Bildeindruck beim Beobachter den eindeutigen Rückschluß auf die Originalvorlage zuläßt und keine Abweichungen oder Reproduktionsfehler wahrgenommen werden. Der Verzicht auf die physikalisch exakte Reproduktion der übertragenen Bildvorlage beschränkt den technischen Aufwand auf ein realisierbares Maß. Dabei sind die Wahrnehmungseigenschaften des menschlichen Beobachters als Axiome für die Planung eines Bildübertragungssystems aufzufassen [Arp74]. Insbesondere das beschränkte örtliche und zeitliche Auflösungsvermögen des Auges wird dazu genutzt, schon bei der Bildaufnahme eine Irrelevanzreduktion durchzuführen, indem nur die wahrnehmbaren Signalanteile codiert werden.

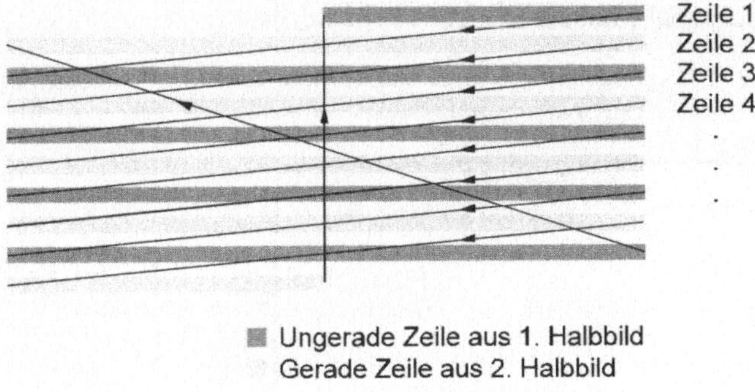

Abb. 5.8. Bildfeldzerlegung in zwei Halbbilder bei einem Modellsystem mit 9 Bildzeilen

In der Fernsehtechnik wird die Übertragung von Bewegtbildern durch Bildfeldzerlegung und sequentielle, zeilenweise Signalübertragung gelöst. Bei der Bildaufnahme durch eine Videokamera wird eine Szene zu diskreten Zeitpunkten 25-30 mal pro Sekunde zeilenweise abgetastet. Um den Flimmereffekt bei der Wiedergabe zu verringern, geschieht dies in zwei aufeinanderfolgenden Schritten, wobei die geraden und die ungeraden Zeilen in zwei getrennten Halbbildern codiert werden. Die Halbbildfrequenz ist demnach doppelt so hoch wie die Vollbildfrequenz, was eine deutliche Reduktion des Bildflimmerns bei gleicher Übertragungsbandbreite bewirkt.

Bei der Bewebtbildaufnahme durch Farbkameras werden zunächst drei Auszüge der Farben Rot ,Grün und Blau erstellt. Durch additive Mischung dieser drei Grundfarben lassen sich die Helligkeits- und Farbwerte der Vorlage reproduzieren. Zur Übertragung wird mittels einer Matrix aus den Auszügen der drei

Grundfarben R, G und B ein Helligkeitssignal Y und die beiden Farbartsignale U und V ermittelt. Auf diese Weise sind Helligkeit und Farbe in getrennten Signalen codiert. Dabei gilt

$$\begin{pmatrix} Y \\ U \\ V \end{pmatrix} = \begin{pmatrix} 0{,}3 & 0{,}59 & 0{,}11 \\ -0{,}15 & -0{,}29 & 0{,}44 \\ 0{,}61 & -0{,}52 & -0{,}097 \end{pmatrix} \times \begin{pmatrix} R \\ G \\ B \end{pmatrix} \qquad \text{(Gl. 5.1)}$$

Da die Fähigkeit zur Farberkennung bei feinen Details stark reduziert ist, wird für die Übertragung der Farbsignale eine weit geringere Bandbreite benötigt als für das Helligkeitssignal.

Die beiden Farbartsignale werden nach der Matrizierung einem sogenannten Farbträger aufmoduliert. Das modulierte Farbsignal, auch Chromasignal genannt, liegt innerhalb des Spektrums des Helligkeits- oder Luminanzsignals und wird diesem additiv überlagert. Auf diese Weise werden Luminanz und Chrominanzanteile der Bildvorlage in einem einzigen Signal codiert. Abb. 5.9 zeigt beispielhaft das Amplitudenspektrum eines PAL-Videosignals.

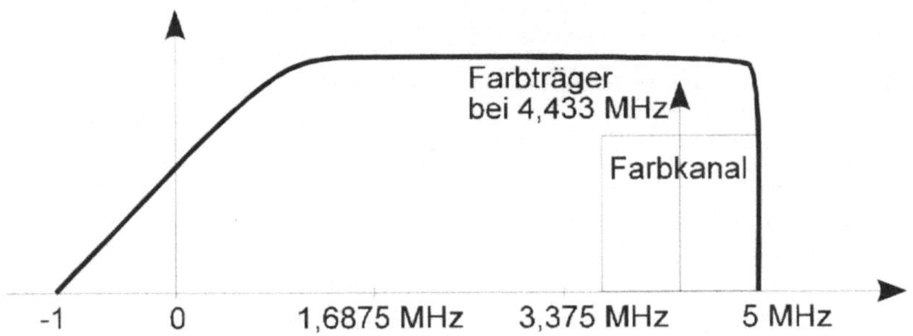

Abb. 5.9. Spektrum eines PAL-Videosignals

Um die Signale auf der Empfängerseite reproduzieren zu können, werden Synchronsignale hinzugefügt, welche die Zeilen- und Halbbildwechsel anzeigen. Das Gesamtsignal, in dem nun Farbe, Bildinhalt, Austast- und Synchronsignale codiert sind, wird kurz FBAS- oder Composite-Signal genannt.

Abb. 5.10 zeigt den zeitlichen Signalverlauf einer Bildzeile gemäß dem PAL-Standard, welche ein Muster vertikaler Farbbalken repräsentiert [Schön72].

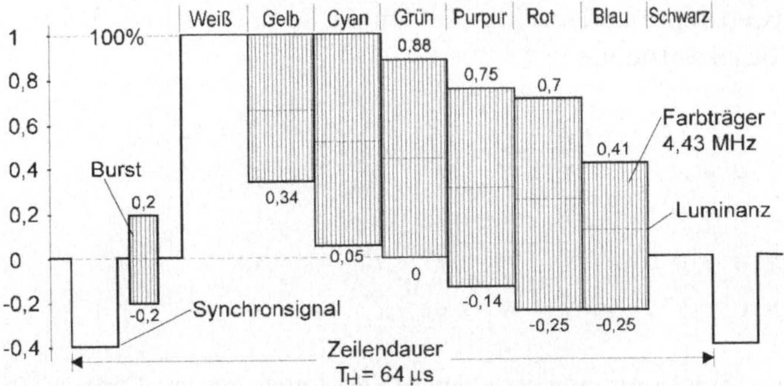

Abb. 5.10. Zeitlicher Signalverlauf einer Videobildzeile

Heute dominieren in der Videotechnik drei Codierungsverfahren für Farbsignale, nämlich NTSC[15], PAL[16] und SECAM[17]. Die obigen Ausführungen gelten prinzipiell für alle drei Verfahren. Die Unterschiede liegen im wesentlichen in der Art der Farbträgermodulation [Schön83].

Tabelle 5.1. Gegenüberstellung der Parameter verschiedener Farbfernsehnormen [CCIR 624]

	PAL (Deutschland)	NTSC (USA)	SECAM (Frankreich)
Zeilen pro Bild	625	525	625
Halbbildfrequenz	50 Hz	60 Hz	50 Hz
Vollbildfrequenz	25 Hz	30 Hz	25 Hz
Zeilenfrequenz	15625 Hz	15750 Hz	15625 Hz
Videobandbreite	5 MHz	4,2 MHz	6 MHz
Farbträger	4,43 MHz Quadraturmodulation (Doppelmodulation von Phase und Amplitude)	3,58 MHz Quadraturmodulation (Doppelmodulation von Phase und Amplitude)	4,40 MHz und 4,25 MHz Frequenzmodulation (jeweils ein Träger für U und V)

Das von herkömmlichen Videokameras gelieferte FBAS-Signal ist zeit- und wertkontinuierlich und muß digitalisiert werden, um Verfahren der digitalen Signalverarbeitung anwenden zu können. Dazu wird es unter Berücksichtigung des Abtasttheorems zu diskreten Zeitpunkten abgetastet, quantisiert und digital

---

[15] NTSC = *N*ational *T*elevision *S*tandards *C*ommittee
[16] PAL = *P*hase *A*lternation *L*ine
[17] SECAM = *S*ystème *e*n *C*ouleur *a*vec *M*émoire

codiert. Jeder Abtastwert repräsentiert einen Bildpunkt, so daß für jedes Bild ein zweidimensionales Raster entsteht.

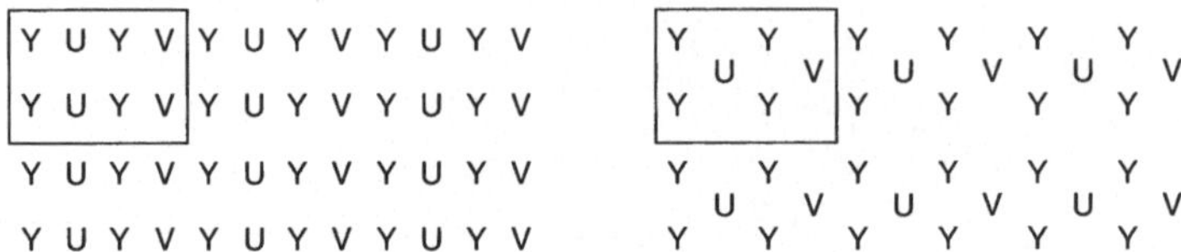

Abb. 5.11. Verschiedene örtliche Auflösungsverhältnisse der Luminanz- und Chrominanzkomponenten: 4:2:2 (links) und 4:1:1 (rechts)

Das reduzierte örtliche Auflösungsvermögen des Auges wird dabei genutzt, indem die Farbdifferenzsignale im Verhältnis zum Luminanzsignal mit verminderter Frequenz abgetastet werden. Üblicherweise wird mit einem Auflösungsverhälnis von Y:U:V=4:2:2 oder 4:1:1 gemäß Abb. 5.11 abgetastet.

Die Empfehlung CCIR 601-2 der ITU-R (früher CCIR) definiert die digitale Repräsentation von Videosignalen in Komponentenform für 625- und 525-Zeilen-Systeme. Für die Einhaltung des Abtasttheorems sind darüber hinaus Filtercharakteristiken zur Frequenzbegrenzung von Luminanz und Chrominanz spezifiziert [CCIR601, Arnold92].

Bei der 4:2:2-Variante der Empfehlung wird die Y-Komponente mit 13,5 MHz abgetastet, während U und V lediglich mit 6,75 MHz abgetastet werden. Die gewählten Frequenzen sind ganzzahlige Vielfache von 2,25 MHz, dem kleinsten gemeinsamen Vielfachen der Zeilenfrequenzen in 625- und 525-Zeilen-Systemen (vgl. Tabelle 5.1).

Für jede aktive Zeile ergeben sich 720 Abtastwerte für die Y-Komponente und jeweils 360 für die Farbdifferenzsignale U und V. Alle drei Komponenten werden gleichförmig mit acht Bit pro Abtastwert quantisiert. Bei einem 625-Zeilen-System beträgt die Zahl der aktiven Zeilen 576. Daraus ergibt sich die Anzahl der Bits, welche zur Repräsentation eines Vollbildes notwendig ist zu:

$$N_B = 720 \; Pixel \times 576 \times 6 \; Bit \, / \, Pixel = 6,328 \; MBit \qquad \text{(Gl. 5.2)}$$

Die notwendige Kanalkapazität für die Übertragung von 25 Bildern pro Sekunde errechnet sich damit zu:

$$K = 6,328 \; MBit \, / \, Bild \times 25 \; Bilder \, / \, Sekunde = 158,203 \; MBit \, / \, Sekunde \qquad \text{(Gl. 5.3)}$$

Bei einer vorgegebenen Kanalkapazität von 64 Kilobit pro Sekunde, wie sie bei PCM-Strecken wie etwa im ISDN üblich ist, beträgt die für die Übertragung eines Vollbildes notwendige Zeit:

$$T = \frac{6{,}328\ MBit\,/\,Bild}{64000\ Bit\,/\,Sekunde} = 103{,}68\ Sekunden \qquad \text{(Gl. 5.4)}$$

Diese Rechnung gilt nur für den reinen Bildinhalt. Overhead, etwa für die Übertragung von Synchronisationssignalen, wird dabei nicht berücksichtigt. Gl. 1.4 zeigt, daß die zur digitalen Repräsentation von Videobildern erforderlichen Datenraten erheblich reduziert werden müssen, um eine Übertragung über schmalbandige Kanäle, wie etwa das ISDN, in Echtzeit zu ermöglichen. Legt man das obige Beispiel der Übertragung eines nach CCIR Rec. 601 digitalisierten Videosignals über einen 64 Kbps-Kanal zugrunde, so ist eine Kompression der reinen Bilddaten um den Faktor

$$C = \frac{K}{64000\ Bit\,/\,Sekunde} = \frac{158{,}203\ MBit\,/\,Sekunde}{64000\ Bit\,/\,Sekunde} = 2592 \qquad \text{(Gl. 5.5)}$$

notwendig.

Eine Reduktion in diesem Maße ist nicht ohne Einbußen bei der Reproduktionstreue möglich. In der Vergangenheit wurden daher für verschiedene Anwendungen unterschiedliche Verfahren zur Bilddatenkompression entwickelt, bei denen, abhängig von der jeweiligen Anwendung, Verluste bei der Ortsauflösung, der Zeitauflösung oder der Farbtiefe in Kauf genommen werden.

Im folgenden werden die für die Videoübertragung wesentlichen Bildkompressionsverfahren vorgestellt und die darauf basierenden Standards kurz diskutiert.

5.5.2 Kompressionsverfahren für digitales Video

Allgemeine Kriterien für Verfahren zur Kompression von Audio- und Videosignalen sind Effektivität (erzielbarer Kompressionsfaktor), Komplexität (Verarbeitungsaufwand), Reproduktionsqualität und Robustheit (Anwendungsflexibilität). Darüber hinaus wird zwischen verlustbehafteten und verlustlosen Verfahren der Datenreduktion unterschieden. Bei verlustbehafteten Verfahren wird bei der Codierung eine Reduktion der irrelevanten Bildinhalte vorgenommen, so daß die ursprünglich im Bild enthaltene Information nicht mehr vollständig reproduzierbar ist.

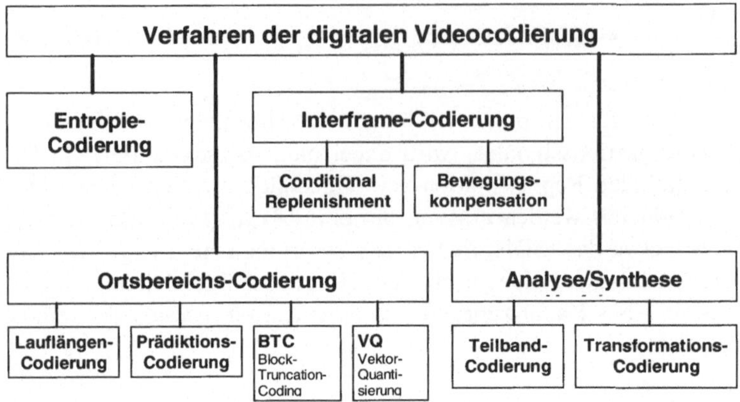

Abb. 5.12. Verfahren der digitalen Videocodierung im Überblick

Unter dem Begriff Irrelevanzreduktion wird allgemein die Beseitigung derjenigen Anteile einer Nachricht verstanden, die vom menschlichen Perzeptionsapparat ohnehin nicht wahrgenommen werden können [Fischer87]. Eine allgemeinere Auslegung des Begriffs Irrelevanz erlaubt jedoch auch die Beseitigung von Informationen, die für den Empfänger in der jeweiligen Situation nicht von Interesse sind.

Verlustlose Verfahren zielen, unter Ausnutzung der Korrelation zwischen örtlich und zeitlich benachbarten Bildpunkten, auf eine weitgehende Reduktion der redundanten Informationsanteile ab. Redundanzreduzierende Verfahren sind reversibel, d.h. im Gegensatz zu verlustbehafteten Verfahren läßt sich der ursprüngliche Informationsgehalt vollständig reproduzieren.

An dieser Stelle werden ausschließlich Verfahren betrachtet, auf denen existierende Standards basieren. Verfahren wie die Wavelett-Transformation oder Fraktale Kompression bleiben hier unberücksichtigt.

Bei den nachfolgenden Betrachtungen sind die vorgestellten Verfahren gemäß der Übersicht in Abb. 5.12 gegliedert in

– Verfahren zur Entropie-Codierung
– Verfahren im Ortsbereichs
– Analyse-Synthese-Verfahren
– Verfahren zur Interframe-Codierung

Die Verfahren der *Ortsbereichs-Codierung* nutzen unmittelbar statistische Abhängigkeiten zwischen örtlich benachbarten Bildpunkten. Bei den Methoden der *Analyse-Synthese-Verfahren* werden die Auswirkungen dieser statistischen Abhängigkeiten im Ortsfrequenzbereich genutzt. Die *Interframe-Codierung* nutzt bei der Codierung von Bildfolgen die Ähnlichkeiten zwischen aufeinander folgenden Bildern [Jain81, NetLim80].

5.5.2.1 Entropie Codierung

Die Entropie-Codierung, in der Literatur auch Statistische Codierung genannt, bewirkt eine reine Redundanzreduktion. Im wesentlichen werden dabei zwei Schritte durchgeführt, nämlich

- Die Abbildung der ursprünglichen Bildelemente auf Symbole eines neuen Alphabets
- Die Zuweisung von Codewörtern

Der erste Schritt beinhaltet eine Uminterpretation des Bildes. Ein Bild wird nicht mehr als Anordnung von Bildpunkten interpretiert sondern als Läufe von gleichartigen Bildpunkten oder als Anordnung von Bildblöcken. Die Symbole des neuen Alphabets sollten so definiert sein, daß die Entropie der Quelle möglichst niedrig ist und die Elemente des neuen Alphabets voneinander weitgehend unabhängig, also dekorreliert sind.

Im zweiten Schritt werden den neuen Symbolen geeignete Codewörter zugeordnet. Hier findet die eigentliche Redundanzminderung statt. Als Beispiel sei die Huffman-Codierung angeführt. Bei ihr werden häufig auftretenden Symbolen die kürzeren Codewörter zugeordnet und seltener auftretenden Symbolen die langen Codewörter, daher die Bezeichnung *Variable Length Code*. Das Beispiel macht deutlich, daß zur Wahl einer geeigneten Codierung die statistischen Eigenschaften der Signalquelle bekannt sein müssen.

5.5.2.2 Ortsbereichs-Codierung

Hier werden signalorientierte Codierungsverfahren vorgestellt, wie sie analog in Abschnitt 5.4.2.1 für die Audiocodierung beschrieben sind.

Lauflängen Codierung. Bei der Lauflängen-Codierung (Runlength-Coding) wird eine zeilenweise Abtastung des Bildes vorgenommen. Aufeinanderfolgende Bildpunkte mit gleichem Grauwert werden zu sogenannten Läufen (Runs) zusammengefaßt. Codiert werden Grauwert und Lauflänge. Dabei werden mittels einer Entropie-Codierung die statistischen Gegebenheiten berücksichtigt, indem Läufen mit größerer Auftrittswahrscheinlichkeit ein kurzes Codewort zugeordnet wird und umgekehrt.

Das Verfahren hat bei der Codierung von Binärbildern eine gewisse Bedeutung erlangt, da dieser Bildtyp hinreichend effizient zu codieren ist und darüber hinaus die Implementierung denkbar einfach ist. Als Anwendungsbeispiel sei hier die Faximile-Codierung angeführt. Bei den Fax-Geräten der ersten Generation wurde eine Lauflängen-Codierung in Verbindung mit anschließender Huffman-Codierung vorgenommen.

Prädiktions-Codierung. Die Prädiktions-Codierung von Bildern nutzt die Redundanz örtlich benachbarter Bildpunkte. Die Codierung erfolgt analog zur Audiocodierung, indem im Codierer aus einer Anzahl vorher übertragener Abtastwerte eine Voraussage über den aktuell zu übertragenden Abtastwert getroffen wird. Übertragen wird die Differenz von Vorhersage und tatsächlichem Wert. Im Decodierer wird das ursprüngliche Signal rekonstruiert, indem ein identischer Prädiktor aus zuvor empfangenen Werten eine Vorhersage über den nächsten zu empfangenden Abtastwert trifft und die empfangene Differenz zur dieser Vorhersage addiert.

Da die Bildpunkte entlang eines zweidimensionalen räumlichen Rasters angeordnet sind, werden bei der Prädiktions-Codierung von Bildern Pixel aus vorher übertragenen Spalten und Zeilen berücksichtigt.

Block Truncation Coding (BTC). Beim Block Truncation Coding erfolgt zunächst eine Segmentierung des Bildes in Blöcke. Anschließend wird für jeden Block der Mittelwert der Intensität ermittelt. Dieser dient für den zu codierenden Block als Entscheidungsschwelle, mit dessen Hilfe nun eine binär codierte Bitmap angelegt wird. Bildpunkten, deren Helligkeitswerte unter der Entscheidungsschwelle liegen, wird eine Null, denjenigen, deren Intensität über der Schwelle liegt, eine Eins zugeordnet. Anschließend wird jeweils der Mittelwert für die durch die Schwelle getrennten Bereiche hoher und niedriger Intensität gebildet.

Zum Empfänger müssen nur diese beiden Werte und die Bitmap übertragen werden. Zur Rekonstruktion werden den Nullen der empfangenen Bitmap der Mittelwert der Bereiche niedriger Intensität und den Einsen der Mittelwert der Bereiche hoher Intensität zugewiesen.

Das Block Truncation Coding zeichnet sich durch denkbar einfache Decodierung und gute Wiedergabe scharfer Kanten aus. Dem steht jedoch der Nachteil gegenüber, daß das Verfahren die Bildung störender Artefakte und Blockeffekte begünstigt [Rab91].

Vektor Quantisierung. Das Prinzip der Vektor-Quantisierung kommt aus der Objekt- und Zeichenerkennung. Dem Verfahren liegt die Interpretation eines n-Komponenten-Bildes als n-dimensionaler Vektor zugrunde. Beispiele für Vektoren sind dabei u.a. Blöcke eines Bildes, deren Komponenten aus den einzelnen Bildpunkten bestehen, oder die Farbtripel RGB bzw. YUV eines Bildpunktes.

Nach der Zerlegung eines n-dimensionalen Raumes in m Subräume wird für jeden Subraum ein Repräsentanten-Vektor bestimmt, so daß jeder Vektor des Subraumes durch den Repräsentanten möglichst gut approximiert wird. Dem Repräsentanten wird zur Übertragung ein Codewort zugeordnet. Dabei ist die ständige Anpassung der Quantisierer-Definition und der Codewortzuordnung an die aktuelle Signalstatistik erforderlich, was eine sehr aufwendige Berechnung der Quantisierungsvorschrift (Codebook) zur Folge hat.

Mit der Vektor-Quantisierung lassen sich sehr hohe Kopressionsfaktoren erzielen. Sie ist jedoch durch die ständig erforderliche Auswertung der aktuellen statistischen Gegebenheiten und die darauffolgende Anpassung von Quantisierung und Codebook sehr aufwendig [Rab91, Arnold92].

5.5.2.3 Analyse-Synthese-Verfahren

Die Analyse-Synthese-Verfahren basieren auf der Zerlegung des Bildes in seine verschiedenen Spektralanteile im Ortsfrequenzbereich. Anschließend erfolgt die datenreduzierende Codierung. Im folgenden werden zwei Verfahren näher betrachtet, nämlich die *Teilband-Codierung* und die *Transformations-Codierung*.

Teilband-Codierung. Analog zur Audiocodierung wird die Teilband-Codierung auch auf Bilder angewendet. Im Analyse-Teil des Codierers wird das zu codierende Bild durch Filterung des Ortsbereiches in verschiedene Ortsfrequenzbereiche zerlegt. Da die gewonnenen Teilbänder des Bildes im Vergleich zum Original einen schmaleren Frequenzbereich abdecken, genügt ein gröberes Abtastraster (Downsampling). Die einzelnen Teilbänder werden nun separat codiert, wobei die besonderen Eigenschaften der verschiedenen Ortsfrequenzbereiche berücksichtigt werden.

Im Decodierer erfolgt die Synthese des Gesamtbildes, indem die Teilbänder zunächst wieder auf das ursprüngliche Abtastraster abgebildet werden (Upsampling), anschließend gefiltert und addiert werden.

Die Kompression der Bilddaten wird nicht durch die Zerlegung des Bildes in einzelne Teilbänder erreicht, sondern durch die separate Codierung der einzelnen Teilbänder, unter Berücksichtigung der jeweiligen statistischen Eigenschaften.

Transformations-Codierung. Ziel der Transformations-Codierung ist es, eine Dekorrelation der Bildelemente, und damit die Konzentration der Bildinformation in wenigen Elementen (Enerqy Packing), zu erreichen. Dazu wird das zu codierende Bild zunächst in kleinere Blöcke unterteilt. Anschließend wird jeder Block transformiert, so daß er durch wenige unabhängige Koeffizienten repräsentiert wird.

Transformation und Rücktransformation entsprechen der Analyse und Synthese eines Bildblocks. Bei der Analyse erfolgt die Zerlegung eines $n{\times}n$-Blockes in seine Spektralanteile im Ortsfrequenzbereich. Das Ergebnis ist eine $n{\times}n$-Matrix von Koeffizienten, welche die Gewichtung der einzelnen Spektralanteile im transformierten Block repräsentiert. Die Rücktransformation einer Matrix mit nur einem von Null verschiedenen Koeffizienten ergibt ein sogenanntes Basisbild. Die Synthese erfolgt durch Rücktransformation und anschließende Superposition der gewichteten Basisbilder. Die Koeffizienten geben also den Beitrag eines Basisbildes an dem jeweiligen Bildblock an.

Die Transformation der Bildblöcke wird mittels einer Matrixmultiplikation gemäß Gl. 5.6 durchgeführt.

$$F = T \times B, \; mit \quad F \text{ - } \textit{Koeffizientenmatrix im Ortsfrequenzbereich}$$
$$B \text{ - } \textit{Matrix der Bildpunkte im Ortsbereich} \qquad (Gl. 5.6)$$
$$T \text{ - } \textit{Transformationsmatrix}$$

Beispiele für die Vielfalt existierender Transformationen sind die Karhunen-Loeve-Tranformation (KLT), die Walsh-Haddamar-Transformation (WHT), die

Diskrete-Fourier-Transformation (DFT) und die Diskrete-Cosinus-Transformation (DCT). Sie unterscheiden sich in der Definition der Transformationsmatrix, auch Transformationskern genannt, bzw. in der Form der Basisbilder [Arnold92].

Die KLT ist optimal bzgl. der Dekorrelation der Koeffizienten und des Energy-Packing-Effekts, hat jedoch den Nachteil, daß die Basisfunktionen vom Bildinhalt abhängen und darüber hinaus kein schneller Algorithmus existiert, so daß die praktische Anwendbarkeit beschränkt ist.

Die Diskrete Cosinus Transformation (DCT) kommt den Leistungen der KLT am nächsten, ohne jedoch die genannten Nachteile aufzuweisen. Die Existenz schneller Algorithmen begünstigt den Einsatz in Anwendungen mit hohen Echtzeit-Anforderungen. Darüber hinaus zeichnet sie sich gegenüber der FFT durch weitestgehend reduzierte Blockeffekte im reproduzierten Bild aus. Die DCT spielt aufgrund ihrer günstigen Eigenschaften eine große Rolle in der Bildkommunikation und sei hier einer eingehenderen Betrachtung unterzogen.

Die Formel zur Berechnung der DCT-Koeffizienten eines Bildblockes aus $n \times n$ Pixeln lautet:

$$F(u,v) = \frac{4C(u)C(v)}{n^2} \sum_{x=0}^{n-1} \sum_{y=0}^{n-1} f(x,y) \cos\left(\frac{(2x+1)u\pi}{2n}\right) \cos\left(\frac{(2y+1)v\pi}{2n}\right),$$

$$\text{mit } C(u),\ C(v) = \begin{cases} \frac{1}{\sqrt{2}} & \text{für } u,\ v = 0 \\ 1 & \text{für } u,\ v = 1, 2, ..., n-1 \end{cases}$$

(Gl. 5.7)

Entsprechend ist die inverse Transformation definiert als:

$$f(x,y) = \sum_{u=0}^{n-1} \sum_{v=0}^{n-1} C(u)C(v)F(u,v) \cos\left(\frac{(2x+1)u\pi}{2n}\right) \cos\left(\frac{(2y+1)v\pi}{2n}\right),$$

$$\text{mit } C(u),\ C(v) = \begin{cases} \frac{1}{\sqrt{2}} & \text{für } u,\ v = 0 \\ 1 & \text{für } u,\ v = 1, 2, ..., n-1 \end{cases}$$

(Gl. 5.8)

Das Blockformat für die Segmentierung ist so zu wählen, daß die Bildpunkte auf gegenüberliegenden Blockgrenzen mit hoher Wahrscheinlichkeit gerade noch korreliert sind. Die Wahl $n=8$ hat sich bei den meisten Implementierungen durchgesetzt. Jeder dieser 8×8 Pixel großen Bildausschnitte kann durch eine Superposition aus 64 Basisbildern erzeugt werden, wobei ein Basisbild aus einer bestimmten Kombination von horizontalen und vertikalen Frequenzen besteht (siehe Abb. 5.13).

Abb. 5.13. Basisbilder der DCT

Die DCT wandelt die 8×8 Pixelmatrix in eine 8×8 Koeffizientenmatrix um. Jeder Koeffizient dieser Matrix gibt den Anteil eines Basisbildes an dem transformierten Pixelblock wieder. Da sich benachbarte Pixel eines Blocks meist nur wenig unterscheiden, ist die Wahrscheinlichkeit hoch, daß nur die Koeffizienten der niederfrequenten Basisbilder signifikante Werte aufweisen. Diese Konzentration der Energie des Pixelblocks in wenigen Koeffizienten wird mit dem englischen Begriff *Energy Packing* bezeichnet. Die Koeffizienten repräsentieren in der 8×8 Matrix von links nach rechts Basisbilder mit zunehmenden vertikalen Ortsfrequenzen und von oben nach unten Basisbilder mit zunehmenden horizontalen Frequenzen. In der linken oberen Ecke steht der sogenannte DC-Koeffizient, der den Gleichanteil (vertikale und horizontale Frequenzen gleich Null) des Pixelblocks darstellt. Alle anderen werden als AC-Koeffizienten bezeichnet [Hoff91].

Die angestrebte Kompression der Bilddaten ergibt sich erst durch die Eliminierung von Koeffizienten, deren Beitrag zum Bildinhalt vernachlässigbar ist. Wegen der Konzentration der spektralen Energie in den niederfrequenten Koeffizienten besteht die Möglichkeit die hochfrequenten Anteile einfach abzuschneiden und die zu übertragende Datenmenge so zu reduzieren. Weil dabei die hochfrequenten Koeffizienten unabhängig von ihrem tatsächlichen Beitrag zu dem aktuellen Bildinhalt eliminiert werden, können beträchtliche Reproduktionsfehler auftreten.

Als Alternative hat sich die Quantisierung der einzelnen Koeffizienten durchgesetzt. Diese erfolgt nicht uniform, sondern ist gemäß der psychovisuellen Eigenschaften des menschlichen Gesichtssinns gewichtet. So werden niederfrequente Koeffizienten feiner quantisiert, höherfrequente Koeffizienten dagegen gröber. Auf diese Weise wird eine effektive Irrelevanzreduktion erzielt unter gleichzeitiger Berücksichtigung hochfrequenter Koeffizienten, welche einen signifikanten Beitrag zum Bildinhalt liefern.

Schon früh wurden Algorithmen vorgestellt, die die Ausführung der DCT um ein vielfaches beschleunigten, was den Aufwand für eine Implementierung in Hardware beträchtlich reduzierte und die Entwicklung von DCT-Chips begünstigte [CheSmiFra77].

5.5.2.4 Interframe-Codierung

Die bisher betrachteten Verfahren zur Bildkompression nutzen statistische Abhängigkeiten zwischen örtlich benachbarten Bildpunkten. Bei der Interframe-Codierung kommen Bildmodelle zur Anwendung, welche die Ähnlichkeiten zeitlich aufeinanderfolgender Bilder für eine Bilddatenkompression nutzbar machen. Im folgenden werden die beiden wichtigsten Methoden, das *Conditional Replenishment* und die *Bewegungskompensation*, vorgestellt.

Conditional Replenishment. Das Prinzip des Conditional Replenishment (zu deutsch: bedingtes Wiederauffüllen) ist denkbar einfach: Bei der Bildung der Differenz aus vorangegangenem und aktuellem Bild sind nur die veränderten bzw. bewegten Bildanteile von Null verschieden. Außer den codierten Bildänderungen muß nun lediglich eine Maske zum Empfänger übertragen werden, welche die Lage und den Umriß der veränderten Bildanteile anzeigt.

Bewegungskompensation. Ziel der Bewegungskompensation ist es, mittels der Erfassung und Modellierung von Objektbewegungen in einer Bildfolge, das jeweils nächste Bild möglichst präzise vorhersagen zu können. Bei der Übertragung von Bilddaten wird das Verfahren genutzt, indem sowohl im sendenden als auch im emfangenden System die gleiche Prädiktion vorgenommen wird. Dem Empfänger müssen auf diese Weise lediglich die Abweichungen des Schätzbildes vom Originalbild übermittelt werden.

Die wichtigsten Verfahren zur Bewegungsschätzung sind *Differentielle Verfahren* und das *Blockmatching*. Differentielle Methoden setzen voraus, daß das Prinzip des optischen Flusses gilt, welches besagt, daß Bildpunkte nicht verschwinden oder neu auftauchen können. Demnach lassen sich örtliche Verschiebungen aus zeitlichen Änderungen des Bildsignals ableiten, da beide über die folgende Differentialgleichung verknüpft sind:

$$(\frac{\partial}{\partial x}dx + \frac{\partial}{\partial y}dy + \frac{\partial}{\partial t}dt) \times Y(x,y,t) = 0, \quad Y(x,y,t) \text{ - } Luminanzsignal \qquad \text{(Gl. 5.9)}$$

Differentielle Verfahren zur Bewegungsschätzung fanden über einen gewissen Zeitraum große Beachtung, besitzen jedoch heute wegen ihrer Trägheit keine große Bedeutung mehr.

Das heute am meisten angewendete Verfahren ist das Blockmatching. Dabei wird jedes Bild zunächst in Blöcke zerlegt. Für jeden Block im aktuellen Frame wird innerhalb eines gewissen Suchbereichs im vorherigen Frame nach dem Block mit der größten Übereinstimmung (Best Match) gesucht. Übertragen wird dann ein codierter Vektor, der die Verschiebung zwischen der Lage des originalen Blocks und dem „Best Match" im vorhergehenden Frame repräsentiert. Die wichtigsten Verfahrensparameter sind:

- *Blockformat und Suchbereich:* Heute wird überwiegend mit Blockgrößen von 8×8 Bildpunkten und mit Suchbereichen von 16×16 Bildpunkten gearbeitet.
- *Suchstrategie für Best Match:* Um das aufwendige Prüfen jeder Position im Suchbereich (Full Search) zu vermeiden wurden zahlreiche schnelle Suchalgorithmen entwickelt.
- *Ermittlung des Änlichkeitsmaßes:* Für die Ermittlung des „Best Match" wird mittels verschiedener mathematischer Methoden ein Ähnlichkeitsmaß errechnet. Die verwendeten Methoden unterscheiden sich in der erzielten Genauigkeit und dem erforderlichen Rechenaufwand. Zu nennen sind:
  - Kreuzkorrelationsfunktion (CCF)
  - Normierte Kreuzkorrelationsfunktion (NCCF)
  - Mittlerer Quadratischer Fehler (MSE)
  - Mittlere Absolute Differenz (MAD)

Blockmatching-Verfahren erlauben die Kompression von Bewegtbildern mit hoher Effizienz, erfordern jedoch einen hohen Verarbeitungsaufwand. Darüber hinaus besitzt es einige methodische Unzulänglichkeiten, insbesondere ist die Codierung von Blöcken mit gleichzeitig unbewegten und bewegten Bildinhalten kritisch.

5.5.3 Standards für die Videocodierung

Bei allen wichtigen Standards für die Codierung digitaler Videosignale handelt es sich um Hybridverfahren, bei denen Kombinationen der oben beschriebenen Methoden zum Einsatz kommen.

5.5.3.1 JPEG

Hinter dem Namen JPEG (Joint Photographic Experts Group) verbirgt sich eine gemeinsame Arbeitsgruppe von CCITT und ISO, die es sich zur Aufgabe gemacht hat, einen einheitlichen Standard für die Kompression von hochaufgelösten Farb- und Grautonbildern zu schaffen. Dieser Standard wurde für die Kom-

pression von Standbildern entwickelt und nutzt Redundanzen benachbarter Bildpunkte aus. Die Redundanz zeitlich aufeinanderfolgender Bilder wird nicht genutzt. Trotzdem ist der JPEG-Standard auch im Videobereich stark verbreitet, da
er den Zugriff auf einzelne Frames innerhalb der komprimierten Daten ermöglicht [JPEG89].

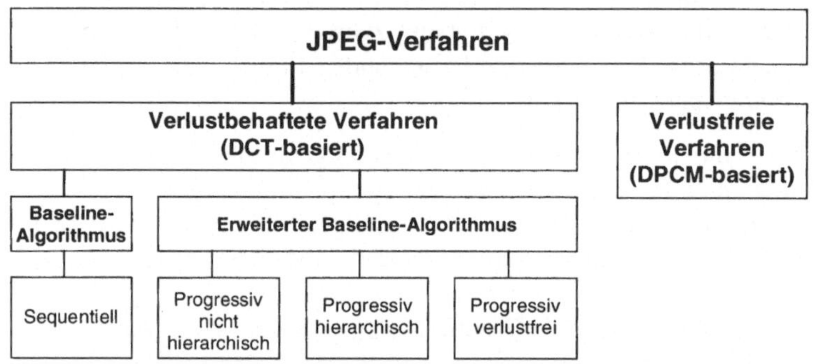

Abb. 5.14. JPEG Verfahren

Um den unterschiedlichen Anforderungen an einen allgemeingültigen Kompres-
sionsstandard gerecht zu werden, unterscheidet der JPEG Standard zwei Gruppen
von Kompressionsverfahren. Die Verfahren der ersten Gruppe sind völlig ver-
lustfrei und basieren auf der Differenz-Puls-Code-Modulation (DPCM). Die
Verfahren der zweiten Gruppe sind verlustbehaftet und basieren auf einer block-
weisen Diskreten Cosinus Transformation. Dabei sind Kompressionsraten von bis
zu 100:1 zu erreichen. Erfahrungswerte zeigen, daß bei einer Kompressionsrate
von 24:1 eine Verschlechterung der Bildqualität subjektiv nicht wahrgenommen
wird. Bei den verlustbehafteten JPEG-Verfahren wird zwischen dem Baseline-
Algorithmus und dem erweiterten Baseline-Algorithmus unterschieden, wobei
letzterer zusätzliche Möglichkeiten bei der Entropie-Codierung bietet [Wall89].

Die folgenden Betrachtungen beschränken sich auf den am häufigsten implementierten, DCT-basierten Baseline Algorithmus. Da die Codierung der DCT-
Koeffizienten dabei sequentiell erfolgt, spricht man auch vom sequentiellen Mo-
dus. Den wesentlichen Ablauf des Baseline-Algorithmus verdeutlicht Abb. 5.15.

Das zu komprimierende Bild wird in Blöcke von 8×8 Pixeln aufgeteilt. Bei einem Farbbild muß diese Aufteilung für jede einzelne Komponente (RGB oder
YUV) durchgeführt werden. Die 8×8 Pixelblöcke werden durch die DCT in
Koeffizientenblöcke transformiert. Diese werden quantisiert und durch zwei
weitere Codierungsschritte codiert [Wall91].

Bei der Quantisierung kommt es zu einer Gewichtung der verschiedenen DCT-
Koeffizienten hinsichtlich ihrer Bedeutung für die Bildqualität. Zum einen wird
hierbei berücksichtigt, daß der Großteil der Information in den niederfrequenten

Koeffizienten enthalten ist, zum anderen findet eine Gewichtung nach psychovisuellen Gesichtspunkten statt, da die Empfindlichkeit des Menschen bezüglich
der Wahrnehmung einzelner Basisbilder unterschiedlich ist.

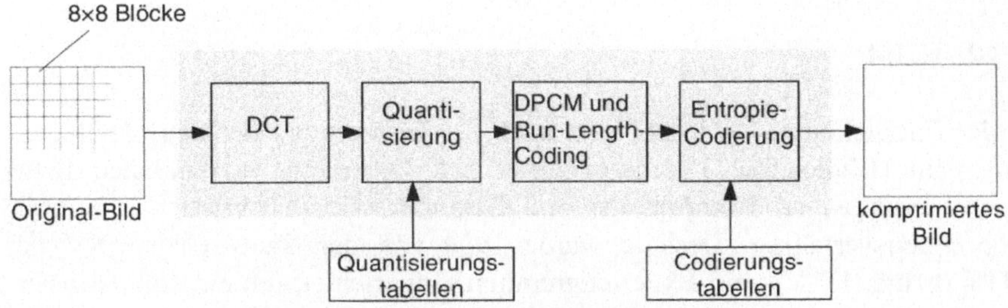

Abb. 5.15. Ablaufschritte der DCT-basierten JPEG-Kompression

Nach der Quantisierung werden die DC-Koeffizienten getrennt von den AC-Koeffizienten bearbeitet. Die DC-Koeffizienten aufeinanderfolgender Blöcke unterscheiden sich häufig nur wenig, deshalb wird mittels einer DPCM nur die Differenz zwischen zwei DC-Koeffizienten codiert.

Die AC Koeffizienten werden nach dem in Abb. 5.16 dargestellten Zick-Zack
Schema umsortiert. Aus der 8×8 Matrix wird dadurch ein Vektor mit 64 Elementen, in dem die Koeffizienten nach steigenden Frequenzen sortiert sind. Da die
höherfrequenten Koeffizienten nach geeigneter Quantisierung größtenteils den
Wert Null haben, treten innerhalb des Vektors mit hoher Wahrscheinlichkeit
Folgen von hintereinander liegenden Nullen auf. Dies wird mittels einer besonderen Lauflängen-Codierung genutzt, welche lediglich Läufe von Nullen berücksichtigt (Zero-Run-Length-Coding) [Smith93].

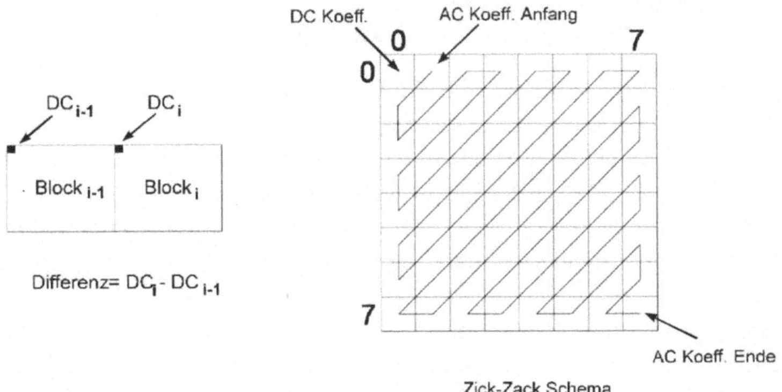

Abb. 5.16. DPCM-Codierung und Zick-Zack Schema

Der letzte Prozeßschritt ist die Entropie-Codierung. Beim sequentiellen Baseline-Algorithmus wird die Huffman-Codierung genutzt. Dabei werden sogenannte Huffman Tabellen eingesetzt, die meist bereits vordefiniert sind, jedoch bei manchen Anwendungen erst berechnet werden [Pen90].

5.5.3.2 H.261

Mit der Entwicklung von ISDN kam auch die Diskussion über neue Dialoganwendungen (Bildtelefon, Videokonferenz) auf. Die damit verbundenen Echtzeitanforderungen an Kompression und Dekompression erforderten ein neues Kompressionsverfahren. Deshalb wurde 1984 von der Study Group XV der CCITT (heute: ITU-T) ein Expertengremium eingerichtet, um ein standardisiertes Verfahren zur Kompression von Bewegtbildern zu entwickeln. Dieses stellte 1990 die CCITT-Empfehlung H.261 „Video Codec for Audiovisual Services at p × 64 kbits/s" vor. Dieser Standard läßt sich für Dialoganwendungen u. a. deshalb einsetzen, weil er ein symmetrisches Kompressionsverfahren beinhaltet und eine maximale Ende-zu-Ende Verzögerung von 150 ms garantiert.

H.261 definiert das Format des zu codierenden Bildes sehr genau. Das Bild darf nicht im Zeilensprungverfahren am Eingang des Codierers vorliegen und die am Eingang anliegende Bildwechselfrequenz muß 30000/1001 = 29.97 Bilder pro Sekunde betragen. Während des Codierungsprozesses kann auch eine komprimierte Bildsequenz mit einer geringeren Bildwechselfrequenz (10 oder 15 Bilder pro Sekunde) generiert werden. Das Bild ist als Luminanzsignal (Y) und Chrominanzdifferenzensignale (C_b, C_r) im Verhältnis 2:1:1 abgetastet. Es sind zwei Auflösungsformate mit einem Seitenverhältnis von jeweils 4:3 spezifiziert:

– CIF (*Common Intermediate Format*) definiert für die Luminanzkomponente 288 Zeilen mit je 352 Pixeln, die Chrominazebenen setzen sich aus 144 Zeilen mit 176 Pixel je Zeile zusammen.
– QCIF (*Quarter-CIF*) hat genau die halbe Auflösung bezüglich CIF; d.h.: in der Luminanzkomponenete 144 Zeilen mit je 176 Pixel und in den Chrominanzkom-poneneten 72 Zeilen mit jeweils 88 Pixel.

Alle H.261-Implementierungen müssen das QCIF-Format codieren und decodieren können, während die Fähigkeit zur Codierung von CIF-Bildern optional ist.

Zur Codierung unterteilt H.261 die einzelnen Komponenten in *Blöcke* zu je 8×8 Pixel. Diese werden zu *Makroblöcken* (4 Y-Blöcke und jeweils ein C_b- und C_r- Block) bzw. *Group Of Blocks* (3 × 11 Makroblöcke) zusammengefaßt. Die Bilder werden dann mittels *Intraframe-* und gegebenenfalls *Interframe-Verfahren* codiert.

Bei der Intraframe-Codierung werden die Daten aus dem jeweiligen betrachteten Bild verwendet. Jeder 8×8 Pixel-Block wird unter Anwendung der DCT transformiert. Anschließend erfolgt ähnlich wie bei JPEG eine Entropiecodierung mit einem Code variabler Länge.

Bei der Interframe-Codierung wird für jeden Makroblock ein möglichst ähnlicher Makroblock im vorangegangenen Bild gesucht. Die relative Position des vorherigen Makroblocks bezüglich des aktuell betrachteten definiert den Bewegungsvektor. Dieser wird dann mit einem Code variabler Länge entropiecodiert. Überschreitet die Abweichung der in Relation gesetzten Makroblöcke einen definierten Schwellwert, wird der aktuelle Makroblock DPCM-codiert und DCT-transformiert.

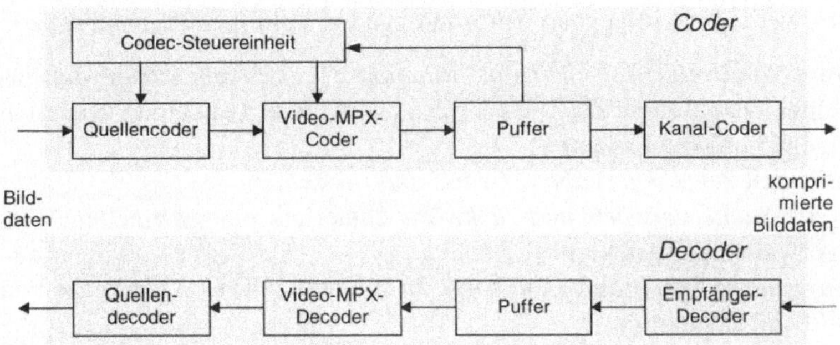

Abb. 5.17. H.261 Codec-System

Der H.261-Datenstrom beinhaltet neben den komprimierten Bilddaten noch weitere Informationen. Für jedes Bild wird eine 5 Bit lange Bildnummer angegeben, die als zeitliche Referenz gewertet werden kann. Zusätzlich werden noch Angaben zur Fehlerkorrektur gemacht. Optional können dem Dekoder auch spezielle Steuerkommandos übermittelt werden (z. B.: 'Standbild', etc.) [Stein93].

Die Recommendation H.261 ist ein Verfahren der Bewegtbildkompression, das speziell für die Anwendung in ISDN-Endgeräten entwickelt wurde. Methodisch ist es MPEG sehr ähnlich. Die Videodaten werden auf eine Bitrate von px64 Kbps komprimiert, wobei p eine ganze Zahl zwischen 1 und 30 ist. Die Kompression nach H.261 ist somit ein skalierbares Verfahren, das für die Bandbreiten des ISDN Basis- und Primärmultiplexanschluß (S_0- und S_{2M}-Schnittstelle) ausgelegt ist [H.261, Liou91].

5.5.3.3 MPEG (Motion Picture Experts Group)

Der MPEG-1-Standard definiert ein Codierungsverfahren für Videobilder und begleitende Audiosignale, das auf den Einsatz gespeicherter Videosequenzen in interaktiven Anwendungen optimiert ist. Dabei zielt MPEG-1 insbesondere auf den Einsatz von CD-ROM-basierten Video-Applikationen. Daher entspricht die Bitrate des komprimierten Datenstroms mit 1,8 Mbps der Übertragungskapazität von CD-ROM Laufwerken der ersten Generation.

Der durch MPEG-1 definierte Algorithmus zur Kompression von Bewegtbildern nutzt ähnlich wie H.261 neben der Redundanz örtlich benachbarter Bildpunkte auch die Redundanz zeitlich aufeinanderfolgender Bilder. Zur Reduktion örtlicher Redundanz im Ortsfrequenzbereich wird wie bei JPEG und H.261 die Diskrete Cosinus Transformation eingesetzt. Bei der Reduktion der zeitlichen Redundanz kommt ein blockbasiertes Verfahren der Bewegungskompensation zum Einsatz, wodurch das Kompressions-verhältnis potentiell um den Faktor 3 erhöht wird.

Ausgehend von den Zielanwendungen, für die der MPEG-1 Algorithmus entworfen wurde, werden die folgenden Anforderungen gestellt [Gall91, Gall92]:

— Das Feature *Wahlfreier Zugriff (engl.: Random Access)* stellt sicher, daß innerhalb einer bestimmten Zeit (etwa 0,5 s) auf einen beliebigen codierten Frame zugegriffen werden kann.

— Die Möglichkeit zur *Wiedergabe vorwärts und rückwärts.*

— Die *Schnelle Suche vorwärts und rückwärts* entspricht einer schnellen Wiedergabe vorwärts und rückwärts.

— Die *Audio-visuelle Synchronisation* sorgt für eine synchrone Wiedergabe von Bewegtbild und Begleitton.

— *Geringe Fehlerempfindlichkeit* der Quellencodierung beim Auftreten von Bitfehlern trotz Kanalcodierung.

— Die *Gesamtverzögerung durch Codierung und Decodierung* muß abhängig von der jeweiligen Anwendung in bestimmten Grenzen gehalten werden. Diese Grenze variiert von 150 ms beim Videotelefon bis zur Interaktionsgrenze von etwa einer Sekunde bei Publishing Anwendungen.

— Die *Editierbarkeit* der codierten Videosequenzen muß mindestens im Rahmen von bestimmten Edit Units gewährleistet sein. Dabei handelt es sich um kleine Abschnitte der codierten Videosequenz, die ohne Kenntnis vorheriger oder nachfolgender Frames decodiert werden können.

— Ein *Flexibles Bildformat* ermöglicht die Darstellung von Videos in Windows, den Fenstern graphischer Benutzungsoberflächen.

Auch bei MPEG wird der Aufbau eines Bildes genau festgelegt. Die Luminanzkomponente Y hat in horizontaler und vertikaler Richtung die doppelte Auflösung wie die beiden Chrominanzkomponenten C_b und C_r (*Color-Subsampling*). Dabei sollte die Luminanzkomponente die Anzahl von 768×576 Pixel nicht überschreiten. Es wird mit einer Tiefe von 8 Bit pro Pixel in jeder Ebene gearbeitet.

Zur Codierung wird das Bild in Makroblöcke zerlegt. Ein Makroblock wird zu je 16×16 Pixel für die Luminanzkomponente und 8×8 Pixel für die beiden Chrominanzkomponenten aufgeteilt. Innerhalb eines Makroblocks werden die 6 Blöcke zu je 8×8 Pixel sequentialisiert; zuerst werden die vier Luminanzblöcke und anschließend die Chrominanzblöcke gebildet. Bei MPEG werden vier Bildcodierungen unterschieden:

- *I-Bilder (Intra Coded Pictures)* werden ohne zusätzliche Informationen anderer Einzelbilder codiert (Intraframe-Codierung). Dazu wurden die Erkenntnisse von JPEG genutzt, jedoch um die Forderung nach Kompression in Echtzeit erweitert. Die Kompressionsrate ist deshalb am geringsten. I-Bilder bilden die Grundlage für den wahlfreien Zugriff.
- *P-Bilder (Predictive Coded Pictures)* benötigen zur Codierung und Decodierung Informationen vorangegangener I- oder P-Bilder. Zur Decodierung ist hier die Dekompression des vorherigen I-Bildes und aller eventuell dazwischenliegenden P-Bilder notwendig. Dafür ist die Kompressionsrate erheblich höher.
- *B-Bilder (Bidirectionally Coded Pictures)* enstehen als Differenzbild aus einem vorherigen und einem nachfolgenden I- oder P-Bild. Durch die Codierung als B-Bild ist die höchste Kompressionsrate erreichbar. Es kann niemals als Referenz zu anderen Bildern dienen.

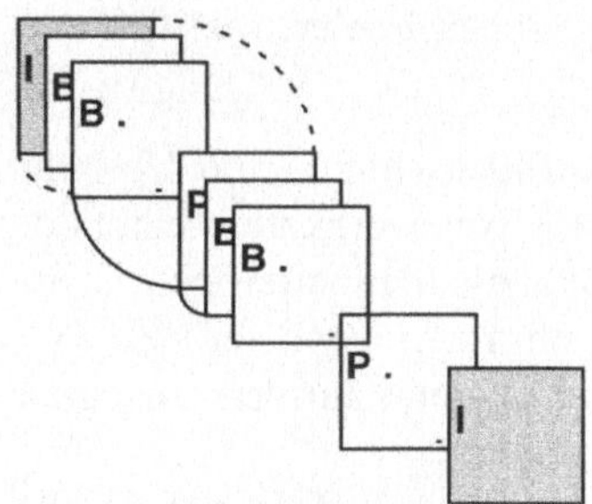

Abb. 5.18. MPEG-Sequenz mit I-,B- und P-Frames

Die Gesetzmäßigkeit einer Folge von I-, P- und B-Bildern wird von der MPEG-Anwendung bestimmt. Bei der Forderung nach wahlfreiem Zugriff wäre ein rein I-Bild codierter Datenstrom geeignet. Zum Erzielen einer hohen Kompressionsrate würde man dagegen eine Codierung mit einer hohen Anzahl von B-Bildern verwenden [Stein93].

Die Audiocodierung in MPEG ist kompatibel zu der Codierung von Audiodaten für eine CD-DA[18] und DAT[19]. Das wesentliche Kriterium ist hier die Abtastrate von wahlweise 32 kHz, 44.1 kHz oder 48 kHz mit 16 Bit pro Abtastwert. Eine Kompression erfolgt hier für ein Audiosignal zu 64, 96, 128 oder 192 Kbps. über mehrere Stufen mit Hilfe von FFT, PCM und einer Huffmann-Codierung [Gall91, Gall92].

Bei MPEG-1 wird unter Berücksichtigung des heutigen Entwicklungsstandes digitaler Massenspeicher aus der CD-Technologie eine Datenrate des kompri-

---

[18] CD-DA = *C*ompact-*D*isc-*D*igital-*A*udio
[19] DAT = *D*igital *A*udio *T*ape

mierten Stromes von ca. 1.4 Mbps angestrebt. Die vorgeschriebene maximale konstante Datenrate von 1856000 bit/sek. sollte nicht überschritten werden. Im Bereich der Bewegtbildübertragung wird daher an Kompressionsverfahren für einen Bereich von ca. 4-10 Mbps gearbeitet, die eine höhere Bildauflösung berücksichtigen und mit MPEG-2 bezeichnet werden [Stein93].

5.6 Kanalcodierung und -decodierung

Gemäß den Ausführungen in Kapitel 3 nehmen Kanalcodierer und Kanaldecodierer zwei Aufgaben wahr:

- die Anpassung der zu übertragenden Signale an die physikalischen Gegebenheiten des Übertragungskanals
- die Sicherung der zu übertragenden Information gegen Fehler, die während der Übertragung auftreten

Für die Anpassung zu übertragender Signale an die Eigenschaften von Übertragungskanälen hat sich im PC-Bereich der Einsatz von Netzwerkkarten etabliert, welche den Anschluß des PC-Systems an die Schnittstelle des jeweiligen Übertragungsnetzes leisten. Dabei werden Netzwerkkarten vorwiegend für den PC-Anschluß an digitale Netzwerke verwendet, während Modems für den Anschluß des Computers an das analoge Telefonnetz verwendet werden.

Das Abarbeiten der kanalorientierten Protokolle, zu deren Aufgaben auch die Sicherung gegen Übertragungsfehler gehört, wird dabei entweder auf der Netzwerkkarte selbst, durch dedizierte Hardware geleistet, oder von der zur Karte gehörenden Software übernommen.

5.6.1 ISDN-Adapterkarten

Mit der Einführung des ISDN wird statt einer Vielzahl unterschiedlicher Netzanschlüsse und Endgeräte nur noch ein ISDN-Basis- oder Primärmultiplexanschluß und ein ISDN-Endgerät benötigt [BaMeMü94]. Als multifunktionales ISDN-Endgerät eignet sich insbesondere der PC, da er ohne großen Aufwand an alle durch ISDN unterstützten Dienste angepaßt werden kann. Voraussetzung für die Nutzung des PC als ISDN-Endgerät ist der Einsatz einer ISDN-Adapterkarte und einer dem entsprechenden Dienst angepaßten Software.

Dabei werden prinzipiell zwischen passiven und aktiven ISDN-PC-Adapterkarten unterschieden. Passive ISDN-Boards besitzen keinerlei Intelligenz. Sie übernehmen nur die rein physikalische Anpassung des Übertragungskanals (Schicht 1 des OSI Referenzmodells). Alle anderen Mechanismen, die zur Kommunikation benötigt werden, sind Bestandteil der Anwendung. Dies kann zu einer hohen Belastung des PC-Prozessors führen. Aktive Karten dagegen sind mit eigenen Prozessoren ausgerüstet. Neben der physikalischen Verbindung übernehmen sie auch die Aufgaben der Fehlerkorrektur und des Verbindungsaufbaus (Schicht 1 bis Schicht 3 des OSI-Referenzmodells) und entlasten so den Prozessor des PC's. Weitere Unterscheidungsmerkmale, die sich ebenfalls in Leistung und Preis niederschlagen, sind Bitratenadaption, die Möglichkeit, beide B-Kanäle gleichzeitig zu benutzen und die Fähigkeit des Adapters, den ISDN-Anschluß im Hintergrund zu betreiben [Moritz93].

5.6.2 Programmier-Schnittstellen

Da ISDN-Adapterkarten von verschiedenen Herstellern aus unterschiedlichen Hardwarekomponenten bestehen, sind mit einer bestimmten Adapterkarte entwickelte Anwendung nur mit eben dieser lauffähig. Diese Bindung würde einer raschen Verbreitung von ISDN-Anwendungen und -Adapterkarten im Wege stehen.

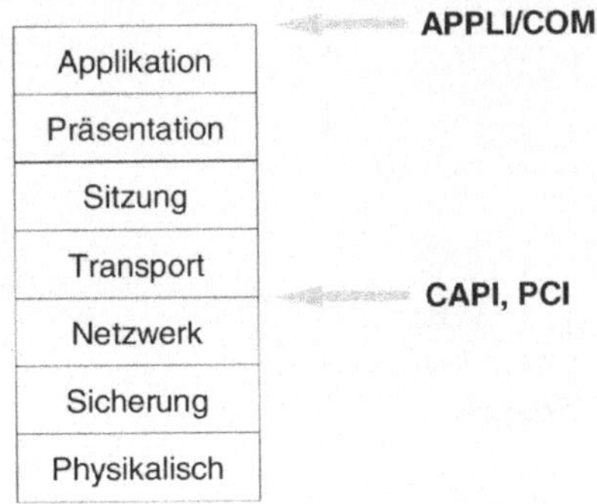

Abb. 5.19. Einordnung der ISDN-APIs in das OSI-Schichtenmodell

Diesem Problem wird mittels sogenannter *Application Program Interfaces (APIs)* begegnet, mit denen den Entwicklern von Anwendungsprogrammen einheitliche Programmierschnittstellen zur Verfügung gestellt werden. Die wichtigsten APIs für ISDN-Karten sind

- Common ISDN API (CAPI)
- Appli/Com
- Personal Communication Interface (PCI)

Abb. 5.19 zeigt die Position der vorgestellten ISDN-APIs im OSI-Schichtenmodell.

5.6.2.1 Das CAPI

Das CAPI ist eine standardisierte Schnittstelle zwischen Protokollsoftware und Kommunikationsanwendungen. Es wurde von ISDN-Karten-Herstellern unter Beteiligung der Deutsche Telekom entwickelt und liegt zur Zeit in der Version 1.1, Profil A und in der Version 2.0 vor. Im OSI-Referenzmodell läßt es sich oberhalb der Ebene 3 einordnen und übernimmt Aufgaben der Sicherungs- und Vermittlungsschicht. Zu den Leistungen gehören unter anderem Verbindungsauf und -abbau, Unterstützung mehrere B-Kanäle, Mechanismen für asynchrone Zugriffe, Selektionsmöglichkeiten bei verschiedenen Diensten und Protokollen und der Transfer der ISDN-Signalisierung zur Anwendung [Moritz93].

Das CAPI ist in der Lage mehrere Anwendungen, wie auch mehrere ISDN-Adapter, zu verwalten, wobei die physikalische Zuordnung von ISDN-B-Kanälen zu den Anwendungsprogrammen völlig transparent geschieht.

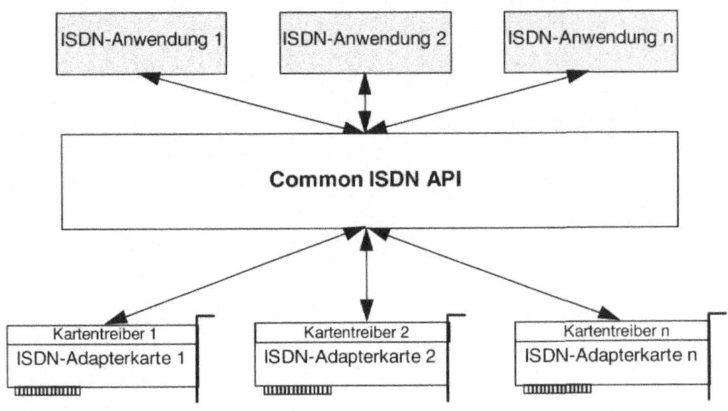

Abb. 5.20. CAPI aus logischer Sicht (Quelle: [BaMeMü94])

Interpretiert man das CAPI als eine Kommunikationsinstanz gemäß dem OSI-Schichtenmodell, so übernimmt das CAPI Funktionen der 2. Schicht (Datensicherungsschicht) und der 3. Schicht (Netzwerkschicht). Innerhalb dieser Schichten können unterschiedliche Protokolle verwendet werden [Com90], die durch den Aufruf spezieller CAPI-Nachrichten konfiguriert werden. Oberhalb der Schicht 3 bietet die CAPI eine definierte Schnittstelle für beliebige Protokolle oder Anwendungen, deren Entwickler nur noch die Kenntnis der CAPI (CAPI-Nachrichten) benötigen.

Die Kommunikation zwischen Anwendung und CAPI geschieht durch den Austausch von Nachrichten. Eine solche Nachricht ist stets einem CAPI-Dienstelement zugeordnet und entspricht damit einem Aufruf, einen bestimmten Dienst auszuführen. CAPI-Nachrichten bestehen immer aus einem Nachrichtenkopf

(Header) fester Länge und einem Datenteil variabler Länge. Der Nachrichtenkopf gibt an, um welche Nachricht es sich handelt, welchem CAPI-Dienst diese zugeordnet ist und welches Dienstelement benutzt wird. Über den Parameter Messagenumber ist jeder Nachricht eine eindeutige Nummer zugeordnet, und der Parameter Appl-Id identifiziert die zur Nachricht gehörende Anwendung. Der Datenteil der Nachrichten setzt sich in Abhängigkeit von dem gewählten CAPI-Dienst aus keinem, einem oder mehreren Parametern zusammen, wobei die Gesamtlänge einer CAPI-Nachricht 180 Byte nicht übersteigen darf.

Für die Verwaltung der CAPI-Nachrichten verwendet das CAPI Empfangspuffer und einen Ausgangspuffer. Bei der Anmeldung einer Anwendung beim CAPI stellt die Anwendung dem CAPI einen Pufferbereich innerhalb ihres eigenen Speicherbereichs zur Verfügung, in den das CAPI alle an diese Anwendung adressierten Nachrichten ablegt. Dieser Empfangspuffer wird Message Queue genannt und wird vm CAPI verwaltet. Für alle Nachrichten, die von den Anwendungen zum CAPI gehen, steht nur ein Ausgangspuffer zu Verfügung. Beide Puffertypen werden nach dem FIFO (First In First Out)-Prinzip verwaltet.

CAPI-Realisierungen existieren sowohl für das Betriebssystem MS-DOS, als auch für die Betriebssystemerweiterung MS Windows 3.x. Unter Windows ist das CAPI in Form einer Dynamic Link Libary (DLL) organisiert. Eine DLL ist eine ausführbare Funktionsbibliothek, die während der Programmlaufzeit bei Bedarf geladen wird. Einmal im Speicher, können mehrere Anwendungen auf die Funktionen einer DLL zugreifen. In der Capi.dll sind alle Funktionen enthalten, die zur Aktivierung der CAPI-Dienste nötig sind.

5.6.2.2 APPLI/COM

Eine zweite standardisierte Schnittstelle ist die *APPLI/COM*[20]. Sie liegt oberhalb der Ebene 7 des OSI-Referenzmodells, ist systemunabhängig und hat die Funktion, Applikationen einen standardisierten Zugang zu den einzelnen ISDN-Diensten zu ermöglichen. Zur Zeit werden aber nur Telefax, Teletex und Telex unterstützt [APP90].

5.6.2.3 Personal Communication Interface

In Konkurrenz zur CAPI-Spezifikation, für die bereits zahlreiche Implementierungen existieren, wurde unter Führung der *France Telecom* mit dem *Personal Communication Interface* (PCI) ein Application Program Interface definiert. Dabei wurde ein eher theoretischer Ansatz verfolgt. 1994 wurde das PCI der ETSI zur Standardisierung vorgelegt und Ende 1994 als Standard empfohlen. Zur Zeit gibt es Berichte über Versuche, beide Ansätze zu vereinen.

---

[20] APPLICOM: Abkürzung, zusammengesetzt aus '*Appli*cation' und '*Com*munication'

5.7 Multiplexer und Demultiplexer

Multiplexer und Demultiplexer haben im Multimedia-Kommunikationsendgerät im wesentlichen zwei Aufgaben zu erfüllen (vgl. Kapitel 3), nämlich

— die Synchronisation von Audio-/Video-Datenstrom und Dokumentenzugriff bei der gemeinsamen Übertragung über einen Kanal
— die optimale Ausnutzung der verfügbaren Übertragungskapazität

Dabei bezeichnet der Begriff der Synchronizität dieser Medien ein Qualitätsmerkmal für ihre zeitlichen Beziehungen zueinander. Die Beurteilung dieses Qualitätsmerkmals unterliegt physiologischen Gesetzmäßigkeiten und ist daher subjektiver Natur. Einflußfaktoren auf die Realisierbarkeit der Synchronizität von Medien sind

— Wahrnehmungsphysiologische Randbedingungen (vgl. Kapitel 4)
— Die zugrundeliegende Systemtechnologie
— Quellencodierung der Medien
— Eigenschaften des Übertragungskanals

In Multimedia-Systemen muß zwischen den Informationen, die in verschiedenen Medien codiert sind (Bild, Ton, etc.), ein zeitlicher Bezug hergestellt werden, damit eine integrierte Verarbeitung der Daten möglich ist. Diesen Vorgang bezeichnet man als Synchronisation.

5.7.1 Synchronisationsarten

Bei Multimedia-Anwendungen kann man prinzipiell zwischen *Live-Synchronisation* und *Synthetischer Synchronisation* unterscheiden. Bei der *Live-Synchronisation* werden die Beziehungen zwischen den beteiligten Medien in der Form wiedergegeben, wie sie entstanden sind (Bsp.: Videokonferenz). Die Informationen entstehen meistens erst zum Präsentationszeitpunkt. Bei der *synthetischen Synchronisation* steht das Synchronisieren von bereits gespeicherten Informationen im Vordergrund. Einzelne Informationseinheiten werden je nach Anforderung synthetisch zusammengesetzt (Bsp.: Multimediales Lexikon). Die Synchronisationsbedingungen ergeben sich aus den aktuell gewählten Medienformen. In anspruchsvollen Multimedia-Anwendungen können auch Mischformen dieser beiden Synchronisationsarten auftreten (Videokonferenz mit Bearbeitung eines Multimedia-Dokuments) [Stein93].

5.7.2 Synchronisationskonzepte

Um eine synchrone Präsentation verschiedener Medien gewährleisten zu können, müssen zuerst Informationseinheiten, sogenannte Logical Data Units (LDUs) definiert werden, da ohne sie für die Datenströme der unterschiedlichen Medien keine zeitliche Beziehung abgeleitet werden kann. Für Video wird ein Einzelbild als LDU definiert. Beim Audio könnte man jeden Abtastwert als LDU definieren. Es ist allerdings sinnvoller eine Sequenz mehrerer Samples, z.B. 64 ms, als LDU zu definieren, um den Synchronisationsaufwand in Grenzen zu halten. Bei Interaktionsdaten, wie z.B. Mausbewegungen, ist außerdem die Definition von LDUs variabler Zeitdauer möglich [BlaSte95].

Im allgemeinen können LDUs zueinander in inhaltlicher, örtlicher und zeitlicher Beziehung stehen. Im Rahmen dieser Arbeit ist in erster Linier die zeitliche Beziehung von Medien von Interesse, da diese bei der simultanen Präsentation von Audio, Video und Interaktionsdaten durch ein Multimedia-Kommunikationsendgerät von ausschlaggebender Bedeutung ist.

5.7.3 Realisierung von Live-Synchronisation

Zur Realisierung von Live-Synchronisation sind mehrere Ansätze denkbar und bereits in bestehenden Systemen umgesetzt. U.a. werden die folgenden drei Verfahren angewendet ([Stein93]):

– Synchronisation durch zeitliches Multiplexen
– Synchronisation durch indirekte Adressierung
– Synchronisation durch direkte Adressierung

Bei der *Synchronisation durch zeitliches Multiplexen* werden die LDUs verschiedener Medien ineinander verschachtelt und über einen Kanal übertragen. Verzögerungen bei der Übertragung wirken sich hier immer gleichzeitig auf alle übertragenen Medien aus, so daß deren Synchronizität systemimmanent gewährleistet ist.

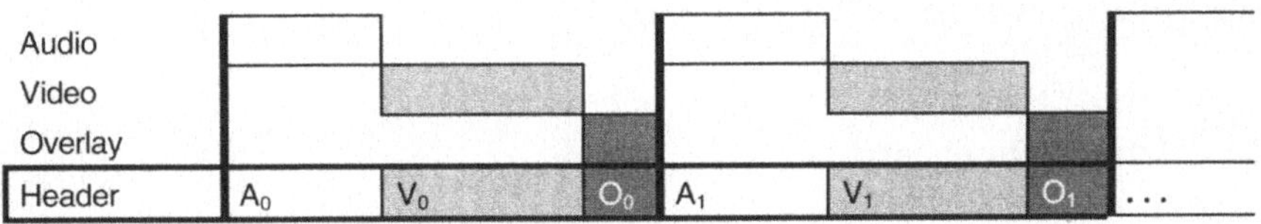

Abb. 5.21. Synchronisation durch Multiplexen

Dieses Verfahren besticht vor allem durch seine relativ einfache Umsetzbarkeit, hat allerdings den Nachteil, daß medienspezifische Eigenschaften nicht berücksichtigt werden können. So kann ein falsch oder verzögert beim Empfänger auftretendes Videobild vom menschlichen Auge kaum wahrgenommen werden. Ein Fehler oder eine Verzögerung bei einer Audiosequenz äußert sich dagegen in einem Störgeräusch, das sofort unangenehm auffällt. Der zeitliche Bezug wird hergestellt, indem die Datenpakete mit der gleichen Datenrate abgespielt werden, mit der sie auch entstanden sind.

Bei der *Synchronisation durch indirekte Adressierung* werden die LDUs der verschiedenen Medien mit einer Zeitangabe versehen, die von einer gemeinsamen Zeitbasis vergeben wird. Um Einheiten aus verschiedenen Mediendatenströmen zu synchronisieren, erhalten diese jeweils den gleichen Zeitstempel. Nach der Übertragung muß das ausgebende System sicherstellen, das Dateneinheiten mit identischer Zeitangabe auch gemeinsam wiedergegeben werden. Dabei muß gewährleistet sein, das die Systemuhren des sendenden und empfangenden Systems den gleichen Zeittakt als Synchronisationsbasis verwenden.

Von *Synchronisation durch direkte Adressierung* spricht man, wenn jeder LDU z.B. eine eindeutige Nummer zugewiesen wird und die Rekonstruktion anhand dieser Markierung vorgenommen wird. Dieses Verfahren hat allerdings den Nachteil, daß es sehr stark systemabhängig ist, da oft systemspezifische Adressierungsmodi verwendet werden, um die Effizienz zu erhöhen [Stein93].

5.8 Verteilter Zugriff auf elektronische Dokumente

Um den verteilten Zugriff auf elektronische Dokumente zum Zweck des telekooperativen Arbeitens mit vernetzten Arbeitsplatzcomputern zu bezeichnen werden in der Literatur ausschließlich englische Begriffe wie z. B. *Document Sharing* oder *Joint Editing* verwendet. Dabei existieren im wesentlichen zwei Verfahren für die Durchführung von Document Sharing, welche zwei grundverschiedenen Paradigmen folgen, nämlich

– Shared Whiteboard
– Application Sharing.

Beide Verfahren werden im folgenden kurz beschrieben.

5.8.1 Shared Whiteboard

Bei einem *Shared Whiteboard*, oft auch als *Distributed Sketchpad* bezeichnet, handelt es sich um eine Art elektronische Wandtafel oder Skizzenblock. Die graphische Benutzungsoberfläche eines Shared Whiteboard erlaubt es zwei Telekooperationspartnern, gemeinsam einfache Editierfunktionen auf eine Bitmap-Graphik anzuwenden. Das Shared Whiteboard ist eine eigenes Anwendungsprogramm, das auf beiden an der Sitzung beteiligten Rechnern laufen muß. Beide

Telekooperationspartner besitzen ein eigenes Eingabemedium. So sind beide Mauszeiger im Dokument zu sehen und der Zugriff ist beiden Partnern gleichzeitig möglich. Zu Beginn jeder Sitzung muß für die Konsistenz der verteilt bearbeiteten graphischen Dokumente gesorgt werden indem ein gemeinsamer Anfangszustand hergestellt wird [Dreyer96].

5.8.2 Application Sharing

Application Sharing erlaubt die gemeinsame, verteilte Bearbeitung beliebiger Standard-Anwendungsprogramme. Anders als beim Shared Whiteboard muß die verteilte Anwendung nur auf einem der kommunizierenden Rechner vorhanden sein. Auf beiden Seiten müssen jedoch Funktionen aktiv sein, welche die Ein- und Ausgabe der geshareten Anwendung zu der entfernten Station spiegeln. Dazu werden die graphischen Ausgaben der verteilten Anwendung auf dem lokalen Rechner abgefangen und zu dem entfernten Rechner übertragen, wo sie an die Geräte für die graphische Ausgabe weitergegeben werden. Auf diese Weise ist auch auf dem entfernten Rechner des Telekooperationspartners das Ausgabefenster der verteilten Applikation sichtbar. Umgekehrt werden die Eingaben des entfernten Benutzers zu dem Rechner übertragen, auf dem die Anwendung tatsächlich läuft.

Vorteilhaft beim Application Sharing ist die Möglichkeit gemeinsam jedes beliebige Anwendungsprogramm zu nutzen. Voraussetzung ist lediglich, daß es auf mindestens einem der vernetzten Rechner tatsächlich installiert sind. Störend wirkt die Tatsache, daß der Zugriff auf das telekooperativ bearbeitete elektronische Dokument nicht gleichzeitig möglich ist, so daß in der Regel um das Eingabemedium konkurriert wird. So führt etwa gleichzeitiges Bewegen der Maus zu unvorhersehbarem Verhalten des Mauscursors, weil in schneller zeitlicher Folge abwechselnd die Veränderung des lokalen und die des entfernten Mauszeigers relativ zur vorangegangenen Position an die Graphikausgabe gemeldet wird [Dreyer96].

5.9 Der H.320 Standard für Videotelefon-Systeme

Die Empfehlung H.320 spezifiziert einen Dachstandard für eine ganze Serie von Einzelempfehlungen der ITU-T und deckt die technischen Anforderungen an schmalbandige audiovisuelle Telefondienste ab (s. Abb. 5.22). Ziel ist die Interoperabilität zwischen verschiedenartigen Systemen unterschiedlicher Hersteller. Die Einzelempfehlungen umfassen u. a. Spezifikationen für die Videocodierung (H.261), die Audiocodierung (G.7xx), Rahmenformate und den Verbindungsaufbau. H.320 ist für Übertragungskanäle mit einer Datenrate von p×64 Kbps ausgelegt, wobei p für eine ganze Zahl zwischen 1und 30 steht. Damit wird der Einsatz von ISDN-Basis- (p=2) und Primärratenanschlüssen (p=30) adressiert. Um die Anpassung an unterschiedliche Übertragungsgeschwindigkeiten zu erlauben, sind drei Unterschiedliche Qualitätsstufen definiert (engl.: Level of Compliance), nämlich minimum, optional und maximum. Jedes System, das die Anforderungen des *minimum Level* erfüllt, darf als H.320-Kompatibel bezeichnet werden [ITU93, Davis94].

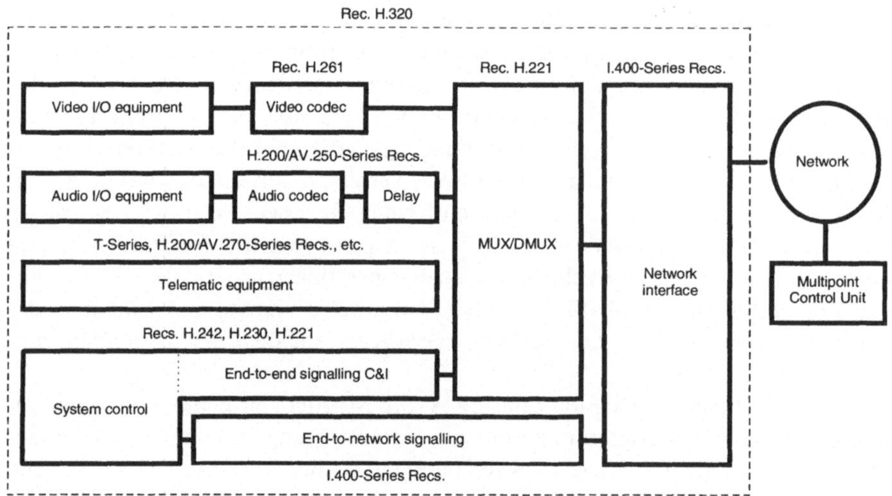

Abb. 5.22. Die einzelnen Empfehlungen der Serie H.320 im Überblick

Obwohl die Empfehlung H.320 ein generisches System für visuelle Telefonie umfassend spezifiziert, hat sie bzgl. telekooperativer Anwendungen den Nachteil, daß die Unterstützung von Dokumentenkonferenzen, und damit der gleichzeitige Transfer von Video, Audio und Kooperationsdaten, nicht vorgesehen ist.

Teil III
Ergebnisse

Im vorangegangenen Kapitel 5 wurden technologische Verfahren vorgestellt, die geeignet sind, die Funktionalität der Komponenten des Referenzmodells für Multimedia-Kommunikationsendgeräte zu erbringen. Basierend auf diesen Verfahren wird nun in Kapitel 6 die Lösungsarchitektur vorgestellt, die den in Teil I identifizierten funktionalen und technischen Anforderungen optimal entspricht.

Kapitel 7 beschreibt das im Rahmen dieser Arbeit auf Basis der Lösungsarchitektur realisierte PC-integrierte Multimedia-Kommunikationsendgerät *MISTER COOL* (*M*ultimedia *IS*DN *Ter*minal for *C*ooperation *o*ver *l*ong distances). Zum Vergleich existierender Produkte mit *MISTER COOL* wird im anschließenden Kapitel 8 zunächst eine Marktanalyse durchgeführt, um existierende kommerzielle Systemlösungen zu erfassen. Anschließend wird aus den identifizierten funktionalen Anforderung ein Satz Kriterien abgeleitet, der als Basis für die Evaluierung der erfaßten Produkte und deren Vergleich mit *MISTER COOL* dient.

Kapitel 9 enthält eine Zusammenfassung wesentlicher Ergebnisse der vorliegenden Arbeit und bietet einen Ausblick auf weiterführende Forschungsarbeiten.

6 Die Lösungsarchitektur

Die hier vorgestellte Architektur für Multimedia-Kommunikationsendgeräte in telekooperativen Anwendungen ist hervorragend geeignet, die im Rahmen dieser Arbeit identifizierten, funktionalen und technischen Anforderungen unter Berücksichtigung der gegebenen physiologischen und technischen Randbedingungen zu erfüllen. Wie in Kapitel 1 definiert, wird die Architektur eines Systems beschrieben durch

– Verfahren und Methoden, mit deren Hilfe die Funktionalität der einzelnen funktionalen Komponenten bereitgestellt wird.
– Das Zusammenwirken der Komponenten im Gesamtsystem (beschrieben durch die Hardware- und Software-Struktur).

Um die Lösungsarchitektur in geeigneter Form darzustellen, wird zunächst ein Ringmodell eingeführt, mit dessen Hilfe sich die Abbildung der funktionalen Komponenten des generischen Referenzmodells auf technische Module geeignet beschreiben läßt. Auf die Vorstellung der einzelnen Hard- und Softwaremodule folgt die Beschreibung der technischen Verfahren und Methoden, die für die Realisierung der einzelnen Komponenten gewählt wurden. Mit Hilfe des eingeführten Ringmodells wird die Struktur des PC-integrierten Gesamtsystems und das Zusammenwirken der einzelnen funktionalen Komponenten beschrieben.

6.1 Das Zusammenwirken der funktionalen Komponenten im Gesamtsystem

Um darzustellen, wie die einzelnen funktionalen Komponenten im PC-System zusammenwirken, wird zunächst ein Ringmodell für die Architektur von PC-Systemen eingeführt. Anschließend erfolgt die Beschreibung der einzelnen Hardware- und Softwaremodule des Systems. Schließlich wird anhand des eingeführten Ringmodells das Zusammenspiel der vorgestellten Module übersichtlich beschrieben.

6.1.1 Das Ringmodell zur Darstellung der Systemarchitektur

Die Darstellung des Zusammenwirkens der einzelnen Komponenten des vollständig PC-integrierten Endgerätes für Multimedia-Kommunikation erfordert die Abbildung des entwickelten Referenzmodells einschließlich seiner funktionalen Komponenten auf die Struktur von PC-Systemen.

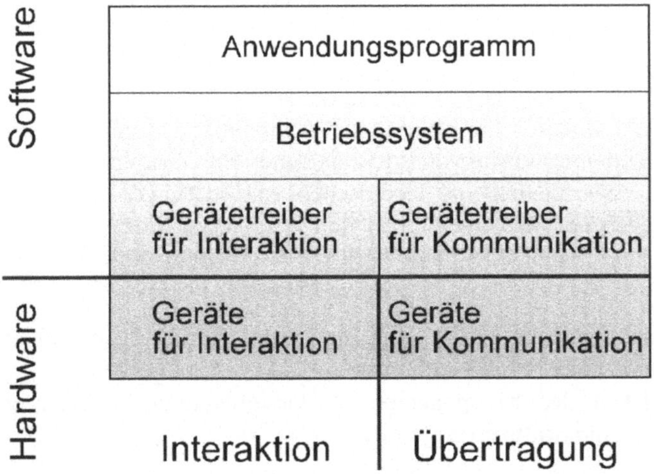

Abb. 6.1. PC-Schichtenmodell mit Geräten für die Interaktion und die Kommunikation

Um diese Abbildung zu erleichtern, wird zunächst das in Kapitel 4 vorgestellte Schichtenmodell des PC-Systems dahingehend modifiziert, daß auf Ebene der Hardware unterschieden wird zwischen *Ein- und Ausgabegeräten für die Interaktion* des Benutzers mit dem System (Tastatur, Maus, Graphikkarte, Kamera und Monitor) und *Geräten für die Kommunikation* zweier Systeme über einen Übertragungskanal (Modem, Netzwerkkarte).

Geräte zur Speicherung werden bei dieser Darstellungsweise vernachlässigt, weil sie für die Abbildung der funktionalen Komponenten des Referenzmodells für Multimedia-Kommunikationsendgeräte auf die PC-Architektur nicht relevant sind.

Indem die übereinander liegenden Schichten auf konzentrische Ringe abgebildet werden, erfolgt die Überführung des entstandenen Schichtenmodells in ein Ringmodell. Dabei sind die Geräte (die Hardware) auf dem äußersten Ring angeordnet und das Anwendungsprogramm (die Applikation) liegt im Zentrum des entstandenen Kreises.

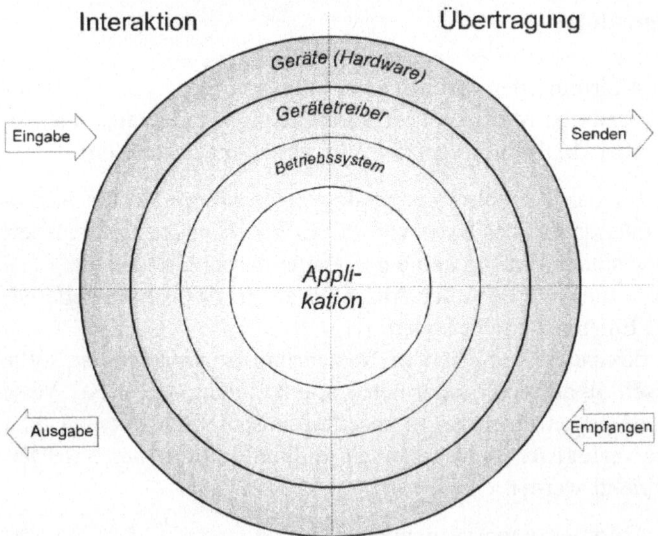

Abb. 6.2. Übergang vom Schichtenmodell auf das Ringmodell für die Architektur von PC-Systemen

Auf diese Weise liegen nun die Schnittstellen zum Benutzer und zum Übertragungskanal auf gegenüberliegenden Seiten des Modells. Da dies auch bei dem in Kapitel 3 vorgestellten Referenzmodell für Multimedia-Kommunikationsendgeräte der Fall ist, erleichtert diese Darstellungsweise die Abbildung der beiden Modelle aufeinander.

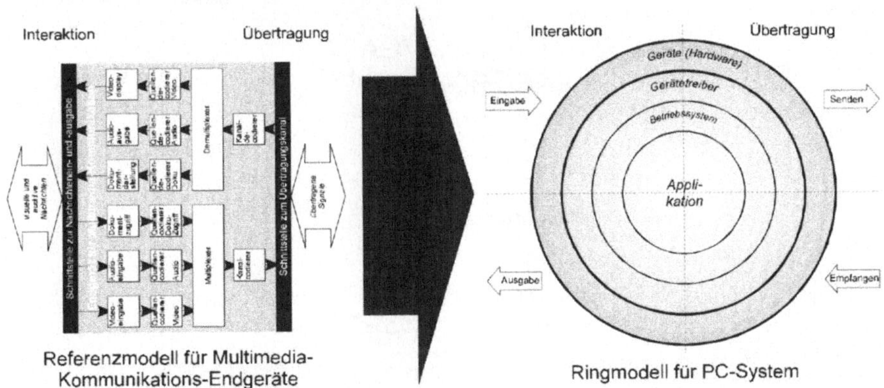

Abb. 6.3. Abbildung des Referenzmodell für Multimedia-Kommunikationsendgeräte auf das Ringmodell für PC-Systeme

6.1.2 Die Hardwaremodule

Gemäß den in Kapitel 4 formulierten technischen Anforderungen, muß die Hardwarestruktur eines PC-basierten Multimedia-Kommunikationsendgerätes für telekooperatives Arbeiten über ISDN die folgenden Voraussetzungen erfüllen:

- Die Schnittstellen für den Anschluß der analogen Eingabegeräte für Audio- und Videosignale müssen auf der Basis von PC-Erweiterungskarten realisiert sein, da PC-Systeme standardmäßig keine geeigneten Anschlüsse bietet.
- Aus dem gleichen Grund muß sich der Anschluß an die S0-Schnittstelle des ISDN auf einer PC-Einsteckkarte befinden.
- Damit das System flexibel an verschiedene Netzanschlüsse anpaßbar ist, sollte sich der ISDN-Anschluß auf einer separaten Karte befinden. Auf diese Weise kann er nach Bedarf gegen einen LAN-Anschluß ausgetauscht werden oder zur Steigerung der verfügbaren Übertragungsbandbreite durch weiter ISDN-Anschlußkarten ergänzt werden.

Um einerseits diesen Anforderungen zu genügen, und andererseits die Zahl der erforderlichen PC-Einsteckkarten, sowohl aus Kostengründen als auch zur Schonung der PC-Resourcen möglichst gering zu halten, besteht die Lösungsarchitektur aus zwei Hardwaremodulen, nämlich einer PC-ISDN-Adapterkarte zum Anschluß an das ISDN und einer Echtzeit-Codec-Karte zur Quellencodierung und -decodierung der Audio- und Videosignale [Jäg92, Jäg93a, Jäg93b, Jäg94].

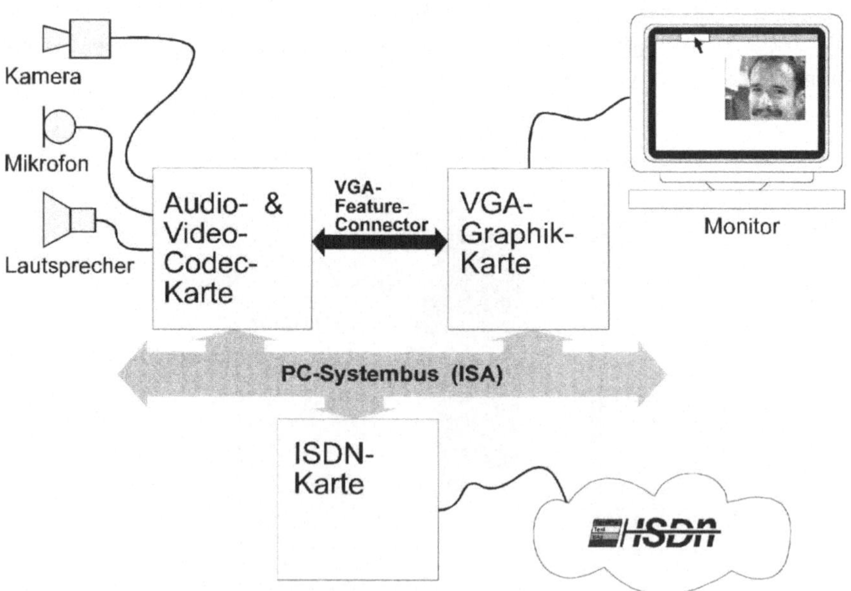

Abb. 6.4. Hardware Struktur der Lösungsarchitektur

Wie in der graphischen Darstellung der Hardwaremodule in Abb. 6.4 gezeigt, sind Codec-Karte und VGA-Graphikkarte über den Feature-Connector gekoppelt, was grundsätzlich zwei Vorteile bietet:

– Die VGA-Karte wird kostengünstig für die Darstellung der Videosignale genutzt. Dabei werden die Videobilder, anders als bei der Overlay-Methode, direkt über den Feature-Connector zur VGA-Karte übertragen und digital mit dem VGA-Bild gemischt. Ein Digital-Analogwandler für Videosignale ist somit auf der Codec-Karte nicht notwendig.
– Der Systembus wird nicht mit der aufwendigen, pixelweisen Übertragung der Videodaten zur VGA-Karte belastet, sondern muß lediglich die komprimierten Audio- und Videosignale zwischen der Codec-Karte und der ISDN-Karte transportieren. Auf diese Weise werden die Systemresourcen für die Ausführung der telekooperativ genutzten Anwendungsprogramme frei gehalten.

6.1.3 Die Softwaremodule

Um einerseits der Forderung nach höchster Anwendungsflexibilität zu genügen und andererseits die Erweiterung des Systems um weitere Telekommunikationsdienste zu ermöglichen, ist die Software nach dem Vorbild eines Baukastensystems modular gestaltet. Zu diesem Zweck werden die Softwaremodule nach dem Client-Server Modell strukturiert.

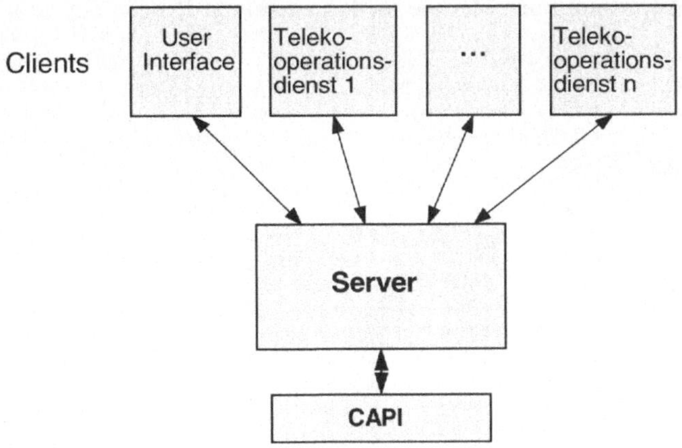

Abb. 6.5. Client-Server-Struktur der Software

Das Grundprinzip des Client-Server Modells ist die Trennung eines Prozesses in einen Auftraggeberprozeß (Client) und einen Auftragnehmerprozeß (Server). Der Client sendet dabei dem Server eine Anforderung, die von diesem bearbeitet wird. Der Server sendet anschließend die Antwort zurück [Tan90]. Die Trennung eines Gesamtprozesses in Client- bzw. Serveraktivitäten bewirkt zum einen, daß die Dienste des Servers für mehrere Clients nutzbar sind. Zum anderen erhöht sich die Stabilität, da sich ein Fehler in einem Client nicht zwingend auf den Server oder die anderen Clients auswirkt.

Wie Abb. 6.5 zeigt, wird für den Zugriff auf die ISDN-Karte die standardisierte Applikationsschnittstelle CAPI genutzt. Damit wird zum einen sichergestellt, daß die Software auf unterschiedlichen Karten lauffähig ist, zum anderen ist das CAPI geeignet, den Zugriff eines Anwendungsprogramms auf mehrere ISDN-Karten zu verwalten. Damit kann die verfügbare Übertragungskapazität einfach gesteigert werden, indem zusätzliche ISDN-Karten eingesteckt werden. Ein weiterer Vorteil der Verwendung einer Softwareschnittstelle zum Netzwerkanschluß ist, daß die Systemsoftware prinzipiell mit jedem Übertragungsnetz funktioniert, das über eine geeignete Softwareschnittstelle zugänglich ist.

Voraussetzung für die Verwendung des CAPI ist, daß die Übertragung der echtzeitsensitiven Audio- und Videosignale innerhalb der Zeitschranken machbar ist, welche durch die physiologischen Randbedingungen gegeben sind (vgl. Kapitel 4).

6.1.4 Die Lösungsarchitektur im Ringmodell

Zur Darstellung des Zusammenspiels der beschriebenen Hardware- und Softwaremodule im PC-System wird das in Kapitel 6 eingeführte Ringmodell verwendet. Abb. 6.6 zeigt die Anordnung der Module in den einzelnen Ringen des Modells.

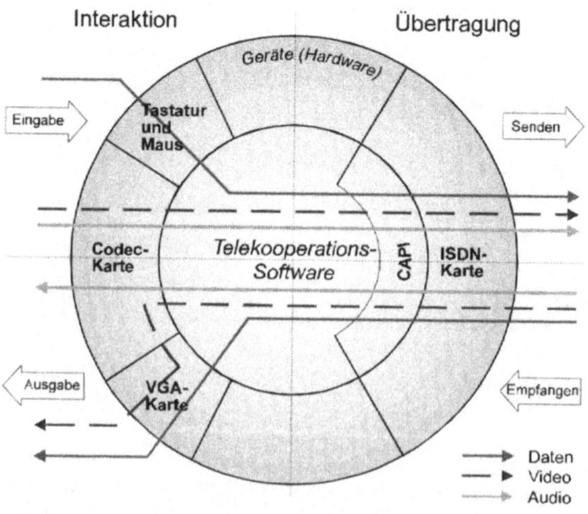

Abb. 6.6. Lösungsarchitektur mit Signalfluß

Die Darstellung der Signalwege für die Video- und Audiosignale und die Telekooperationsdaten mittels der eingezeichneten Pfeile zeigt den hohen Grad an Modularität, den die vorgestellte Architektur aufweist. Durch die Nutzung der standardisierten Softwareschnittstelle Common-ISDN-API für den Austausch der Audio- und Videosignale zwischen der Codec-Karte und der ISDN-Karte wird eine konsequente Trennung von Kanalcodierung und Quellencodierung erreicht. Dies ermöglicht eine einfache Anpassung an heterogene Netzwerkumgebungen, indem per Software auf andere Netzwerkkarten zugegriffen wird. Die Tatsache, daß bei diesem modularen Ansatz echtzeitsensitive multimediale Signale wie Audio und Video mittels eines Softwaremoduls gemultiplext und über die Softwareschnittstelle CAPI zur ISDN-Karte übertragen werden müssen, ist nicht ganz unkritisch und stellt eine Herausforderung bei der Systemrealisierung dar.

Eine Reduzierung des Hardwareaufwandes und damit der Realisierungskosten wird dadurch erzielt, daß die darzustellenden Videosignale über den Feature-Connector direkt zur VGA-Karte übertragen werden. Der Verzicht auf den Einsatz der Overlay-Technik erspart zusätzlichen aufwand für einen Video-D/A-Converter auf der Codec-Karte. Darüber hinaus wird eine Belastung des Systembusses mit den datenintesiven Videosignalen vermieden.

6.2 Lösungsverfahren für die funktionalen Komponenten

Nach der Darstellung des Zusammenwirkens der einzelnen Module und Baugruppen innerhalb des PC-Systems werden nun die Verfahren beschrieben, welche unter Berücksichtigung der gegebenen Anforderungen und Randbedingungen am besten geeignet sind, die Funktionalität der Komponenten des Referenzmodells für Multimedia-Kommunikationsendgeräte zu erbringen.

6.2.1 Ein- und Ausgabe der Audio- und Videosignale

Da PC-Systeme standardmäßig keine Schnittstellen für den Anschluß von Kameras, Lautsprechern, Kopfhörern oder Mikrophonen bieten, hält die Codec-Karte Standard-Schnittstellen für die Eingabe der analogen Audio- und Videosignale mittels Kamera und Mikrofon, sowie für den Anschluß von Kopfhörern oder aktiven Miniboxen für die Ausgabe der empfangenen Audiosignale bereit. Auf diese Weise können bei der Auswahl der Ein- und Ausgabegeräte die verschiedenen Anwendungsbedürfnisse flexibel berücksichtigt werden.

Um den Hardware-Aufwand zur Präsentation des lokalen und des empfangenen Videobildes möglichst gering zu halten, bietet es sich an, die Graphikkarte des PC-Systems zu nutzen, indem die Videosignale der Codec-Karte über den Feature-Connector der VGA-Karte eingeblendet werden. Dadurch kann die Implementierung eines Digital-Analog-Wandlers für die Videosignale zur Ansteuerung des Monitors auf der Codec-Karte entfallen.

Darüber hinaus wird durch die Verwendung des Feature-Connectors für die Übertragung der Videodaten zur VGA-Graphikkarte der Systembus beträchtlich entlastet, so daß die Ressourcen des PC-Systems weitgehend der Nutzung durch die Anwendungsprogramme vorbehalten bleiben.

6.2.2 Quellencodierung und -decodierung der Videosignale

Die Komponenten zur Quellencodierung und -decodierung der Videosignale müssen gemäß Kapitel 4 die folgenden technischen Anforderungen erfüllen:

– Unterstützung verschiedener Bildformate, vom QCIF-Format bei der Video-kommunikation bis zu hochaufgelösten farbigen Standbildern zur Nutzung als supplementäres Kommunikationsmittel
– hoher Kompressionsfaktor zur Reduzierung der Datenrate
– Echtzeitfähigkeit bzw. Zeitverzögerung
– Befolgung von Standards
– möglichst Single-Chip-Lösung für platzsparende Implementierung auf einer PC-Einsteckkarte
– geringe Realisierungskosten

Wegen der flexiblen Verarbeitung verschiedener Bildformate fiel die Wahl auf die Verwendung eines Motion-JPEG-Verfahrens. Für diese Verfahren existieren Single-Chip-Lösungen, die in der Lage sind, nach CCIR 601 (vgl. Kapitel 5) digitalisierte Videobilder in Echtzeit sowohl zu komprimieren als auch zu de-komprimieren. Darüber hinaus haben Untersuchungen zur Kompatibilität einer solchen Single-Chip Motion-JPEG Lösung mit dem Videokompressionsstandard H.261 ergeben, daß sie für die Implementierung eines H.261 Minimalsystems geeignet ist [Lynck95].

Tabelle 6.1. Gegenüberstellung von Verfahren zur Videocodierung

	Bild-formate	Datenrate	Zeitver-zögerung	Standards	Single-Chip-Lösungen	Kosten
H.261	CIF, QCIF	px64 Kbps	+	ITU-T	-	+
MPEG-1	definierbar	ca. 1,8 Mit/s	-	ISO	-	-
JPEG	definierbar	beliebig (abh. v. Qualitätsver-lusten)	+	ITU-T und ISO	+	+

6.2.3 Quellencodierung und -decodierung der Audiosignale

In Kapitel 5 sind in Kurzform die wichtigsten Verfahren der digitalen Sprachcodierung mit Reduktion der Datenrate dargestellt. Bei der Auswahl eines geeigneten Verfahrens sind gemäß der identifizierten technischen Anforderungen die folgenden Faktoren zu berücksichtigen:

– Sprachqualität
– hoher Kompressionsfaktor zur Reduzierung der Datenrate
– Echtzeitfähigkeit bzw. Zeitverzögerung
– Befolgung von Standards
– möglichst Single-Chip-Lösung für platzsparende Implementierung auf einer PC-Einsteckkarte
– Realisierungskosten

Bezüglich der Sprachqualität ist zu erwähnen, daß bereits Verfahren existieren, die nach ITU-T standardisiert wurden, und im staatlichen Telefonsystem zur Reduktion von digitalen Sprachdaten eingesetzt werden. Hierzu gehört das ADPCM-Verfahren, welches durch die ITU-T Empfehlung G.726 für die verschiedenen Übertagungsdatenraten 40, 32, 24 und 16 Kbps standardisiert ist. Die Sprachqualität ist bei einer Datenrate von 16 oder 32 Kbps nur wesentlich geringer als bei 64 Kbps PCM. Für das qualitativ hochwertige Verfahren existieren bereits platzsparende Single-Chip-Lösungen verschiedener Hersteller. Der technische Aufwand für eine Systemrealisierung fällt im Vergleich zu anderen Verfahren geringer aus. Aufgrund der geschilderten Vorteile wird für die Lösungsarchitektur eine Single-Chip-Realisierung des ADPCM-Verfahrens gewählt.

Tabelle 6.2. Gegenüberstellung von Verfahren zur Audiocodierung

	Sprach-qualität	Kompres-sionsfaktor	Zeitver-zögerung	Standards	Single-Chip-Lösungen	Kosten
PCM	++++	1	+++	ITU-T G.711	+++	+++
DPCM	++	2	+++	-	+++	+++
ADPCM	++	1,6; 2; 2,666; 4	+++	ITU-T G.726	+++	+++
LD-CELP	+++	4	+	ITU-T G.728	?	?
MPLPC	+	13,333-6,666	-	-	-	?
RPE-LTP	+	4,9; mit Fehler-schutz 4,25	+	GSM	+	+

Tabelle 6.2 enthält eine Übersicht über die wichtigsten Sprachcodierungsverfahren. Die Gegenüberstellung der Verfahren erfolgt anhand der Auswahlkriterien, die von den technischen Anforderungen abgeleitet wurden. Eine umfangreiche

Recherche am Markt für Sprachcodecs ergab, daß nur Verfahren in Single Chips angeboten werden, deren Standardisierung bereits erfolgt ist. Die Standardisierung ist zur Zeit für einfache Signalformcodierer (PCM, ADPCM), für das Zwischensystem RPE-LTP im Mobilfunkbereich und LD-CELP erfolgt.

6.2.4 Multiplexer und Demultiplexer

Multiplexer und Demultiplexer leisten zum einen die Synchronisation der verschiedenen Datenströme untereinander und zum anderen die optimale Ausnutzung der verfügbaren Übertragungskapazität. Darüber hinaus müssen Mechanismen für die Synchronisation von Sender und Empfänger vorgesehen werden. Dazu gehört die Behandlung von Fehlern, wie sie auftreten, wenn der Sender Daten schneller sendet als der Empfänger sie verarbeiten kann, oder der Empfänger Daten schneller erwartet als sie übermittelt werden.

Die Synchronisation der Audio-, Video- und Datenströme bei der Übertragung von der Datenquelle zur Datensenke erfordert die Steuerung dieser Datenströme durch eine gemeinsame Instanz. Diese sorgt in erster Linie für den Austausch der zu sendenden bzw. der empfangenen Signale zwischen dem als PC-Einsteckkarte realisierten Audio-/Videocodec und der für die Kanalcodierung vorgesehenen ISDN-Karte. Da der Zugriff auf letztere bei der vorgestellten Architektur mittels eines Server-Moduls über das Common ISDN API vorgenommen wird, ist es aus Gründen der Flexibilität sinnvoll, diese Instanz in Form eines Softwaremoduls innerhalb des Servers auszuführen. Die verschiedenen Datenströme werden also über die CPU des PCs verwaltet.

Beim Sender müssen die Datenströme vom Audio-/Videocodec über die CPU an die CAPI und damit an das ISDN weitergeleitet werden. Umgekehrt müssen die Datenströme im Empfänger über die CPU an die für die Darstellung zuständigen Module verteilt werden. Der hierbei auftretende Datenaustausch zwischen den Hardwaremodulen und der CPU kann beim PC prinzipiell mittels *Hardware-Interrupt* oder *Polling* gesteuert werden.

Polling führt prinzipbedingt zu einem unregelmäßigen Datenaustausch, wodurch Lehrzeiten, also ungenutzte Übertragungskapazitäten, vermieden werden können. Andererseits reagiert das menschliche Gehör sehr empfindlich auf Unregelmäßigkeiten, die allerdings durch ein asynchrones Verfahren, wie Polling, unvermeidbar wären. Verwendet man das *Polling*-Prinzip zur Steuerung des Datenflusses, so läßt sich nur unter Einbeziehung des PC-Zeitgebers ein einigermaßen definierter Zeitrahmen erreichen. Dieser Zeitrahmen ist aber auf minimal 54,925 ms begrenzt. Puffert man nun die Daten jeweils eines Zeitrahmen, um einen kontinuierlichen Datenstrom zu gewährleisten, so ist man mit etwa 110 ms, ohne Einbeziehung der Verarbeitungsdauer und der Prozessorauslastung bereits nahe der kritischen Grenze der als störend wahrgenommenen Ende-zu-Ende-Verzögerungen von 120 ms angelangt (vgl. Kapitel 4).

Die Steuerung des Datenflusses durch einen Hardware-Interrupt würde zwar zu einer synchronen und damit regelmäßigen Datenverarbeitung führen, allerdings entstehen prinzipbedingt Leerzeiten. Solche Leerzeiten treten auf, wenn eigentlich Daten zur Gegenstelle versendet werden könnten, da Kanalkapazität zur Verfügung steht, die Versendung aber erst wieder beim nächsten Interrupt initiiert wird.

Mittels Pufferung der zeitabhängigen Daten läßt sich die Entstehung der Daten und deren Übertragung entkoppeln. Durch diese Entkopplung können sowohl Polling, als auch Interrupts zum Datenaustausch verwendet werden und die jeweiligen Vorteile der beiden Prinzipien ausgenutzt werden. Während die Einhaltung der Zeitschranken durch den Einsatz von Interrupts gewährleistet ist, wird die optimale Auslastung des Übertragungskanals durch asynchrones Polling des CAPI erreicht.

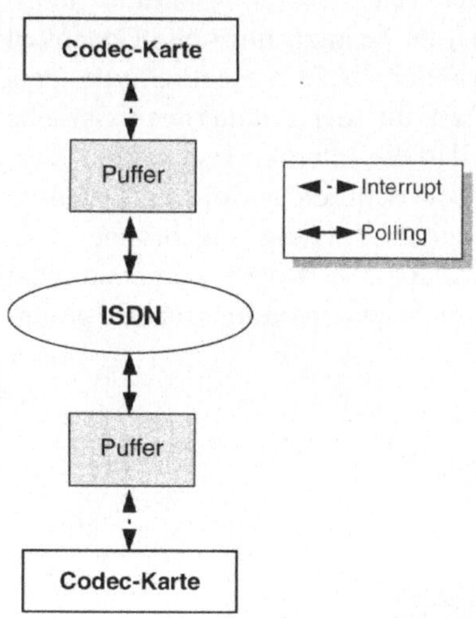

Abb. 6.7. Blockschaltbild des Datenflusses

Für die optimale Synchronisation der Datenströme wurde ein *hybrides Synchronisationsverfahren* entwickelt, das sich aus verschiedenen Verfahren zusammensetzt. Die Basis des entwickelten Verfahrens bildet das *Zeitmultiplexverfahren*, bei dem eine Verschachtelung der verschiedenen zu übertragenden Medien erfolgt. Das Zeitmultiplexverfahren hat den Vorteil, daß sich eventuelle Verzögerungen auf der Übertragungsstrecke durch die festgelegte Verschachtelung von Ton- und Bildinformationen immer gleichzeitig auf beide Medien auswirkt. Eine Synchronisation dieses Multiplex-Datenstromes ist nicht notwendig, soweit die Datenentstehung synchronisiert war.

Bei dem entwickelten Synchronisationsverfahren werden die verschiedenen Medien nicht gleichberechtigt behandelt, sondern das Multiplexing erfolgt unter Einbeziehung der physiologischen Randbedingungen der menschlichen Wahrnehmung. Anhand dieser in Kapitel 4 beschriebenen Randbedingungen läßt sich für die verschiedenen Medien eine *Priorisierung* entwickeln, die der menschlichen Wahrnehmung Rechnung trägt.

Wie sich gezeigt hat, reagieren Testpersonen besonders empfindlich auf Unregelmäßigkeiten bei der Übertragung von Sprache oder sonstigen Audiodaten. Der Übertragung von Sprache muß also die höchste Priorität zugeordnet werden.

Als nächstes stellt sich die Frage, ob nach der Sprache die Bildinformationen oder Interaktionsdaten einzuordnen sind. Im Grunde müßte hier die Wahl auf die Bildinformationen fallen, um Verzögerungen, welche die Lippensynchronizität beeinflussen, möglichst gering zu halten. Allerdings ist der Mensch nicht in der Lage, mit den Augen gleichzeitig zwei unterschiedliche Punkte zu fixieren. Interaktionsdaten fallen meist dann an, wenn der Telekooperationspartner neben der Sprache oder seiner Gestik ein weiters Medium benutzt, um seine Gedanken zu erläutern. In diesem Moment tragen Interaktionsdaten wesentlich zur Verständlichkeit bei und sollten möglichst synchron mit der erläuternden Sprache beim Empfänger dargestellt werden [Stein93]. Da die Interaktionsdaten im Vergleich zu den Bildinformationen außerdem ein wesentlich geringeres Datenvolumen haben, werden diese direkt nach der Sprachübertragung eingeordnet.

Die Übertragung von Bildinformationen, wird somit erst dann vorgenommen, wenn Sprache und Interaktionsdaten bereits zum Telekooperationspartner gesendet wurden.

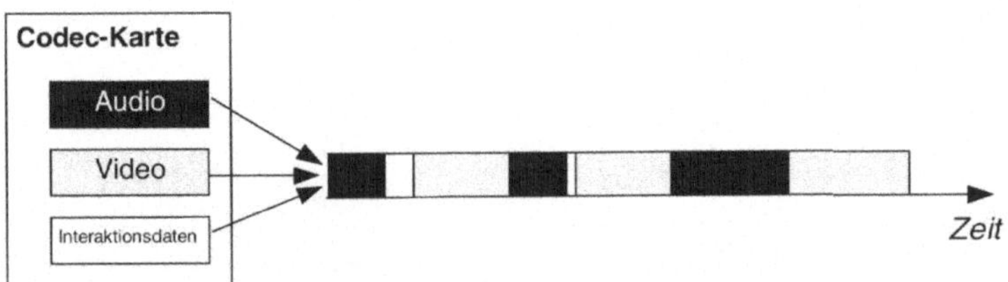

Abb. 6.8. Durch Multiplexing entstandener Datenstrom

Im Gegensatz zum normalen Zeitmultiplexverfahren, entsteht kein Datenstrom, bei dem die Paketgrößen der einzelnen Dienste festgelegt und einheitlich sind. Eine Verarbeitung beim Empfänger kann also nicht allein über die Kenntnis der Übertragungsdatenrate erfolgen. Den übertragenen Datenpaketen muß zusätzlich eine Dienstekennung angefügt werden.

Das entwickelte Synchronisationsverfahren wurde erforderlich, da komprimierte Audio- und Videodaten zusammen über beide von der S_0-Schnittstelle zur Verfügung gestellten B-Kanäle versendet werden, um die Übertragungsbandbreite und damit die Bildqualität zu erhöhen. Durch das CAPI geschieht die Zuordnung der B-Kanäle völlig transparent. Das bedeutet, die Daten werden bei der CAPI abgesetzt und anschließend über einen der angemeldeten B-Kanäle übertragen. Das CAPI verwendet dabei immer den gerade freien B-Kanal. Der durch das Multiplexverfahren entstandenen Datenstrom wird damit durcheinander gebracht. Um die einwandfreie Rekonstruktion des Datenstroms auf der Empfängerseite gewährleisten zu können, werden die einzelnen Datenpakete zusätzlich zur Dienstekennung numeriert. Dies entspricht der Vorgehensweise beim *Synchronisationsverfahren der direkten Adressierung* (vgl. Kapitel 5).

6.2.5 Kanalcodierung und -decodierung

Der Anschluß des PC-basierten Systems an das ISDN, sowie die Kanalcodierung und -decodierung, wird mittels einer ISDN-PC-Adapterkarte durchgeführt. Dabei kann es sich sowohl um eine aktive, als auch um eine passive Karte handeln. Voraussetzung für die Verwendung einer bestimmten Karte ist die Unterstützung des Common ISDN API unter der graphischen Betriebssystemerweiterung Windows 3.1 oder 3.11.

Die vorgestellte Architektur erlaubt die flexible Anpassung des Systems an heterogene Netzwerkumgebungen und entspricht damit der in Kapitel 2 formulierten funktionalen Anforderung. Somit können auch andere Netzwerkadapter für den Zugang zu einem Local Area Network (LAN) wie Ethernet oder zu einem Metropolitan Area Network (MAN) wie FDDI verwendet werden. Voraussetzung ist allerdings die Unterstützung einer geeigneten Softwareschnittstelle durch den verwendeten Netzwerkadapter.

6.3 Erfüllung der Funktionalen Anforderungen durch die Lösungsarchitektur

Die Vorteile dieser Architektur für PC-basierte Multimedia-Kommunikationsendgeräte seien an dieser Stelle noch einmal zusammengefaßt. Besondere Leistungsmerkmale sind

— die modulare Erweiterbarkeit der Funktionalität und des Diensteangebots und somit
  — Nutzung des Systems für reinen Telefondienst möglich
  — Fax-Kommunikation möglich
— die Möglichkeit zur separaten Nutzung der einzelnen Module
  — zur Speicherung von Video- und Audio-Sequenzen auf Festplatte
  — zur Nutzung der Codec-Karte als Soundkarte und Videograbber

- zur Nutzung der ISDN-Karte für klassische Telematik-Anwendungen wie Fax, T-Online und File-Transfer
- die konsequente Trennung von Quellencodierung und Kanalcodierung und damit einfache Anbindung an andere Übertragungsmedien
- die Begünstigung von Low-Cost-Systemrealisierungen:
  - Realisierung des Audio-/Videocodecs ist mit geringstem Hardware-Aufwand und damit äußerst kostengünstig möglich
  - Betrieb sowohl mit aktiven als auch kostengünstigen passiven ISDN-Karten möglich
- die Interoperabilität mit standardkonformen H.320-Videokonferenzsystemen

Die Gegenüberstellung der Leistungsmerkmale der vorgestellten Lösungsarchitektur mit den in Kapitel 2 identifizierten Funktionalen Anforderungen zeigt, daß die geforderte Funktionalität vollständig erbracht wird und die entwickelte Architektur zur Unterstützung der in Kapitel 2 beschriebenen telekooperativen Anwendungen über ISDN hervorragend geeignet ist.

7 Die Systemrealisierung *MISTER COOL*

Um den Nachweis zu erbringen, daß die im Rahmen der Lösungsarchitektur a priori gefundenen Konzepte den identifizierten Anforderungen tatsächlich genügen, muß eine Erprobung in realen Anwendungssituationen erfolgen. Die Verifikation der Lösungsarchitektur erfordert demnach die Realisierung der entwickelten Konzepte.

In diesem Abschnitt wird mit *MISTER COOL* (*M*ultimedia *ISD*N *Ter*minal for *Co*operation *o*ver *l*ong distances) ein PC-integriertes Multimedia-Kommunikationsendgerät für den Einsatz in telekooperativen Anwendungen vorgestellt, das auf Basis der entwickelten Lösungsarchitektur prototypisch realisiert wurde. Dabei wird zunächst eine modulorientierte, technische Sicht auf das System vermittelt und anschließend die bereitgestellte Funktionalität beschrieben.

7.1 Technische Module

Abb. 7.1 verdeutlicht den hohen Grad an Modularität, der die Implementierung des Systems entsprechend der zugrunde liegenden Systemarchitektur kennzeichnet. Zugunsten einer einfachen funktionalen Erweiterbarkeit wurde die Systemsoftware nach dem Client-Server-Modell strukturiert, wobei die Clients über die Windows-DDE-Schnittstelle mit dem *MISTER COOL*-Server kommunizieren. Der Server übernimmt dabei die Aufgaben der Synchronisation und der Datenübertragung. Der Datentransfer zwischen der *MISTER COOL*-Codec-Karte und der ISDN-Karte erfolgt über die *MISTER COOL*-DLL, die eine Interrupt-Service-Routine für die synchrone Verarbeitung von Ereignissen auf der Codec-Karte und Kontrollfunktionen zu deren Steuerung enthält.

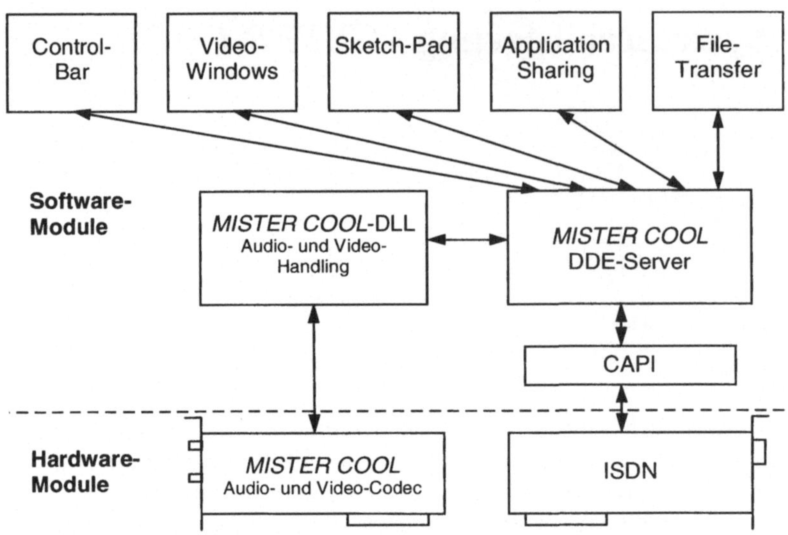

Abb. 7.1. Die Module des MISTER COOL-Systems im Überblick

Die implementierten Hardware- und Softwaremodule des *MISTER COOL*-Systems werden im folgenden eingehend beschrieben.

7.1.1 Die Hardwaremodule

Die Hardwaremodule, mit denen ein Windows-PC zum Multimedia-Kommunikationsendgerät zur Unterstützung telekooperativer Anwendungen über ISDN erweitert wird, bestehen aus einer kommerziellen ISDN-PC-Adapterkarte und einem im Rahmen der vorgestellten Arbeit entwickelten Codec-Board für die Digitalisierung und Komprimierung von Audio- und Videosignalen.

7.1.1.1 Die Audio- und Videocodec-Karte

Die *MISTER COOL* Codec-Karte enthält die Quellencodierer und -decodierer für die Audio- und Videosignale. Die Verarbeitung von Audio und Video findet dabei vollständig unabhängig voneinander in getrennten Baugruppen statt. Abb. 7.2 zeigt ein Blockschaltbild der Codec-Karte.

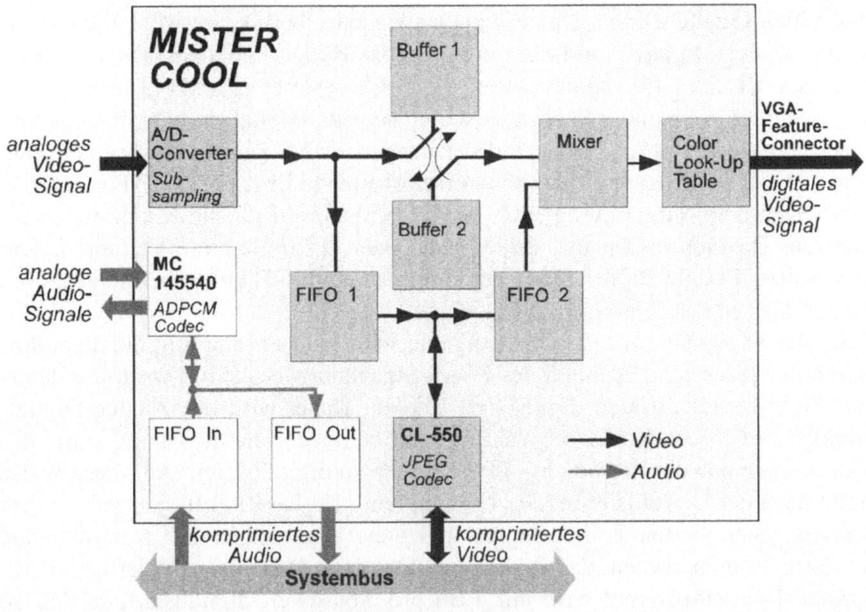

Abb. 7.2. Blockschaltbild des MISTER COOL Boards

Die im Blockschaltbild gezeigten Baugruppen für die Digitalisierung und Kompression von Video- und Audiosignalen sind auf einer langen PC-Einsteckkarte prototypisch realisiert. Die Karte ist für den ISA-Bus konzipiert. Anschlüsse für Kamera, Mikrofon und Kopfhörer sind in das Abschlußblech integriert. Darüber hinaus befindet sich auf der Oberseite der Karte ein Anschluß für den Feature-Connector der VGA-Graphikkarte.

Abb. 7.3. Die Realisierung des MISTER COOL-Codec als PC-Einsteckkarte

Das Video-Quellencodec. Das Video-Quellencodec besteht im wesentlichen aus einem Analog-Digital-Wandler, einem Double-Buffer und dem Motion-JPEG-Prozessor CL-550. Die Kompression der Bilder erfolgt in zwei Schritten. Der A/D-Wandler ist so ausgelegt, daß schon bei der Digitalisierung des von der angeschlossenen Kamera kommenden analogen FBAS-Signals ein Subsampling durchgeführt wird, so daß das weiterzuverarbeitende Bild im QCIF-Format vorliegt. Nach dem Subsampling sorgt der CL-550 sowohl für die Kompression als auch die Dekompression des Bildes nach dem JPEG-Baseline-Verfahren. Der verwendete Double-Buffer dient der Anpassung der Bildwechselfrequenz des Videobildes an das Timing der VGA-Karte.

Bei der Digitalisierung der Videosignale wird ein Subsampling durchgeführt, indem nur jedes erste Halbbild des FBAS-Signals berücksichtigt wird und davon nur die ungeraden Zeilen digitalisiert werden. Dabei wird der Analog-Digital-Wandler mit einem viertel der Taktfrequenz betrieben, die notwendig wäre, das Videobild gemäß der Studionorm ITU-R 601[21] zu digitalisieren. Auf diese Weise bleibt nach der Digitalisierung, bezogen auf ein ITU-R-601 Bild, nur jedes vierte Pixel in jeder vierten Zeile erhalten und die Abmessungen des resultierenden Bildformats entsprechen damit dem im Standard H.261 spezifizierten QCIF-Format. Das Videosignal wird mit 4 Bit pro Abtastwert digitalisiert, so daß 16 Graustufen dargestellt werden können [Jäg93a, Jäg94].

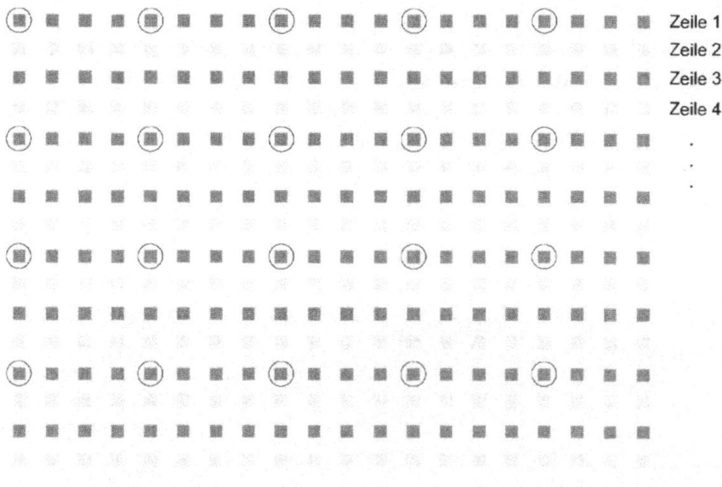

Pixel aus 2. Halbbild   Pixel aus 1. Halbbild   gesampeltes Pixel aus 1. Halbbild

Abb. 7.4. Datenreduktion durch Subsampling bei der Digitalisierung

---

[21] Vgl. Kapitel 5.

Die Kompression des QCIF-Bildes erfolgt durch den nachgeschalteten JPEG-Prozessor C-Cube CL-550. Dieser Baustein ist ein Kompressionsprozessor, bei dem auf einem einzigen Baustein der vollständige Sequentielle Baseline Algorithmus nach JPEG implementiert ist. Konzipiert wurde der CL-550 für die Kompression und Dekompression von Graustufen- und Farbvideos in Echtzeit. Entsprechend dieser unterschiedlichen Anforderungen ist er mit drei verschiedenen Taktgeschwindigkeiten erhältlich (10, 30 und 35 MHz). Die 35 MHz-Ausführung erreicht eine komprimierte Datenrate von bis zu 2 MBytes/s, wobei, abhängig von programmierbaren Quantisierungstabellen, Kompressionsraten von 8:1 bis 100:1 erzielt werden. Zu den unterstützten Eingabeformaten zählen Graustufenbilder (8 Bit pro Pixel) und Farbbilder (16-32 Bit pro Pixel) im RGB, CMYK und YUV Format [EwKr94].

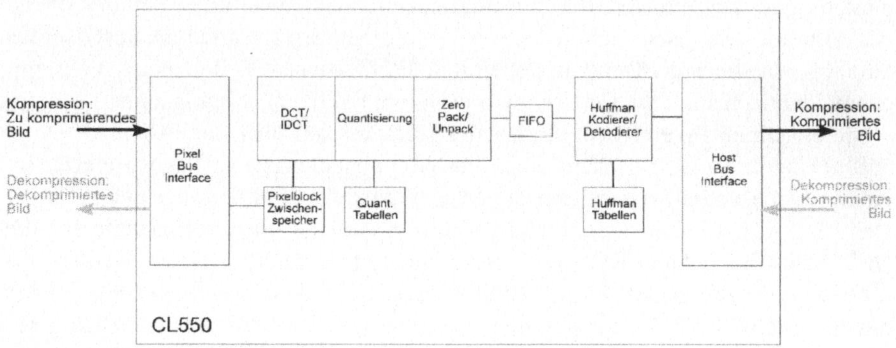

Abb. 7.5. Blockdiagramm CL-550

Den funktionalen Aufbau des CL-550 zeigt das Blockdiagramm in Abb. 7.5. Bei der Betrachtung der Funktionsweise muß zwischen dem Kompressions- und Dekompressionsvorgang unterschieden werden. Bei der Kompression werden die zu komprimierenden Bilddaten dem Prozessor über das Pixel Bus Interface (PBI) blockweise zugeführt. Die einzelnen Blöcke durchlaufen dann nacheinander die Prozeßschritte der JPEG Kompression. Vor dem Huffman-Codierer befindet sich ein FIFO, das als Puffer zwischen der im Videotakt arbeitenden Pixelseite und der im Timing des PC-Bus arbeitenden Host-Bus-Seite dient. Nach der Huffman-Codierung werden die komprimierten Bilddaten über das Host Bus Interface (HBI) ausgegeben. Bei der Dekompression läuft der Prozeß in umgekehrter Reihenfolge ab. Das zu dekomprimierende Bild gelangt über das HBI in den CL-550 und wird nach den JPEG Prozeßschritten über das PBI ausgegeben [Cube92].

Das PBI ist die Schnittstelle des CL-550 für den Austausch der unkomprimierten Bilddaten mit der peripheren Beschaltung und hat drei Hauptfunktionen:

– Die Konvertierung des zeilensequentiellen Pixelstroms in Blöcke von 8×8 Bildpunkten.
– Die Kontrolle verschiedener Parameter des zu komprimierenden, bzw. dekomprimierenden Bildes.
– Die Wandlung zwischen verschiedenen Farbformaten.

Bei der Kompression erfolgt die Umwandlung der Videodaten in Blöcke von jeweils 8×8 Bildpunkten unter Zuhilfenahme eines nicht in den CL-550 integrierten Speicherbausteins. In diesen Zeilenspeicher werden immer 8 Zeilen des digitalisierten Bildes eingelesen und anschließend blockweise in den CL-550 übernommen.

Der CL-550 besitzt eine interne RGB nach YUV Farbkonvertierung und einen Subsampling-Mechanismus, der es zudem noch ermöglicht YUV-Formate mit unterschiedlichen Luminanz- (Y) und Chrominanzanteilen (U und V) ineinander umzuformen. Diese Konvertierungsmöglichkeiten sind zwar nicht Teil des JPEG-Algorithmus, erweisen sich jedoch bei Multimedia-Anwendungen als überaus nützlich, da die von Kameras gelieferten Farbformate (YUV) meist nicht mit denen identisch sind, die für Computermonitore (RGB) notwendig sind.

Die einzelnen Pixelblöcke, die bei der Kompression über das PBI in den CL-550 gelangen, werden getrennt nach Farbkomponenten zwischengespeichert. Im Kompressionsprozeß erfolgt nun die DCT-Transformation der abgelegten Daten. Der CL-550 besitzt dazu acht 16 Bit-Register, welche die Koeffizienten für die DCT bzw. die Inverse DCT enthalten. Die transformierten Daten werden anschließend an die Quantisierungsstufe weitergeleitet. Dort werden zu Beginn des Kompressions- bzw. Dekompressionsvorgangs vier Quantisierungstabellen geladen, so daß jede der vier möglichen Bildkomponenten unterschiedlich quantisiert werden kann.

Der nächste Schritt bei der Kompression ist die Umsortierung der AC-Koeffizienten nach dem Zick-Zack-Schema und die anschließende Run-Length-Codierung der bei der Quantisierung entstandenen Nullen im Zero-Packer. Die DC-Koeffizienten werden direkt in das nachfolgende FIFO abgelegt. Die Datenwörter am Ausgang des Zero-Packers sind 13 Bit groß, wobei die Bits 11 und 12 den Datentyp angeben.

Tabelle 7.1. Datentypen Zero-Packer

Bit 12	Bit 11	Datentyp
0	0	Quantisierter DC Koeff.
0	1	Signifikanter AC Koeff.
1	0	Anzahl der Nullen (1 bis 62)
1	1	Ende des Blocks

Das Zero-Packing unterscheidet sich gemäß Tabelle 7.1 von der Run-Length-Codierung des JPEG Standards insofern, als der 13 Bit-Wert am Ausgang des Zero-Packers entweder die Anzahl der Nullen zwischen zwei signifikanten AC-Koeffizienten oder den Wert eines Koeffizienten angibt. Ein Datenfeld, das die Anzahl der signifikanten Bits angibt, wird durch die oben gezeigten Datentypen mit ihrer konstanten Feldlänge überflüssig.

Das nachgeschaltete FIFO RAM kann 128 dieser 13 Bit-Werte aufnehmen und dient als Puffer zwischen Zero-Packer und Huffman-Codierer. Mit Hilfe von sogenannten Flags läßt sich der Füllstand des FIFOs so regulieren, daß ein Überlauf bei der Kompression bzw. ein Unterlauf bei der Dekompression mittels geeigneter Steuersoftware vermieden werden kann.

Die letzten Schritte des Kompressionsvorgangs werden im Huffman-Codierer durchgeführt Dieser erfüllt mehrere Aufgaben gleichzeitig. Erstens führt er die Differenz-Codierung (DPCM) der DC-Koeffizienten durch, zweitens generiert er einen Huffman-Code für DPCM- und AC-Daten und drittens fügt er sogenannte Markercodes in den komprimierten Datenstrom ein. Bei diesen Markercodes handelt es sich um 16 Bit große Datenwörter, die mit dem hexadezimalen Präfix „FF" beginnen und zur Kennzeichnung bestimmter Datensegmente genutzt werden. Der CL-550 kann ausschließlich den RESTART-Markercode erzeugen, mit dem Sequenzen von 8×8-Pixelblöcken innerhalb sogenannter RESTART-Intervalle markiert werden können. Der Huffman-Codierer wird zu Beginn jedes RESTART-Intervalls gelöscht, so daß die Intervalle unabhängig voneinander komprimiert werden.

Die Schnittstelle des CL-550 zum Datenbus ist das Host Bus Interface (HBI). Das HBI besitzt einen 32 Bit breiten Bus, über den Adressen und Daten im Zeitmultiplexverfahren übertragen werden. Die komprimierten Daten werden sowohl bei der Kompression als auch bei der Dekommpression in dem 32 Bit breiten CODEC-Register zwischengespeichert. Dieses Register kann vom HBI wahlweise in 16 oder 32 Bit ausgelesen oder beschrieben werden [EwKr94, Cube92, Cube92, Shay92].

Audio-Quellencodec. Für die Implementierung des Audiocodec wurde der ADPCM-Baustein MC 145540 von Motorola ausgewählt. Der MC 145540 enthält, basierend auf einem digitalen Signalprozessor, ein Single-Channel μ-Law oder A-Law kompandierendes PCM-Codec-Filter mit einem ADPCM-Codec. Der MC 145540 arbeitet fullduplex und bearbeitet demnach Sende- und Empfangssignal gleichzeitig. Bei einer Ausgangsdatenrate von 16 Kbps ist wahlweise eine Codierung nach ITU-T G.726 oder einem von Motorola entwickelten und gesetzlich geschützten Codieralgorithmus möglich. Im folgenden wird auf die einzelnen Funktionen des Bausteins sowie die Implementierung auf der *MISTER COOL*-Codec-Karte näher eingegangen.

Das *ADPCM Codec MC 145540* realisiert die Digitalisierung und Rekonstruktion eines Sprachsignals unter Beachtung der ITU-T Empfehlungen G.714, G.721, G.723 und G.726 bei Übertragungsdatenraten von 64, 32, 24 und

16 Kbps. Die Forderungen nach hoher Sprachqualität, niedriger Leistungsaufnahme und variablen Datenraten werden dabei ausreichend erfüllt.

Die internen Funktionsblöcke des Codecs sind unterteilt in Analog-Interface und PCM-Codec-Filter, ADPCM Transcoder Block (Digitaler Signal Prozessor), Power Supply Management und Serial Control Port Interface. In Abb. 7.6 ist der interne Aufbau graphisch dargestellt [Moto92].

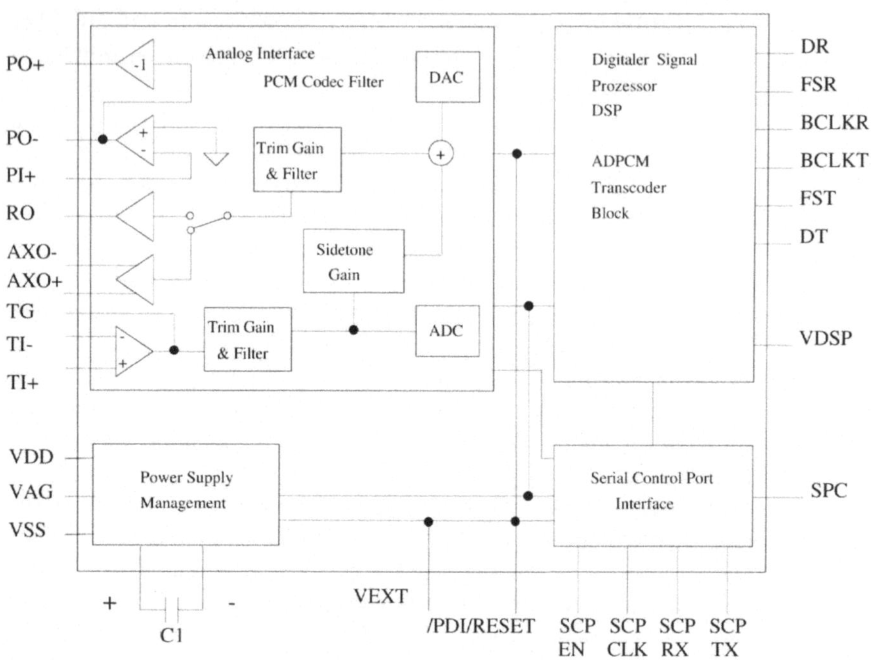

Abb. 7.6. Funktionsblöcke des ADPCM Codec MC 145540 (Quelle: [Moto92])

Beim Transfer der ADPCM-Sprachdaten über den AT-Bus muß der serielle Datenstrom des Codec in einen parallelen Datenstrom umgewandelt werden. Aufgrund der hohen Datenrate werden die Daten zunächst in einem FIFO zwischengespeichert. Hat sich eine gewisse Anzahl codierter Abtastwerte angesammelt, wird der CPU über eine Hardware-Interrupt-Anforderung mitgeteilt, daß eine Datenübertragung zwischen FIFO und RAM durchgeführt werden soll. Das Blockschaltbild in Abb. 7.7 zeigt den Übertragungsweg der ADPCM Daten beim Transfer zwischen Codec und PC-RAM.

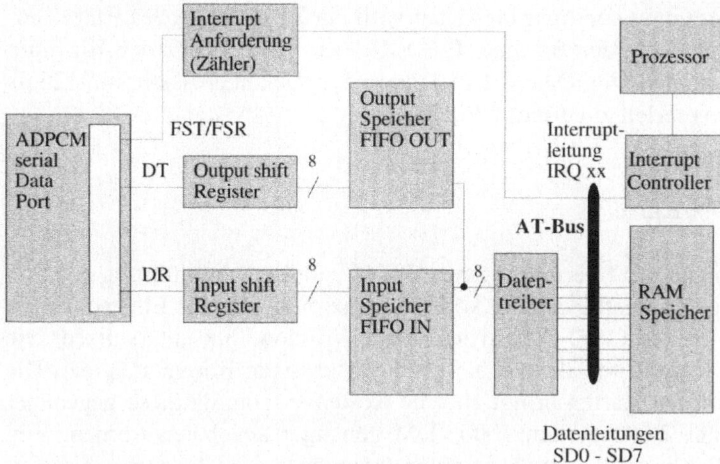

Abb. 7.7. Blockschaltbild des ADPCM Datentransfers

Erzeugt das ADPCM-Codec, entsprechend einem Kompressionsfaktor von zwei, eine Datenrate von 32 Kbps, so liegen in einem Zeitrahmen von 125 µs jeweils 4-Bit zur Übertragung am Ausgang an. In der Übertragungsschaltung findet zuerst eine Seriell-Parallel-Wandlung im 8-Bit Output-Schieberegister statt. Alle 250 µs werden dann die 8 Bit des Schieberegisters in FIFO OUT zwischengespeichert. Durch die Interrupt Service Routine, welche durch eine Hardware Interrupt Anforderung alle 64 ms gestartet wird, findet dann die Übertragung von jeweils 256 Byte vom FIFO in den RAM statt.

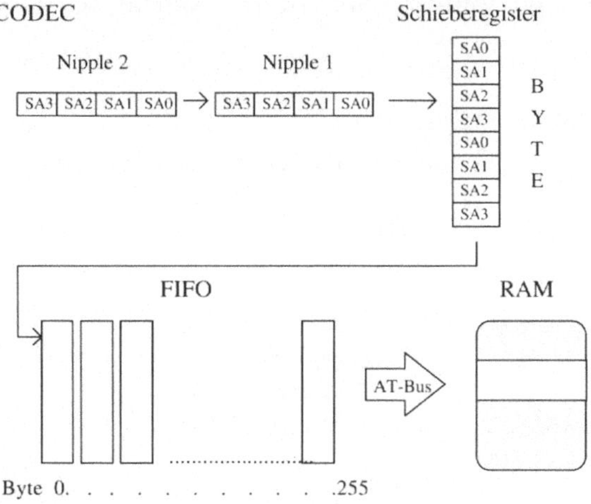

Abb. 7.8. ADPCM Datenflußdiagramm

Nach der Übertragung der Ausgangsdaten wird ein 256 Byte großes Paket Eingangsdaten vom RAM in den Speicher FIFO IN übertragen. Über das 8-Bit Input Schieberegister werden die Daten dem Codec zur Dekompression im 125 µs Zeitrahmen (4 Bit) seriell zugeführt [WoKr94].

7.1.1.2 Die ISDN-Karte

Für den Anschluß an das Übertragungsnetz ISDN und die Durchführung entsprechender Kanalcodierungsfunktionen können prinzipiell alle PC-Einsteckkarten genutzt werden, die die CAPI-Schnittstelle unter Windows 3.x unterstützen. Die Übertragung ist sowohl mit aktiven als auch mit passiven Karten möglich. Die Nutzung von passiven Karten bringt enorme Kostenvorteile, da diese gegenüber aktiven Karten zur Zeit etwa um 1000.- DM günstiger angeboten werden. Von Nachteil sind allerdings die erhöhten Anforderungen an die Leistungsfähigkeit des PC-Systems, da die CPU in diesem Fall mit der Abarbeitung von Protokollfunktionen der Schichten 2 und 3 des OSI-Modells belastet wird.

7.1.2 Die Softwaremodule

Da *MISTER COOL* verschiedene Dienste zur Telekooperation unterstützt, ist es nur konsequent, die Benutzungsoberfläche in verschiedene dienstespezifische Teilfenster zu untergliedern. Mit der Implementierung einer zentralen Instanz, die den verschiedenen, unabhängig voneinander operierenden Diensten, auf Anforderung Telekommunikationsfunktionen zur Verfügung stellt, entsteht eine Client-Server-Architektur. Bei den einzelnen Diensten handelt es sich dabei um die Clients, währen die zentrale Instanz als Server dient. Damit der Server nicht von Benutzereingaben beeinträchtigt werden kann, ist er während der Programmausführung verborgen.

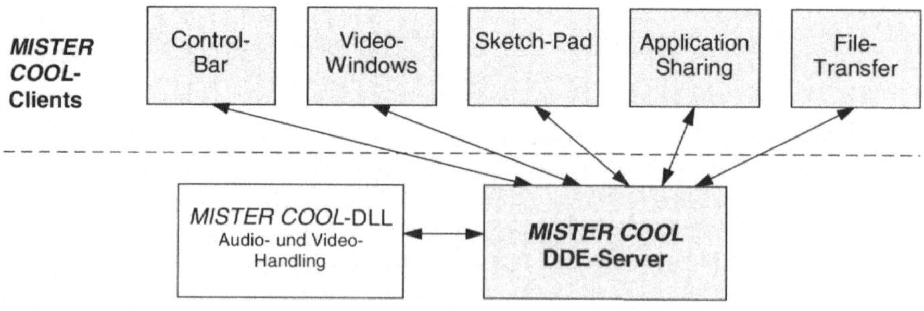

Abb. 7.9. Client-Server Architektur bei MISTER COOL

Die Umsetzung einer Client-Server-Architektur führt zu einer ausgeprägten Modularität der *MISTER COOL*-Anwendung. Die einzelnen Clients arbeiten unabhängig voneinander und kommunizieren über festgelegte Schnittstellen mit dem Server. Dieser nutzt wiederum die standardisierte CAPI-Schnittstelle zum Datenaustausch über das ISDN [Marti93].

MISTER COOL kann aufgrund dieser klaren Struktur einfach an veränderte Anforderungen angepaßt werden. So wird einerseits die angestrebte funktionale Erweiterbarkeit erreicht, da auf einfache Weise weitere Dienste integriert werden können. Der entsprechende Dienst muß nur beim Server angemeldet werden und die bereitgestellte Client-Server-Schnittstelle verwenden. Andererseits ist auch die Anpassung des *MISTER COOL*-Systems an ein anderes Übertragungsmedium ohne großen Aufwand möglich. Um die Datenübertragung über ein anderes Übertragungsmedium oder über ein anderes Protokoll zu ermöglichen, muß ein anderer *MISTER COOL*-Server eingesetzt werden. Für die Clients bleiben diese Änderungen weitgehend transparent. Tatsächlich werden mehrere MISTER COOL-Server gleichzeitig eingesetzt. Der Benutzer hat damit während der Programmausführung die Möglichkeit, eine Wahl bezüglich eines geeigneten Kommunikationsnetzes zu treffen. Zur Zeit kann er sich entscheiden zwischen dem Zugriff auf ISDN über das CAPI, oder dem Zugriff auf ein TCP/IP-basiertes lokales Netzwerk über das Windows-Sockets-API [AlMoTre93].

Die verwendeten Konzepte und Schnittstellen, nämlich DLL, DDE, CAPI und Windows-Sockets werden auch unter den 32-Bit-Betriebssystemen *Windows 95* und *Windows NT* unterstützt, so daß die im Rahmen dieser Arbeit entwickelte Architektur übertragbar ist.

7.1.2.1 Die DDE-Schnittstelle zwischen Clients und Server

Unter der Betriebssystemerweiterung MS-Windows ist es im Rahmen eines nonpreemptiven Multitasking möglich, mehrere Anwendungsprogramme gleichzeitig auszuführen. Um eine Möglichkeit zum Datenaustausch zwischen parallel ausgeführten Programmen zu schaffen, wurde von Microsoft das Konzept des Dynamic Data Exchange (DDE) eingeführt. Dabei wird eine Schnittstelle bereitgestellt, über die ein Clientprogramm und ein Server miteinander kommunizieren können. Dabei kann ein Anwendungsprogramm zugleich als DDE-Client und als DDE-Server agieren. Die DDE-Schnittstelle liegt in zwei unterschiedlichen Realisierungen vor.

Bei der ersten Realisierung handelt es sich um ein einfaches Protokoll, bei dem Client und Server über den Austausch von Nachrichten direkt miteinander kommunizieren. Bei der zweiten Realisierung der DDE-Schnittstelle findet die Kommunikation zwischen Client und Server nicht direkt, sondern über eine Vermittlungsinstanz, die DDE Management Library, statt. Diese ist in Form einer Dynamic Link Library (DLL), nämlich der DDEML.DLL implementiert. Sowohl Client als auch Server, müssen sich bei der DDEML anmelden und eine

Callback-Funktion installieren, die von DDEML bei bestimmten Ereignissen oder Aktivitäten mit einer Transaktion aufgerufen wird. Im Gegensatz zur DDE-Realisierung ohne DDEML findet der Datenaustausch damit nicht durch Nachrichten, sondern durch Funktionsaufrufe statt. Der Datenaustausch wird damit wesentlich sicherer, da die vielen möglichen Fehlerfälle bei nachrichtenbasiertem Datenaustausch nicht innerhalb des Programms abgefangen werden müssen [Wallwi93].

7.1.2.2 Die *MISTER COOL* DDE-Clients

Bei den implementierten DDE-Clients ist zwischen der Steuerleiste (engl.: Control-Bar) zur Kontrolle aller Programmfunktionen und den verschiedenen Multimedia-Kommunikationsdiensten zu unterscheiden.

Über die einzelnen Bedienelemente der Control-Bar sind alle Dienste zugänglich, die das *MISTER COOL*-System zur Unterstützung einer Telekooperation bietet. Darüber hinaus können über den Schalter *Optionen* verschiedene Grundeinstellungen verändert werden. Der DDE-Client Control-Bar ermöglicht die Ausführung und Steuerung folgender Funktionen:

– Verbindungsaufbau
– Verbindungsabbau
– Start der Kommunikationsclients
    – Videokommunikationsfenster
    – Sketch-Pad
    – Application Sharing
    – File Transfer

Die Audioübertragung wird beim Auf- und Abbau einer Verbindung automatisch gestartet bzw. beendet. Die Telekooperationsdienste Sketch-Pad, Application Sharing und Filetransfer sind in Form von weiteren DDE-Clients implementiert.

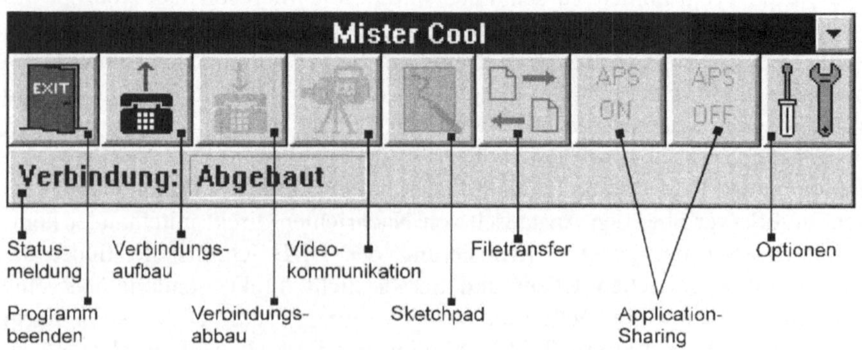

Abb. 7.10. Control-Bar der MISTER COOL Benutzungsschnittstelle

Im folgenden Diagramm wird am Beispiel des Aufbaus einer ISDN-Verbindung die Kommunikation zwischen zwei *MISTER COOL*-Systemen exemplarisch dargestellt. Dabei wird der gesamte Nachrichtenaustausch zwischen den Control-Bars des Senders und des Empfängers nachgezeichnet.

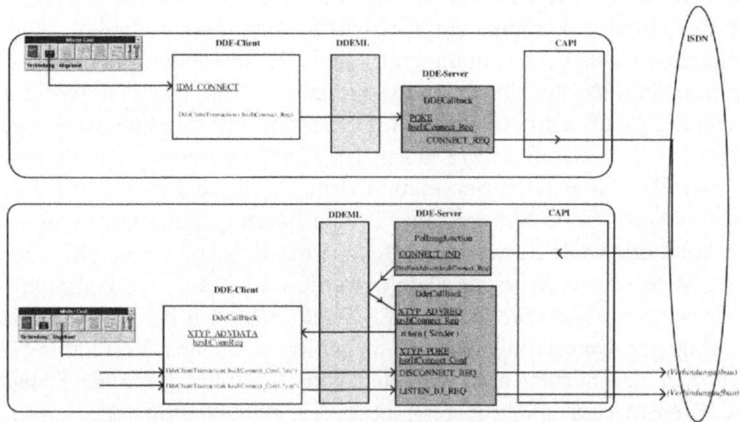

Abb. 7.11. Verbindungsaufbau zwischen zwei MISTER COOL-Anwendern

Der Abbau einer Verbindung bzw. der Start der Videoübertragung laufen nach dem gleichen Protokoll ab. Es werden allerdings andere DDE-Items und CAPI-Nachrichten verwendet. Die Video-Fenster-Clients werden beim Start der Videoübertragung beim *MISTER COOL* DDE-Server angemeldet. Die Abmeldung erfolgt als DDE-Transaktion bei Betätigung des Off-Buttons [Winte96].

7.1.2.3 Die *MISTER COOL*-DLL

Die *MISTER COOL*-DLL enthält alle für die Verarbeitung zeitkritischer Dienste notwendigen Funktionen, da die Übertragung dieser Daten über die DDE-Schnittstelle zu langsam ist. Für den synchronisierten Austausch von Daten zwischen dem Codec-Board und der Telekooperationssoftware ist in der DLL auch eine *Interrupt Service Routine* für die Verarbeitung der Audio- und Videodaten enthalten. Neben dieser *Interrupt Service Routine* enthält die *MISTER COOL*-DLL noch folgende Funktionen:

– SampleSoundData (Schreibt Audiosamples in den Audio-Puffer des Senders.)
– Compress (Komprimiert ein Videobild und schreibt es in den Video-Puffer des Senders.)
– Decompress (Liest ein Videobild aus dem Video-Puffer des Empfängers und dekomprimiert es.)

7.1.2.4 Der *MISTER COOL* DDE-Server

Der *MISTER COOL* DDE-Server übernimmt Funktionen der Schichten 4-7 des OSI-Modells und ist damit zuständig für die Festlegung des Übertragungsmediums (Schicht 4: Transportebene), den Aufbau von Verbindungen mit der Gegenstelle (Schicht 5: Kommunikationssteuerschicht), die Weiterleitung der Daten an die zuständige Präsentationskomponente (Schicht 6: Darstellungsebene) sowie die Integration übergeordneter Anwendungen (Schicht 7: Anwendungsebene).

MISTER COOL unterstützt als Übertragungsmedien ISDN und TCP/IP basierte Netze. Der Verbindungsauf- und Abbau für ISDN, sowie die Datenübertragung, wird vom *MISTER COOL* DDE-Server über das CAPI gesteuert. Zu diesem Zweck werden zwischen dem DDE-Server und dem CAPI ständig Nachrichten (CAPI-Messages) ausgetauscht. Anhand einer in den übertragenen Daten enthaltenen Kennung leitet der DDE-Server die Daten an die Präsentationsapplikation weiter. Handelt es sich um zeitkritische Daten (Audio und Video), so kommuniziert der DDE-Server über *MISTER COOL*-DLL-Funktionen mit der verarbeitenden Hardware. Dagegen werden alle Steuerinformationen für den Verbindungsauf- und -abbau oder das Starten bzw. Beenden von Diensten, sowie die Daten zeitunkritischer Dienste (z.B. Filetransfer), über die DDE-Schnittstelle ausgetauscht.

Abb. 7.12 zeigt den gesamten Datenfluß der komprimierten Audio- und Videodaten von einem Telekooperationsteilnehmer zum anderen. Um einen kontinuierlichen Datenstrom gewährleisten zu können, werden die Daten beim Sender und beim Empfänger gepuffert. Durch diese Pufferung ist es außerdem möglich, das Audiocodec auf der Senderseite isochron auszulesen, die Übertragung dagegen asynchron vorzunehmen.

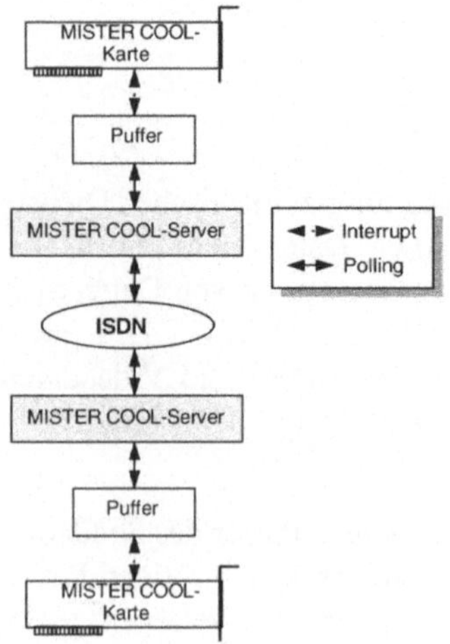

Abb. 7.12. Fluß der Audio- und Videodaten

Die in Abb. 7.12 dargestellten Puffer sind als Ringpuffer ausgeführt. Sie enthalten eine bestimmte Anzahl von Elementen und werden nach dem FIFO-Prinzip beschrieben und ausgelesen. Für jeden Client, sowie für das Audiocodec und das Videocodec wird je ein Ringpuffer angelegt.

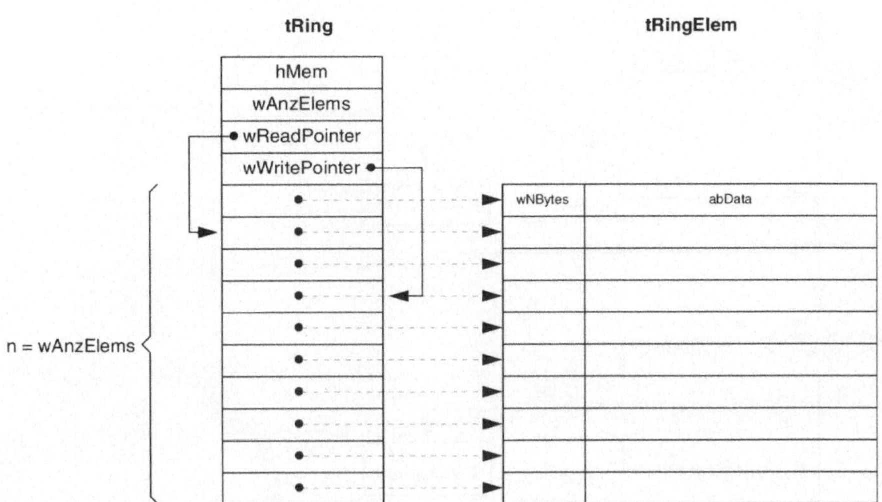

Abb. 7.13. Die Ringpufferstruktur

Jeder Ringpuffer besteht aus 10 Elementen zu je 256 Byte. Die Initialisierung erfolgt für den Audio-Ringpuffer beim Start des *MISTER COOL*-DDE-Servers, für die Control-Bar und alle anderen Dienste bei der Anmeldung des jeweilige DDE-Clients.

Die Übernahme der komprimierten Signale von der *MISTER COOL*-Karte in die Pufferspeicher wird sendeseitig durch eine in der *MISTER COOL*-DLL enthaltene *Interrupt Service Routine* gesteuert. Dazu wird durch das Audiocodec immer dann eine Interrupt-Anforderung erzeugt, wenn 512 Audio-Samples im zeitlichen Abstand von 125 µs in den FIFO OUT-Puffer geschrieben wurden. Ein Interrupt-Request-Signal wird demnach alle 64 ms erzeugt.

Das Flußdiagramm in Abb. 7.14 zeigt den Ablauf dieser Funktion. Es ist zu erkennen, daß Audio- und Videodaten auf unterschiedliche Weise in die jeweiligen Puffer übernommen werden. Wenn der Audio-Ringpuffer initialisiert wurde und nicht bereits voll beschrieben ist, so wird die Funktion *SampleSoundData* aufgerufen, die den bisher gespeicherten Elementen ein neues hinzufügt. Der Audio-Ringpuffer wird also kontinuierlich aufgefüllt. Dies gilt nicht für den Video-Ringpuffer. Ist dieser beim Auftreten einer Interrupt-Anforderung der Codec-Karte leer, was der Fall ist wenn alle Pufferelemente zur Gegenstelle gesendet wurden, so wird das zuletzt vollständig digitalisierte Bild komprimiert und in den

Puffer übernommen. Ein komprimiertes Bild ist etwa 1 kByte groß und belegt damit mehrere Pufferelemente.

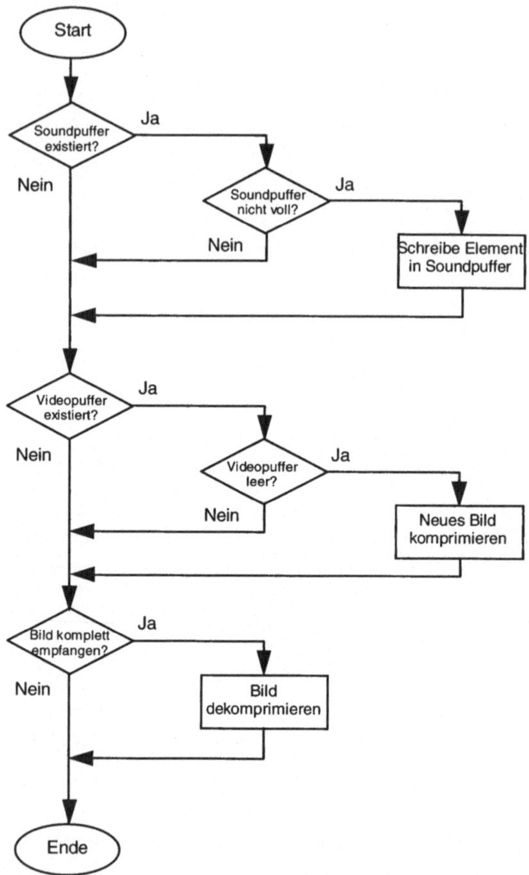

Abb. 7.14. Audio- und Video-Handler

Die unterschiedliche Verarbeitung von Audio- und Videodaten ist also aus zweierlei Gründen unumgänglich. Da nur komplette Bilder vom Videocodec dekomprimiert werden können, muß gewährleistet werden, daß jeweils ein komplettes Bild empfangen wurde bevor ein neues gesendet wird. Zum anderen sind die Zeitraster unterschiedlich, in denen Audio-LDUs und Videobilder erzeugt werden. Während die Audiopakete kontinuierlich im Abstand von 64 ms erzeugt werden, wird entsprechend der schwankenden Bildübertragungsrate von ca. 8 Bildern/s etwa alle 125 ms ein Bild komprimiert.

Die Priorisierung der verschiedenen Dienste wird durch eine Dienstetabelle festgelegt. Diese Tabelle (pTable) enthält Zeiger auf initialisierte Ringpuffer, wobei jedem Element der Tabelle ein bestimmter Dienst und damit ein bestimmter Ringpuffer zugeordnet ist. Die Position der Dienste in dieser Tabelle ist im DDE-Server festgelegt und bestimmt damit die Dienstpriorität.

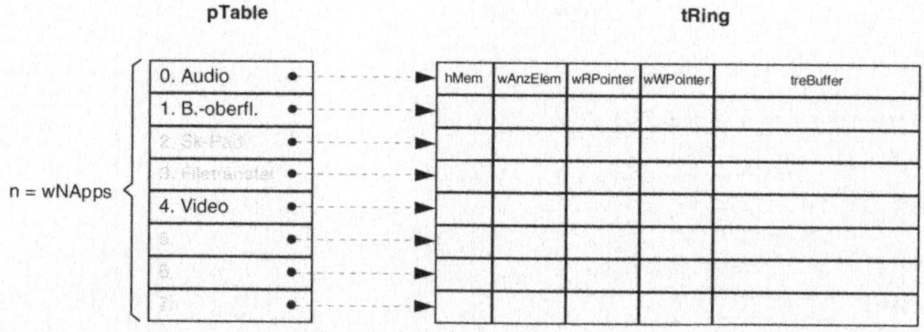

Abb. 7.15. Implementierte Dienstetabelle

Die Elemente eines Ringpuffers können nur dann über ISDN übertragen werden, wenn sichergestellt ist, daß Leitungskapazität zur Verfügung steht. Der DDE-Server überprüft dies durch Abfragen der CAPI-Message-Queue. Das CAPI schickt ständig Bestätigungen an den *MISTER COOL*-Server, wenn dessen Anforderung, ein Datenpaket zu übertragen, entsprochen wurde. Erhält der DDE-Server diese Message, so kann das nächste Datenpaket aus einem Ringpuffer ausgelesen und übertragen werden.

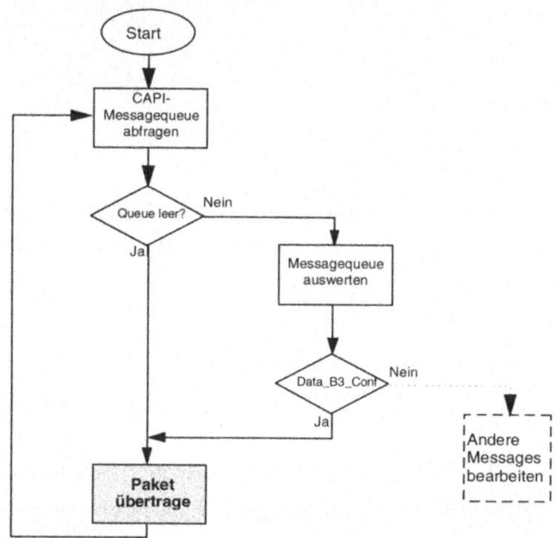

Abb. 7.16. Sendeseitiges Polling der CAPI durch den DDE-Server

Sendeseitig wird aus den Inhalten der Ringpuffer entsprechend der Priorisierung ein Multiplex-Datenstrom generiert. Die Dienstetabelle wird aufsteigend von Element *0* bis Element *wNApps* durchlaufen. Die Dienstetabelle enthält für jeden existierenden Dienst einen gültigen Zeiger auf den zugehörigen Ringpuffer. Alle im Ringpuffer des aktuellen Dienstetabellenelements enthaltenen Datenpakete werden in den Datenstrom übernommen, bevor der nächste Dienst abgearbeitet wird. Dieser Ablauf entspricht dem Block *Paket übertragen* in Abb. 7.16 und ist im Flußdiagramm Abb. 7.17 dargestellt.

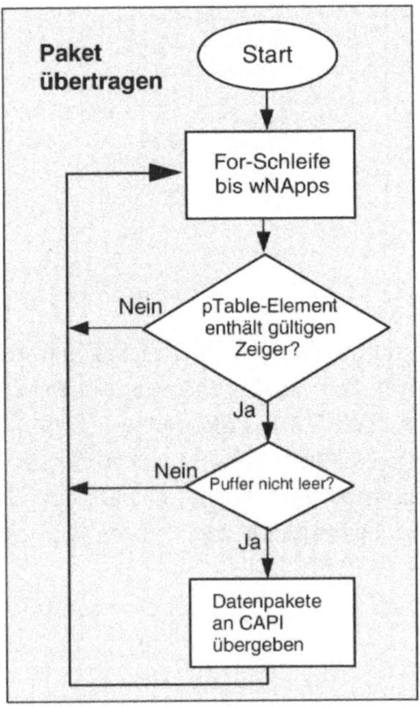

Abb. 7.17. Priorisierung an der Datenquelle

Das Füllen der Empfangspuffer mit den empfangenen Daten erfolgt nicht über eine Interrupt-Anforderung der Codec-Karte, sondern durch Polling des CAPI durch den DDE-Server. Das CAPI zeigt ein für *MISTER COOL* bestimmtes Datenpaket durch eine DATA_B3_INDICATION-Message an. Erhält der DDE-Server diese Message, so wird dieses Datenpaket entweder in den Empfangspuffer des zugehörigen Dienstes übertragen oder im Fall von Audiosignalen sofort über das Codec ausgegeben.

Zur Erhöhung der Übertragungsbandbreite können mehrere ISDN-B-Kanäle parallel verwendet werden. Jeder zusätzlichen Verbindung wird eine weitere Message-Queue zugeordnet, die nach dem beschriebenen Prinzip abgefragt wird. Im Moment unterstützt *MISTER COOL* die Verwendung von maximal zwei B-

Kanälen. Dementsprechend befinden sich zwei CAPIDataPolling() Funktionsaufrufe in der WinMain-Prozedur des DDE-Servers. Die zugehörigen B-Kanäle werden durch einen Chanel-Identifier ausgewählt, den die CAPI beim Verbindungsaufbau vergibt [Winte96].

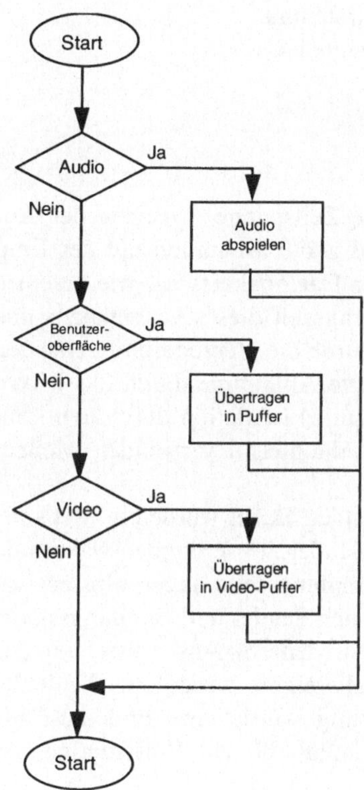

Abb. 7.18. Empfangsseitige Verarbeitung der Datenpakete durch den DDE-Server

7.1.3 Technische Leistungsmerkmale

In den vorangegangenen Abschnitten wurden Konzept und Implementierung eines Multimedia-Kommunikationsendgerätes für die Unterstützung telekooperativer Sitzungen vorgestellt. Der zugrunde liegende Ansatz verfolgt die Erweiterung eines Personal Computers um Einsteckkarten für die Quellencodierung von Video- und Audiosignalen, sowie den Anschluß an ISDN. Der Datentransfer zwischen diesen Erweiterungskarten erfolgt über ein Softwaremodul, das zum einen für eine synchronisierte Übertragung der komprimierten Audio- und Videodaten im Zeitmultiplex über das CAPI sorgt und zum anderen eine effektive Nutzung der verfügbaren ISDN-B-Kanäle gewährleistet. In diesem Abschnitt werden verschiedene Messungen dokumentiert, mit denen die Funktionsfähigkeit der Systemrealisierung und insbesondere die Einhaltung der in Kapitel 4 vorgestellten Zeitschranken nachgewiesen wird. Die durchgeführten Messungen erfassen im einzelnen

– die Ende-zu-Ende-Verzögerung,
– die Auslastung der verfügbaren Übertragungsrate und
– den Versatz zwischen den Video- und Audiosignalen.

7.1.3.1 Ende-zu-Ende-Verzögerung

Die Ende-zu-Ende-Verzögerung gibt an, welche Zeitspanne zwischen der Aufnahme eines Ereignisses auf der Sendeseite und der Präsentation auf der Empfangsseite verstreicht. Die maximale Größe eines Datenpaketes ist, wie beschrieben, auf 256 Byte begrenzt. Die reine Übertragungszeit dieses Datenpakets über das ISDN beträgt also 32 ms[22]. Exemplarisch wurde die Verzögerung gemessen, die ein Audiosignal beim durchlaufen der Schritte Aufnahme durch das Mikrofon, Codierung, Übertragung, Decodierung bis zur Präsentation durch den Lautsprecher der Gegenstelle erfährt. Abb. 7.19 zeigt die hierfür verwendete Meßeinrichtung.

Für die Messung wurde ein Oszilloskop verwendet. Dabei wurde ein Meßkanal wie abgebildet mit dem Mikrofon (Mic) auf der Sendeseite verbunden währen der zweite Kanal an den Lautsprecher (Spk) der Empfangsseite angeschlossen war. Der Meßaufbau war in dieser Form möglich, da sich Sende- und Empfangsstation im gleichen Raum befanden, jedoch über verschiedene S_0-Anschlüsse mit dem ISDN verbunden waren. Als signifikantes Schallereignis wurde ein Händeklatschen verwendet. Bei der beschriebenen Messung wurde eine Ende-zu-Ende-Verzögerung, von der Entstehung eines Audiosignals bis zur Präsentation, von etwa 150 ms ermittelt.

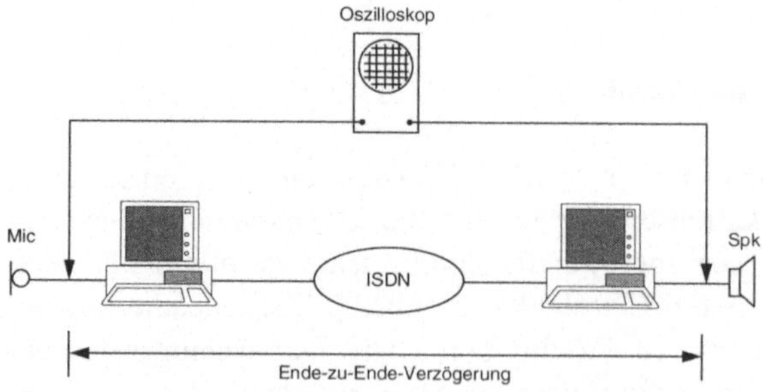

Abb. 7.19. Meßeinrichtung für Ende-zu-Ende-Verzögerung (Audio)

---

[22] (256 Byte × 8) / 64000 Bit/s = 32 ms

Neben der absoluten Ende-zu-Ende-Verzögerung ist bei der Übertragung von Audiosignalen besonders deren Schwankung, der Jitter, von Bedeutung. Bei *MISTER COOL* wird dieser Jitter durch die Pufferung mindestens einer Audio-LDU auf der Empfängerseite weitgehend verhindert. Mehrere Messungen mit obiger Versuchsanordnung haben gezeigt, daß Audiosignale bei *MISTER COOL* eine konstante Ende-zu-Ende-Verzögerung erfahren [Winte96].

7.1.3.2 Auslastung der verfügbaren Übertragungsrate

Der im Synchronisationsverfahren implementierte Algorithmus zur parallelen Nutzung mehrerer ISDN-B-Kanäle ermöglicht eine Vergrößerung der Übertragungsbandbreite je nach Bedarf. Die Wirksamkeit des Kanalbündelungsalgorithmus kann mit Hilfe eines Logik-Analysators nachgewiesen werden. Dieser wird hierzu jeweils an den Parallel-Port von Sender- und Empfängersystem angeschlossen.

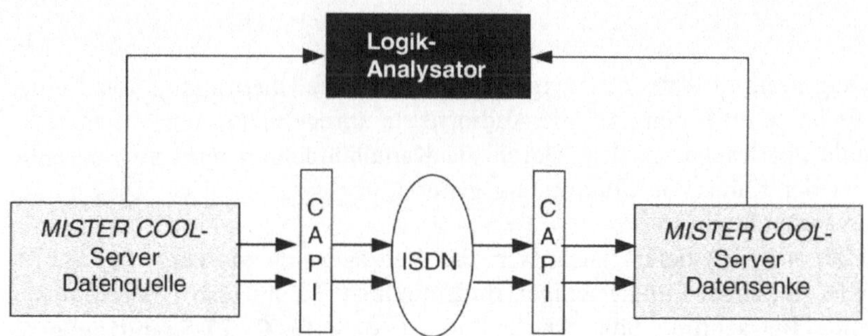

Abb. 7.20. Meßaufbau Logik-Analysator

In die *CAPIDataPolling*-Funktion werden Befehle eingefügt, die bestimmte Ereignisse an festgelegten Pins des Parallel-Ports signalisieren. Die erfaßten Ereignisse und der zugeordnete Signalpegel am entsprechenden Pin des Parallel-Ports sind in folgender Tabelle 7.2 dargestellt.

Tabelle 7.2. Ereignisse und zugeordneter Pin-Level

Datenpaket ist Video	Pin-Level = High;
Datenpaket ist Audio	Pin-Level = Low
Zu übertragendes Datenpaket wird dem CAPI übergeben	Pin-Level wechselt
Empfangenes Datenpaket wird dem Server übergeben	Pin-Level wechselt

Diese Ereignisse lassen sich für jeden B-Kanal getrennt signalisieren, da die Kanäle sich über einen von der CAPI vergebenen *Channel-Identifier* unterscheiden lassen.

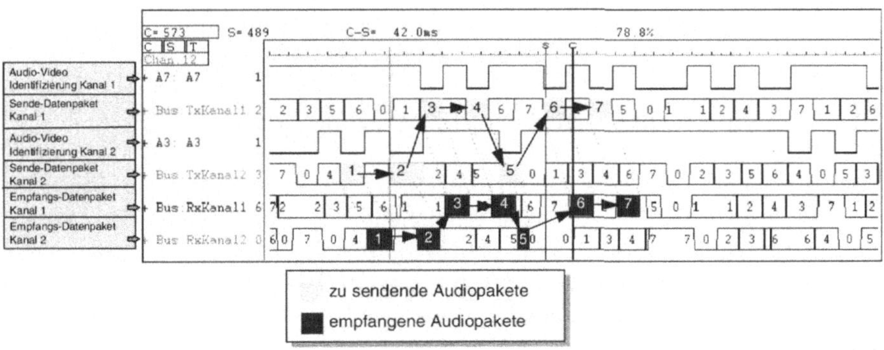

Abb. 7.21. Messung Logik-Analysator

Das Meßdiagramm in Abb. 7.21 zeigt exemplarisch die Übertragung von Audiopaketen. Es ist zu erkennen, daß die Audiopakete unregelmäßig über verschiedene B-Kanäle übertragen werden. Durch die Kanalbündelung wird also automatisch immer der Kanal zur Übertragung genutzt, der gerade frei ist. Dies garantiert hohen Datendurchsatz.

Die Meßanordnung liefert zusätzlich die Verzögerung zwischen der CAPI-Schnittstelle im Sender und derjenigen im Empfänger (siehe gestrichelte Linien). Die folgende Betrachtung läßt den Schluß zu, daß die CAPI-Schnittstelle zu zusätzlichen Verzögerungen führt. Die Audiopakete werden isochron komprimiert und enthalten 256 Byte. Die Übertragungszeit von CAPI zu CAPI müßte also 32 ms betragen. Die Messungen zeigen aber eine Übertragungszeit von ca. 40 ms. Da das ISDN immer die maximale Übertragungsrate zur Verfügung stellt, muß die Differenz von 8 ms beim Durchlaufen der beiden CAPI-Schnittstellen entstehen.

Bei der Verwendung von zwei B-Kanälen steht eine Übertragungsrate von 128 Kbps zur Verfügung. Um diese Übertragungsbandbreite voll ausnutzen zu können, muß ein lückenloser Datenstrom gewährleistet werden. Die tatsächlich genutzte Datenrate läßt sich folgendermaßen ermitteln: Über einen Beobachtungszeitraum von 5 s werden die Taktimpulse des Systemzeitgebers und die Menge der an die CAPI übergebenen, zu übertragenden Daten gezählt. Es ist bekannt, daß der Systemzeitgeber ca. 18,2 mal pro Sekunde einen Impuls generiert. Nach 91 Impulsen sind folglich 5 s vergangen. Die durchschnittliche Datenrate in *Bits pro Sekunde* bestimmt sich aus der Anzahl der Daten in Bytes multipliziert mit 8 und dividiert durch 5 Sekunden.

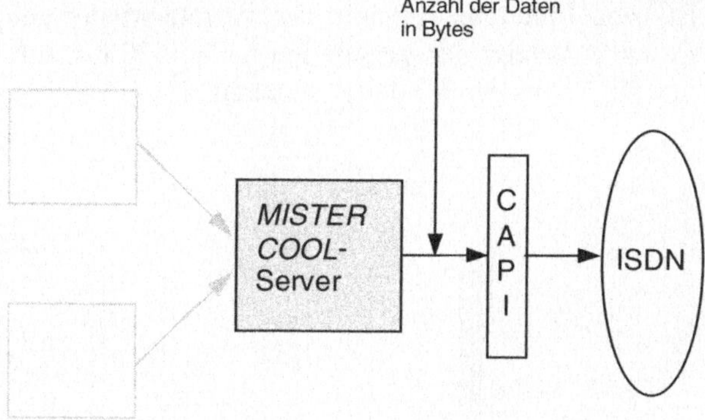

Abb. 7.22. Messung der effektiven Übertragungsrate

Das implementierte Synchronisationsverfahren erreicht hier Werte zwischen 100 Kbps und 115 Kbps, was einem Durchsatz von 78% bis 90% entspricht [Winte96].

7.1.3.3 Versatz zwischen Audio- und Videosignalen

Bei der multimedialen Telekommunikation mit dem *MISTER COOL*-System ist bei der Präsentation im Empfänger subjektiv ein Versatz zwischen Audio- und Videosignalen wahrnehmbar. Die Größe dieses Versatzes läßt sich anhand eines Fallbeispiels in etwa abschätzen.

Bei den versendeten Videobildern handelt es sich um die jeweils aktuellsten Frames, die aus dem Analogsignal der Videokamera gegrabbt und digitalisiert wurden. An der Datensenke kann ein Videobild erst dekomprimiert und dargestellt werden, wenn alle Pakete dieses aktuellen Videobildes angekommen sind. Die Dekompression erfolgt erst innerhalb des Interrupt-Handlers, der mit der nachfolgenden Interrupt-Anforderung des Audiocodecs zur Ausführung kommt. Die Audiopakete enthalten 512 Abtastwerte zu jeweils 4 Bit, die in 256 Bytes zusammengefaßt sind. Jedes Audiopaket repräsentiert demzufolge eine Zeitspanne von 64 ms.

In der nachfolgenden Darstellung sind die Zeiten der Entstehung der Daten und ihrer Präsentation unter Berücksichtigung der vorangegangenen Messungen gegenübergestellt. Es wird davon ausgegangen, daß die Videobilder eine durchschnittliche Größe von 1,25 kByte haben[23].

Es ist zu erkennen, daß beim Abspielen des Audiopaketes A1 anfangs kein Versatz zwischen Audio und Video vorliegt, da Bild 1 bei t_0 aufgenommen wurde und A1 mit t_0 beginnt. Bis zur Anzeige von Bild 2 entsteht ein Versatz von ca.

---

[23] Tatsächlich schwankt die Bildgröße zwischen 1 und 1,5 kByte.

+80 ms (Audio vor Video). Bis zum Ende von A2 sinkt der Versatz wieder auf
0 ms. Beim Abspielen von A3 und A4 steigt der Versatz auf bis zu 120 ms, um
bei der Darstellung des nächsten Bildes wieder auf 0 ms zu sinken.

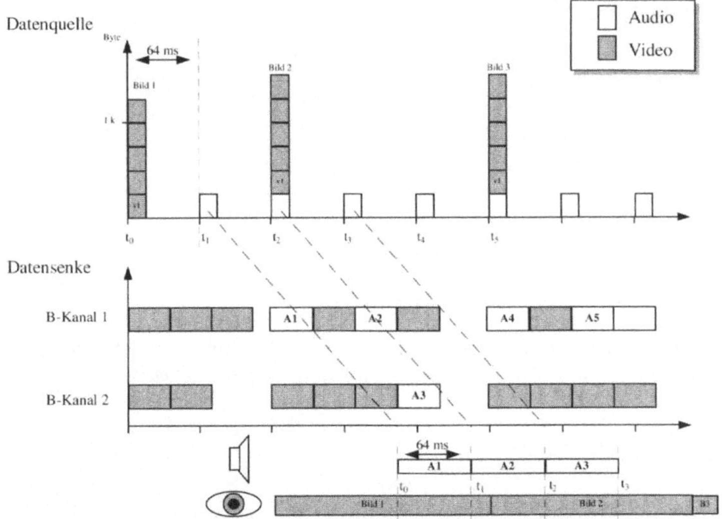

Abb. 7.23. Versatz zwischen Audio und Video

Eine absolute Aussage über den Versatz zwischen Audio und Video läßt sich also
nicht treffen. Während die Audioübertragung praktisch ohne Jitter abläuft,
schwankt die Bildrate ständig und beträgt etwa 8 Bilder/s. Audio- und Video-
LDUs lassen sich nicht exakt synchronisieren. Die in Kapitel 4 beschriebenen
Zeitgrenzen von +/- 80 ms Versatz zwischen Audio und Video, können kurzzei-
tig überschritten werden. Der Versatz erreicht jedoch nicht die Größenordnung,
bei der dem Beobachter der inhaltliche Zusammenhang des Dargebotenen verlo-
ren geht [Winte96].

7.2 Funktionalität

Das *MISTER COOL*-System bietet dem Benutzer eine Reihe von Multimedia-
Kommunikationsmitteln zur Unterstützung von Telekooperationssitzungen, wobei die zugrunde liegende offene Architektur die einfache Integration weiterer
Dienste erlaubt. Zur Zeit sind die folgenden Kommunikationsmöglichkeiten implementiert:

- Audiokommunikation
- Videokommunikation
- Distributed Sketch-Pad
- Application Sharing
- File-Transfer

Die Anzeige des empfangenen Videobildes und die Kontrolle des gesendeten Bildinhaltes erfolgt über zwei Videofenster, die unabhängig voneinander über den Bildschirm bewegt und plaziert werden können. Für das gemeinsame Editieren von elektronischen Dokumenten stehen zwei Werkzeuge zur Verfügung, nämlich ein *Distributed Sketch-Pad* und eine *Application-Sharing*-Funktion. Beide Werkzeuge werden über eigene Fensterprozeduren verwaltet.

Das *Distributed Sketch-Pad* ermöglicht zwei Teilnehmern einer kooperativen Sitzung die gemeinsame Fertigung von Handskizzen. Darüber hinaus können rudimentäre Zeichenfunktionen auf Pixelgraphiken (Bitmaps) angewendet werden. Dabei steht sowohl dem lokalen als auch dem entfernten Benutzer jeweils ein Mauszeiger zum Zeigen, Zeichnen und Radieren zur Verfügung. Zur Unterscheidung vom weißen Mauszeiger des lokalen Teilnehmers, ist derjenige des entfernten Editors schwarz. Die bearbeiteten Bitmaps können gespeichert und übertragen werden.

Die *Application-Sharing*-Funktion ermöglicht die gemeinschaftliche Nutzung beliebiger kommerzieller Anwendungsprogramme durch einen lokalen und einen entfernten Teilnehmer an einer telekooperativen Sitzung. Dazu werden die graphischen Ausgaben eines lokal installierten Anwendungsprogramms abgefangen und zur Gegenstelle übertragen, wo die entsprechenden Ausgabeaktionen simuliert werden. Umgekehrt werden die Eingaben des entfernten Teilnehmers in die auf diese Weise gespiegelte Benutzungsoberfläche zu der lokalen Anwendung übertragen. Obwohl das Anwendungsprogramm nur auf einem der über ISDN verbundenen PC-Systeme tatsächlich läuft, kann es gleichzeitig von zwei entfernten Benutzern gemeinschaftlich bedient werden. Im Unterschied zum *Distributed Sketch-Pad* steht den beiden Teilnehmern bei diesem Verfahren jedoch nur ein Mauszeiger zur Verfügung. Der Zugriff auf das Eingabemedium erfolgt somit nicht kooperativ, sondern konkurrierend, was von beiden Benutzern etwas Disziplin bei der Regelung des Zugriffs verlangt.

Für den Austausch von Dateien zwischen zwei *MISTER COOL*-Systemen ist eine *File-Transfer*-Funktion implementiert. Diese erlaubt sowohl aktives und passives Senden als auch aktives und passives Empfangen von Dateien. Der aktive Part übernimmt dabei die Auswahl der Dateien auf dem lokalen bzw. entfernten PC-System und startet die Übertragung.

Die einzelnen *MISTER COOL*-Dienste können für sich allein oder in Kombination mit anderen genutzt werden. Auf diese Weise lassen sich entsprechend den Anforderungen der jeweiligen Situation unterschiedliche Kommunikationssitzungen durchführen, wobei unterschieden werden kann zwischen

- *Audiokonferenzen*, bei denen nur der Austausch von Sprachsignalen unterstützt wird. Dabei sind Verbindungen von einem *MISTER COOL*-System zu einem anderen, zu einem Telefon oder zu einem H.320-Videokonferenzsystem möglich.
- *Videokonferenzen*, die die Sprachkommunikation durch die Übertragung von Videobildern ergänzt. Unterstützt werden Verbindungen zwischen zwei *MISTER COOL*-Systemen und zu einem H.320-Videokonferenzsystem.
- *Audiographischen Sitzungen* bei denen parallel zur Sprachkommunikation auch elektronische Dokumente gemeinsam bearbeitet werden können. Parallel zur Audiokommunikation können die Dienste File-Transfer, Sketch-Pad und Application Sharing zwischen zwei *MISTER COOL*-Systemen genutzt werden.
- *Multimedia-Kommunikationssitzungen* als mächtigste Kommunikationsform, bei der die Dienste Application Sharing oder Sketch-Pad durch Audio- und Videokommunikation unterstützt werden. Multimedia-Sitzungen sind nur zwischen zwei *MISTER COOL*-Systemen möglich.

Für den Austausch von Informationen zwischen den verbundenen *MISTER COOL*-Systemen können die Teilnehmer verschiedene Übertragungsnetze auswählen. Zur Zeit ist der Datenaustausch sowohl über das ISDN als auch über LANs möglich, die über den TCP/IP-Protokollstack zugänglich sind.

Zum Funktionsumfang des MISTER COOL-Systems gehört ein komfortabler *Video-Anrufbeantworter*, der die Aufzeichnung von einkommenden Multimedia-Nachrichten auf der Festplatte des PCs erlaubt. Neben Grundfunktionen wie Aufnehmen, Abspielen, sowie schneller Vor- und Rücklauf, ist auch der wahlfreie Zugriff auf Nachrichten möglich [Berg95].

Der Zugang zu Diensten und Netzen erfolgt über eine graphische Benutzungsoberfläche. Eine Steuerleiste (engl.: Control-Bar) stellt mittels einfacher Schaltelemente alle Systemfunktionen wie Verbindungsauf- und Abbau, Starten und Beenden von Multimedia-Kommunikationsdiensten und die Einstellung von Systemoptionen bereit. Darüber hinaus wird dem Benutzer der Status des Kommunikationsverbindung angezeigt. Die einzelnen Schaltelemente sind durch leichtverständliche graphische Symbole gekennzeichnet, so daß die Bedienung des Systems intuitiv erfaßbar und damit einfach erlernbar ist. Auf eine Bedienung über Drop-Down-Menüs wurde an dieser Stelle bewußt verzichtet, da das *MISTER COOL*-System in europäischen Projekten eingesetzt wurde, in denen es sowohl auf nationaler als auch auf internationaler Ebene erprobt wurde. Die Bereitstellung der jeweiligen Menüeinträge in den verschiedenen Landessprachen hätte hier zusätzliche Aufwände erfordert. Abb. 7.24 zeigt die Benutzungsoberfläche des *MISTER COOL*-Systems, wie sie sich in einer telekooperativen Multimedia-Kommunikationssitzung darstellt. Bei aktiver Kommunikationsverbindung werden hier die Dienste *Audiokommunikation*, *Videokommunikation* und *Distributed Sketch-Pad* gleichzeitig genutzt.

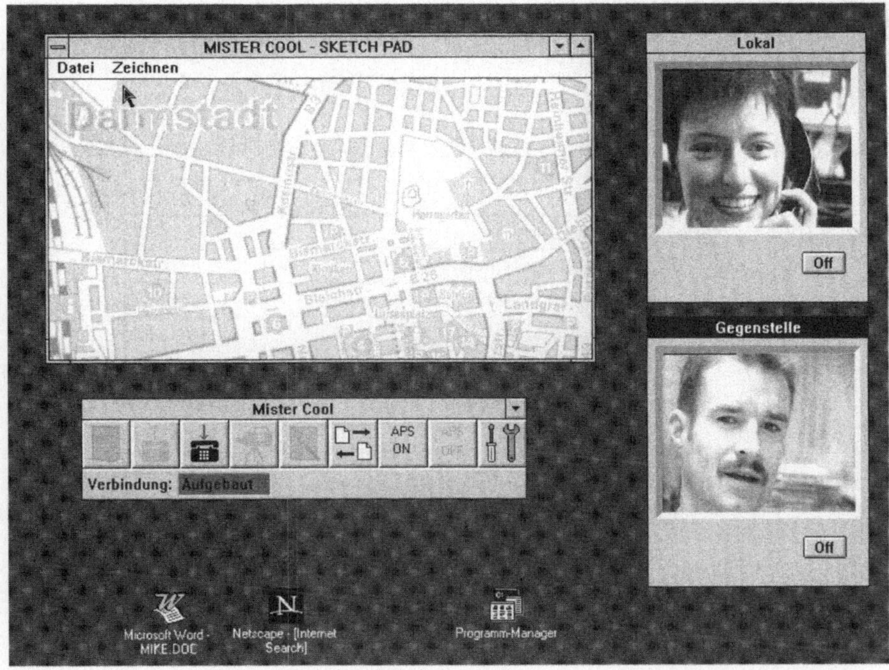

Abb. 7.24. Bildschirm einer telekooperativen Sitzung mit MISTER COOL

7.3 Systemkosten

Bei der Ermittlung der Kosten für die Herstellung eines *MISTER COOL*-Codec-Boards wird von einer produzierten Anzahl von 100 Stück ausgegangen. Bei der Fertigung höherer Stückzahlen, wie sie im Konsumgütererbereich zu erwarten sind, ergeben sich teilweise deutlich günstigere Preise für elektronische Bauteile und Platinen. Für die Kosten der Bestückung einer Platine mit elektronischen Bauteilen werden weniger als 30 DM angenommen, so daß sich ein Herstellungspreis von etwa 900 DM pro Board ergibt.

Bei den angenommenen Preisen für eine geeignete Kamera mit integriertem Mikrofon, sowie Lautsprecher und ISDN-Karte handelt es sich um Endverbraucherpreise im Einzelhandel, d. h., Preisminderungen für die Abnahme einer Stückzahl von mehr als 100 sind bei der Kalkulation nicht berücksichtigt.

Gemäß Tabelle 7.3 belaufen sich die Gesamtkosten für die Bereitstellung eines *MISTER COOL*-Subsystems, bei einer Produktion von 100 Stück, somit auf 1750 DM. Legt man diese großzügig kalkulierte Zahl zugrunde, und berücksichtigt die bei Massenfertigung um ein Vielfaches günstigeren Herstellungskosten, so läßt sich ein realistischer Schätzwert für den Endverkaufspreis eines kompletten Systems von unter 2000 DM angeben.

Tabelle 7.3. Kosten für die Bereitstellung eines MISTER COOL Subsystems

Modul		Kosten
MISTER COOL-Karte[24]	Halbleiter	797,21 DM
	Passive Bauelemente	4,94 DM
	Sonstige elektronische Bauteile	78,95 DM
	Bestückung	30,00 DM
Peripherie	Kamera m. integriertem Mikrofon	300,00 DM
	Lautsprecherpaar	40,00 DM
	ISDN-Karte	500,00 DM
Gesamtkosten		1751,10 DM

---

[24] Vgl. Anhang. Materialkosten *MISTER COOL*-Board.

8 Vergleich mit existierenden Systemen

Eine Untersuchung des gegenwärtigen Marktes für Multimedia-Kommunikationsendgeräte offenbart, daß auch verschiedene industrielle Hersteller den eingangs identifizierten Bedarf erkannt, und das entsprechende Marktsegment durch die Entwicklung entsprechender Systemlösungen adressiert haben. Seit 1992 wurden verstärkt Prototypen für PC-integrierte Multimedia-Kommunikationssysteme basierend auf schmalbandigen Netzen, insbesondere ISDN, entwickelt. Erste kommerzielle Systeme sind seit etwa Mitte 1993 verfügbar [Jäg95, Wenger95].

1994 gab Intel etwa 100 Mio. Dollar für Forschung, Entwicklung und Vermarktung seiner Produkte aus dem Bereich Pesonal Conferencing aus. Vergleicht man diesen Betrag mit dem Umsatz von 110 Mio. Dollar, den die drei marktführenden Anbieter für Videokonferenz-Ausstattungen zusammen im Jahr 1993 erzielten, so sind die ungeheuren Anstrengungen ermeßbar, mit denen der Zukunftsmarkt Multimedia-Kommunikation erobert werden soll [Gold94].

In diesem Abschnitt werden heute existierende kommerzielle Systeme hinsichtlich der identifizierten funktionalen und technischen Anforderungen analysiert und dem auf Basis der Lösungsarchitektur realisierten System *MISTER COOL* gegenübergestellt. Als Grundlage für die Evaluierung dienen hierbei Kriterien, welche unter Berücksichtigung des vorgestellten State-of-the-Art aus den *Funktionalen Anforderungen* abgeleitet werden.

Bei den Computerintegrierten Desktop Systemen für Videoconferencing dominieren zur Zeit zwei Varianten. Im PC-Bereich herrschen Lösungen vor, bei denen das System mittels Erweiterungskarten um ein Videocodec und einen ISDN-Anschluß erweitert wird. Im Bereich von UNIX-Workstations sind die sogenannten MBONE-Tools anzutreffen. Diese bieten Softwarekomponenten für die Unterstützung von Videokommunikation und die verteilte Präsentation von Dokumenten über einen schnellen Teil des Internet [MaBru94].

Die nun folgende Untersuchung existierender Systeme beschränkt sich gemäß dem Ziel dieser Arbeit auf vollständig computerintegrierte Desktop-Systeme, die für den Einsatz im ISDN geeignet und unter MS-Windows-Betriebssystemen lauffähig sind.

8.1 Kriterien

In Kapitel 4 wurden *Technische Anforderungen* an die Systemarchitektur abgeleitet, die sich aus der Zusammenführung der identifizierten *Funktionalen Anforderungen* und der relevanten technischen und physiologischen *Randbedingungen* ergaben. Diese *Technischen Anforderungen* werden von der entwickelten Lösungsarchitektur hervorragend erfüllt. In Kenntnis der existierenden technischen Verfahren und Möglichkeiten des in Kapitel 5 vorgestellten State-of-the-Art, lassen sich nun Kriterien formulieren, welche zur Gegenüberstellung des auf der Lösungsarchitektur basierenden *MISTER COOL*-Systems mit existierenden kommerziellen Systemen geeignet sind. Auf diese Weise läßt sich ein Satz Kriterien formulieren, der sich aus den in Kapitel 2 identifizierten *Funktionalen Anforderungen* ableitet und die Qualifizierung der einzelnen Systeme auf die jeweils zugrunde liegende Architektur zurückführbar macht. Die ermittelten Kriterien werden nachfolgend vorgestellt und denjenigen *Funktionalen Anforderungen* zugeordnet, aus denen sie abgeleitet wurden.

Die Forderung nach einer funktionalen Komponente zur *Videokommunikation*, welche sowohl die Übertragung von Mimik und Gestik zwischen den Kommunikationspartnern, als auch die Aufnahme und Übertragung von detailtreuen Standbildern erlaubt, verlangt große Flexibilität hinsichtlich der vom System zu verarbeitenden Bildformate. So müssen bei Aufnahme, Anzeige und Codierung der Bildsignale sowohl verschiedene Orts- und Zeitauflösungen, als auch variable Farbtiefen unterstützt werden. Das Multimedia-Kommunikationssystem sollte daher bei der Bewegtbildübertragung mindestens das in der ITU-T Empfehlung H.261 definierte Bildformat H.261 verarbeiten können. Zur Codierung und Übertragung von hochaufgelösten Standbildern in der vollen Standard-Videoqualität (FBAS) ist das gemeinsam von ISO und ITU-T standardisierte JPEG-Verfahren am besten geeignet.

Die Funktionalen Anforderungen nach einerseits Komponenten zur *Audiokommunikation* in mindestens Telefonqualität und andererseits Gewährleistung der *Interoperabilität* zum einfachen Telefondienst fordert in Verbindung mit der angestrebten Mehrfachausnutzung der vergleichsweise geringen Bandbreite des ISDN die Einhaltung der einschlägigen Standards zur Audiocodierung bzw. -kompression. Diese sind sämtlich in der G.7xx-Reihe der ITU-T spezifiziert.

Um telekooperative Sitzungen zu ermöglichen, die Teilnehmern den *verteilten Zugriff auf elektronische Dokumente* ermöglichen, sind Werkzeuge wie ein Shared Whiteboard und Application Sharing zur Verfügung zu stellen. Eine File-Transfer-Funktion unterstützt den Austausch elektronischer Dokumente, welche im Anschluß an die Kommunikationssitzung lokal bearbeitet werden sollen.

Die Funktionale Anforderung, das System flexibel in *heterogenen Netzwerkumgebungen* einsetzen zu können, macht in Verbindung mit der Forderung nach einer skalierbaren Übertragungsbandbreite die Nutzbarkeit verschiedener

Übertragungsmöglichkeiten, wie ISDN-S_0, $3{\times}S_0$ oder LAN, zu einem wichtigen Kriterium.

Interoperabilität erfordert die Einhaltung von Standards bei der Aufnahme, Anzeige und Codierung der verschiedenen Medien. Insbesondere die Gewährleistung der Interoperabilität zwischen verschiedenartigen Videokonfernz-Endgeräten setzt die Konformität mit der ITU-T Empfehlung H.320 voraus.

Voraussetzung für die *funktionale Erweiterbarkeit* eines Systems ist eine modulare Struktur sowohl der Hardware als auch der zugehörigen Software. Die Gestaltung eines offenen Systems wird somit durch die Berücksichtigung standardisierter Schnittstellen zwischen den einzelnen Systemkomponenten ermöglicht. So bietet das Common ISDN API standardisierten Zugriff auf die Funktionalität von ISDN-Karten verschiedenster Hersteller und erlaubt auf diese Weise sowohl die Implementierung des Austauschs multimedialer Daten als auch die Integration von klassischen Telematikdiensten wie z. B. Fax.

Im Sinne größtmöglicher *Anwendungsflexibiltiät* und Funktionalität muß die Durchführbarkeit unterschiedlicher Kommunikationssitzungen gewährleistet sein. Dazu gehören:

- *Audiokommunikation*, bei der nur der Austausch von Sprachsignalen unterstützt wird (z. B. der einfache Telefondienst)
- *Videokommunikation*, zur Ergänzung der Sprachkommunikation durch die Übertragung von Videobildern (z. B. H.320-Sitzung)
- *Audiographische Sitzungen*, bei denen parallel zur Sprachkommunikation auch elektronische Dokumente gemeinsam bearbeitet werden können (nur Audiokommunikation und Document Sharing)
- *Multimedia-Kommunikationssitzungen* als mächtigste Kommunikationsform, bei der Document Sharing mittels Videokommunikation unterstützt wird (Audio, Video und Dokumente)
- *Videoanrufbeantworter-Funktionalität*, welche die Aufzeichnung einer Videokommunikationssitzung erlaubt.
- *Fax-Funktionalität*, womit zusätzlich ein Mittel zur klassischen Bürokommunikation bereitgestellt wird

Der zu Beginn dieser Arbeit festgestellte Bedarf nach *Low-Cost-Systemen* verleiht dem Kriterium Beschaffungskosten besonderes Gewicht bei der Gegenüberstellung verschiedener Systemrealisierungen.

Tabelle 8.1 zeigt im Überblick die Zuordnung der abgeleiteten Kriterien zu den Funktionalen Anforderungen, auf die sie sich zurückführen lassen.

Tabelle 8.1. Ableitung von Evaluierungskriterien aus Funktionalen Anforderungen

Funktionale Anforderungen / Kriterien	Videokommunikation	Audiokommunikation	Dokumenten-kommunikation	Heterogene Netzwerkumgebung	Interoperabilität	Erweiterbarkeit	Windows-PC Integration	Low-cost
Bildformate								
QCIF	●				●			
CIF	●				●			
ITU-R 601	●				●			
Audiostandards								
G.711		●			●			
G.722		●			●			
G.728		●			●			
Videostandards								
H.261	●				●			
JPEG	●		●		●			
Funktionalität								
Shared Whiteboard			●					
Application Sharing			●				●	
File-Transfer			●					
Telefon		●			●			
Audiographische Sitzung		●	●					
H.320-Sitzung	●	●			●			
Multimedia-sitzung	●	●	●					
Video-anrufbeantworter	●	●						
CAPI-Unterstützung				●	●	●		
Fax		●			●			
LAN-Kommunikation				●				
Kosten								
Subsystemkosten								●

8.2 Evaluierung existierender Systeme

Der vorliegende Abschnitt enthält die Vorstellung von Systemrealisierungen existierender Multimedia-Kommunikationsendgeräte. Dabei wird zunächst eine Analyse der jeweils zugrunde liegenden Systemarchitektur vorgenommen, wobei insbesondere der Darstellung des Signalflusses über die verschiedenen System-schnittstellen Beachtung zukommt.
Anschließend erfolgt die Evaluierung anhand der im vorstehenden Abschnitt ermittelten Kriterien. Bei der anschließenden Kommentierung wird auf relevante Besonderheiten der vorgestellten Systeme eingegangen. Die folgenden kommer-ziellen Systeme wurden untersucht:

- LIVE PCS100 (PictureTel Personal Systems)
- LIVE PCS50 (PictureTel Personal Systems)
- ARMADA Cruiser 100 (VCON)
- Personal Communication Computer (Olivetti GmbH)
- ProShare Video System 200 (Intel)
- Janus III (Bercos)
- TELES.VISION-MTM1 (Teles AG, Berlin)

Die Analyse der vorgestellten Produkte stützt sich auf Informationsmaterial und mündliche Aussagen der Hersteller, eigene Untersuchungen und zahlreiche, in Fachzeitschriften veröffentlichte Testberichte.

8.2.1 LIVE PCS100 (PictureTel Personal Systems)

Der Marktführer im Bereich der Rollabout-Systeme bietet zwei PC-integrierte Systeme an. Das PictureTel LIVE PCS100 besteht aus hardwareunterstützten Co-decs und Software zur Durchführung von Dokumentenkonferenzen. Die Codecs arbeiten kompatibel zum H.320-Standard. Darüber hinaus kommen proprietäre Protokolle für Audio und Video zum Einsatz, mit denen gegenüber den standar-disierten Verfahren eine Qualitätssteigerung erzielt wird. Diese proprietären Ver-fahren können jedoch nur für die Kommunikation zwischen PictureTel-Systemen verwendet werden.

8.2.1.1 Architektur

Die Hardware des Systems besteht aus zwei Karten. Auf der ersten Karte befin-den sich die Bausteine für die Videokompression und -dekompression und ein eigener Graphikadapter. Die zweite Karte enthält die Komponenten zur Audio-verarbeitung und für den Anschluß an die ISDN S0-Schnittstelle. Zum Lieferumfang gehört eine digitale Multifunktionskamera mit schwenkbarem Multifunktionsstativ, welches den Einsatz der Kamera als Dokumentenkamera erlaubt.

Die einzelnen, zur Realisierung der funktionalen Komponenten eingesetzten Verfahren sind in Tabelle 8.2 zusammengefaßt.

Tabelle 8.2. Die Verfahren für die funktionalen Komponenten des PictureTel LIVE PCS100

	Audio	Video
Eingabe	Mikrofon	Multifunktionskamera (PAL oder NTSC)
Ausgabe	Lautsprecher/Kopfhörer	Monitor (VGA o. SVGA), skalierbare Anzeigefenster
Quellencodierung/ -decodierung	G.711, G.728, G.722, PT724	H261, CIF und QCIF
Multiplexer/ Demultiplexer	H.221	
Kanalcodierung/ -decodierung	ISDN-Protokolle	

Abb. 8.1 verdeutlicht das Zusammenwirken der funktionalen Komponenten im PC, indem unter Verwendung des eingeführten Ringmodells der Fluß der Audio-, Video- und Datensignale über die einzelnen technischen Module und deren Schnittstellen dargestellt wird.

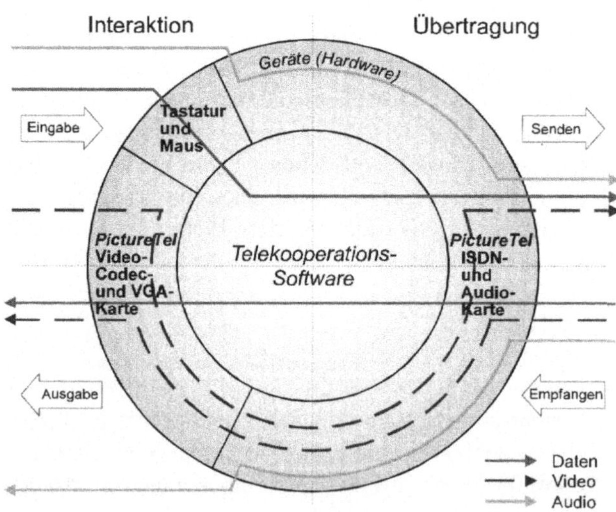

Abb. 8.1. Systemarchitektur des PictureTel LIVE PCS100

Die Verarbeitung und Codierung der Audiosignale erfolgt auf der ISDN-Karte. Der Zugriff auf Dokumente und Anwendungsprogramme erfolgt über Tastatur oder Maus. Zur Verteilung des Zugriffs und für die Übertragung von Dateien werden die entsprechenden Daten durch die Systemsoftware an die ISDN-Karte übergeben. Die Eingabe der Videosignale erfolgt über die mit der Videocodec-Karte verbundene Kamera. Die Videosignale werden mittels eines VESA Advanced Feature Connectors zwischen der Videocodec-Karte und der ISDN-Karte ausgetauscht. Auf diese Weise wird die Verarbeitung der Audio- und Videosignale vollständig von der Hardware des LIVE PCS100-Systems geleistet. Die Ressourcen des PCs werden kaum in Anspruch genommen, so daß nur äußerst geringe Anforderungen an die Leistungsfähigkeit des Hostsystems gestellt werden.

8.2.1.2 Evaluierung

Die Evaluierung des Systems auf Basis der entwickelten Kriterien wird mittels der nachfolgend dargestellten Tabelle 8.3 durchgeführt.

Tabelle 8.3. Evaluierung des PictureTel LIVE PCS100

Kriterien	Checkmarks
Bildformate	
QCIF	●
CIF	●
ITU-R 601	
Audiostandards	
G.711	●
G.722	●
G.728	●
Videostandards	
H.261	●
JPEG	
Funktionalität	
Shared Whiteboard	●
Application Sharing	●
File-Transfer	●
Telefon	
Audiographische Sitzung	
H.320-Sitzung	●
Multimediasitzung	
Videoanrufbeantworter	
CAPI-Unterstützung	
Fax	
LAN-Kommunikation	optional
Kosten	
Subsystemkosten	**9000,- DM**

Das System kann optional um Möglichkeiten für den Anschluß an drei ISDN-S_0-Schnittstellen erweitert werden, so daß eine Übertragungsbandbreite von 384 Kbps verfügbar wird. Zusätzlich können optional eine Reihe anderer Netzschnittstellen angeschlossen werden. Der ISDN-Teil des PictureTel-Systems kann nicht von anderen Anwendungsprogrammen genutzt werden.

8.2.2 LIVE PCS50 (PictureTel Personal Systems)

Die zweite, gegenüber dem LIVE PCS100 etwas abgespeckte Variante der PictureTel-Systeme ist das LIVE PCS50. Wie das oben beschriebene LIVE PCS100 arbeitet es sowohl H.320-kompatibel als auch mit proprietären Protokollen. Unterschiede liegen in der weniger aufwendigen Ausführung der Hardwaremodule, was sich in dem geringeren Preis niederschlägt. So findet die Systemhardware auf einer einzigen Einsteckkarte Platz, es sind weniger Anschlüsse für periphere Komponenten vorgesehen und die mitgelieferte Kamera ist weniger komfortabel ausgestattet. Trotz reduzierter Ausstattung bietet das LIVE PCS50 im wesentlichen die gleiche Funktionalität wie das LIVE PCS100.

8.2.2.1 Architektur

Das System besteht aus einer kombinierten Audio-/Videocodec-Karte mit integrierter ISDN-S0-Schnittstelle für den ISA- oder EISA-Bus. Da die Verbindung zur VGA-Graphikkarte einen VESA Advanced Feature Connector voraussetzt, wird eine passende Graphikkarte von PictureTel optional mitgeliefert. Im Lieferumfang sind standardmäßig ein Headset und eine Kamera enthalten.

Bei den zur Realisierung der funktionalen Komponenten eingesetzten Verfahren gibt es keine Unterschiede zum LIVE PCS100. Tabelle 8.4 bietet einen Überblick.

Tabelle 8.4. Die Verfahren für die funktionalen Komponenten des PictureTel LIVE PCS 50

	Audio	Video
Eingabe	Mikrofon	Kamera (NTSC oder PAL)
Ausgabe	Lautsprecher/Kopfhörer	Monitor (VGA o. SVGA), skalierbare Anzeigefenster
Quellencodierung/ -decodierung	G.711, G.728, G.722, PT724	H261, CIF und QCIF
Multiplexer/ Demultiplexer	H.221	
Kanalcodierung/ -decodierung	ISDN-Protokolle	

Abb. 8.2 verdeutlicht das Zusammenwirken der funktionalen Komponenten im PC, indem unter Verwendung des eingeführten Ringmodells der Fluß der Audio-, Video- und Datensignale über die einzelnen technischen Module und deren Schnittstellen dargestellt wird.

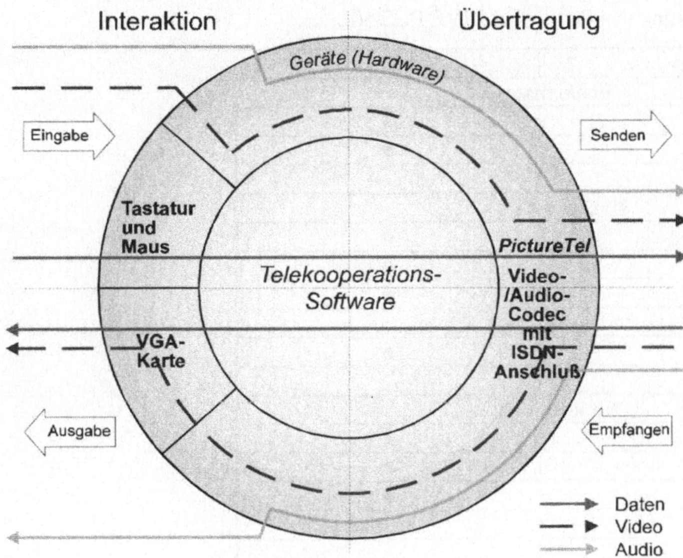

Abb. 8.2. Systemarchitektur des PictureTel LIVE PCS 50

Die Verarbeitung und Codierung der Audiosignale erfolgt unabhängig vom Hostsystem auf der LIVE PCS50-Einsteckkarte. Der Zugriff auf Dokumente und Anwendungsprogramme erfolgt über Tastatur oder Maus. Zur Verteilung des Zugriffs und für die Übertragung von Dateien werden die entsprechenden Daten durch die Systemsoftware an den ISDN-Teil der Karte übergeben. Die Eingabe der Videosignale erfolgt über die unmittelbar mit der Karte verbundene Kamera. Zur Präsentation wird das vom Telekooperationspartner empfangene Videobild zunächst auf der LIVE PCS50-Karte decodiert und mittels VESA Advanced Feature Connector an die Graphikkarte übertragen.

8.2.2.2 Evaluierung

Die Evaluierung des Systems auf Basis der entwickelten Kriterien wird mittels der nachfolgend dargestellten Tabelle 8.5 durchgeführt.

Das System kann wie das LIVE PCS100 optional um Möglichkeiten für den Anschluß an drei ISDN-S0-Schnittstellen erweitert werden, so daß eine Übertra-

gungsbandbreite von 384 Kbps verfügbar wird. Zusätzlich können optional eine
Reihe anderer Netzschnittstellen angeschlossen werden. Der ISDN-Teil des
PictureTel-Systems kann nicht von anderen Anwendungsprogrammen genutzt
werden.

Tabelle 8.5. Evaluierung des PictureTel LIVE PCS 50

Kriterien	Checkmarks
Bildformate	
QCIF	●
CIF	●
ITU-R 601	
Audiostandards	
G.711	●
G.722	●
G.728	●
Videostandards	
H.261	●
JPEG	
Funktionalität	
Shared Whiteboard	●
Application Sharing	●
File-Transfer	●
Telefon	
Audiographische Sitzung	
H.320-Sitzung	●
Multimediasitzung	
Videoanrufbeantworter	
CAPI-Unterstützung	
Fax	
LAN-Kommunikation	optional
Kosten	
Subsystemkosten	**6600,- DM**

8.2.3 ARMADA Cruiser 100 (VCON)

8.2.3.1 Architektur

Die Hardware des ARMADA Cruiser 100-Systems besteht aus einer einzigen
Einsteckkarte für den PCI-Bus. Diese enthält sowohl die Komponenten für die
Verarbeitung und Codierung von Video und Audio, als auch den Anschluß an die
ISDN-S0-Schnittstelle. Der Lieferumfang umfaßt außerdem eine digitale Kamera
und ein Telefon-Handset.

Die einzelnen, zur Realisierung der funktionalen Komponenten eingesetzten
Verfahren sind in Tabelle 8.6 zusammengefaßt.

Tabelle 8.6. Verfahren der funktionalen Komponenten des ARMADA Cruiser 100

	Audio	Video
Eingabe	Telefon Handset	Digitale Kamera
Ausgabe	Telefon Handset oder Lautsprecher	VGA >=256 Farben, skalierbare Videofenster
Quellencodierung/ -decodierung	G.711, G.722, G.728,	H.261 oder H.263 CIF (15f/s), QCIF (30 f/s)
Multiplexer/ Demultiplexer	H.221	
Kanalcodierung/ -decodierung	ISDN-Protokolle	

Abb. 8.3 verdeutlicht das Zusammenwirken der funktionalen Komponenten im PC, indem unter Verwendung des eingeführten Ringmodells der Fluß der Audio-, Video- und Datensignale über die einzelnen technischen Module und deren Schnittstellen dargestellt wird.

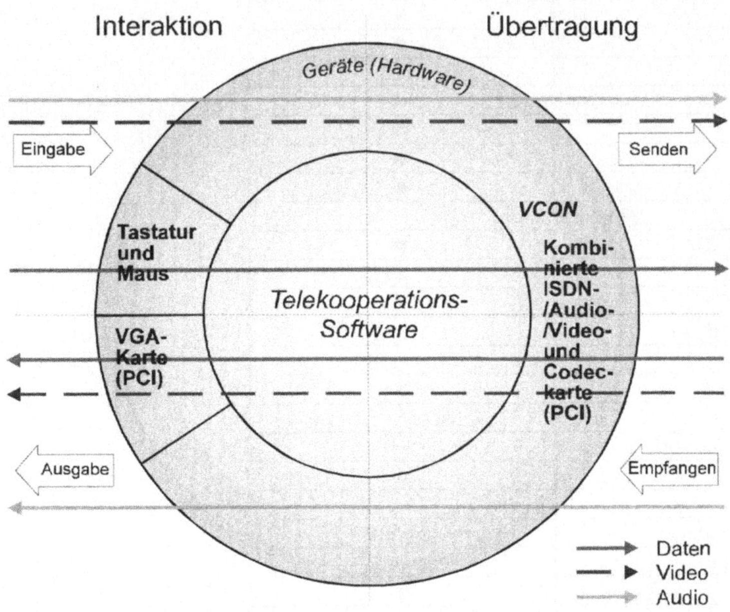

Abb. 8.3. Systemarchitektur des ARMADA Cruiser 100

Die Verarbeitung und Codierung der Audiosignale erfolgt unabhängig vom Hostsystem auf der ARMADA Cruiser 100-Einsteckkarte. Der Zugriff auf Dokumente und Anwendungsprogramme erfolgt über Tastatur oder Maus. Zur Verteilung des Zugriffs und für die Übertragung von Dateien werden die entsprechenden Daten durch die Systemsoftware an den ISDN-Teil der Codec-Karte übergeben. Die Eingabe der Videosignale erfolgt über die unmittelbar mit der Codec-Karte verbundene Kamera. Zur Präsentation wird das empfangene Videobild des Telekooperationspartners zunächst auf der ARMADA Cruiser-Karte decodiert und dann über entsprechende Treiber via PCI-Bus an die erforderliche PCI-Graphikkarte übertragen.

8.2.3.2 Evaluierung

Die Evaluierung des Systems auf Basis der entwickelten Kriterien wird mittels der nachfolgend dargestellten Tabelle 8.7 durchgeführt.

Tabelle 8.7. Evaluierung des ARMADA Cruiser 100

Kriterien	Checkmarks
Bildformate	
QCIF	●
CIF	●
ITU-R 601	●
Audiostandards	
G.711	●
G.722	●
G.728	●
Videostandards	
H.261	●
JPEG	●
Funktionalität	
Shared Whiteboard	
Application Sharing	optional
File-Transfer	●
Telefon	„Audio only" Sitzung
Audiographische Sitzung	
H.320-Sitzung	●
Multimediasitzung	
Videoanrufbeantworter	optional
CAPI-Unterstützung	optional
Fax	●
LAN-Kommunikation	optional
Kosten	
Subsystemkosten	**3000,- DM**

Die Realisierung als PCI-Einsteckkarte beschränkt den Einsatz des Systems auf Host-PCs mit PCI-Bus und PCI-Graphikkarte. Das System bietet Möglichkeiten für das MPEG-Playback und die Skalierung der Übertragungsrate bis 384 Kbps ($3{\times}S_0$).

8.2.4 Personal Communication Computer (Olivetti GmbH)

8.2.4.1 Architektur

Das System besteht aus einer einzelnen ISA-Bus-Karte, welche Audio- und Videocodec, ISDN-Schnittstelle und Komponenten für Video-Overlay umfaßt. Zum Lieferumfang gehört darüber hinaus eine Kamera mit Anschlußeinheit für verschiedene Signale und ein Telefonset für Freihandbetrieb.

Tabelle 8.8. Verfahren der funktionalen Komponenten

	Audio	Video
Eingabe	ISDN-Telefon	Kamera (PAL oder NTSC)
Ausgabe	Telefon/Lautsprecher	Monitor
Quellencodierung/ -decodierung	G.711, G.728, G.722	H261, QCIF (352x288Punkte), 15 f/s
Multiplexer/ Demultiplexer	H.221	
Kanalcodierung/ -decodierung	ISDN-Protokolle	

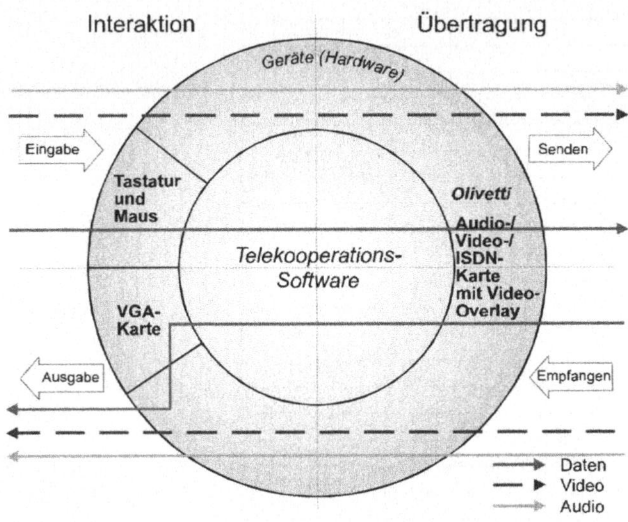

Abb. 8.4. Systemarchitektur des Olivetti Personal Communication Computer

Abb. 8.4 verdeutlicht das Zusammenwirken der funktionalen Komponenten im PC, indem unter Verwendung des eingeführten Ringmodells der Fluß der Audio-, Video- und Datensignale über die einzelnen technischen Module und deren Schnittstellen dargestellt wird. Die Verarbeitung und Codierung der Audio- und Videosignale erfolgt unabhängig vom Hostsystem auf der Olivetti-Einsteckkarte. Der Zugriff auf Dokumente und Anwendungsprogramme erfolgt über Tastatur oder Maus. Zur Verteilung des Zugriffs und für die Übertragung von Dateien werden die entsprechenden Daten durch die Systemsoftware an den ISDN-Teil der Codec-Karte übergeben. Die graphische Ausgabe wird durch die Overlay-Funktion der Codec-Karte realisiert, indem die Bildinformationen der verwendeten VGA-Karte mittels Feature Connector an die Codec-Karte übertragen, dort mit den anzuzeigenden Videobildern gemischt und direkt an den angeschlossenen Bildschirm ausgegeben werden.

8.2.4.2 Evaluierung

Die Evaluierung des Systems auf Basis der entwickelten Kriterien wird mittels der nachfolgend dargestellten Tabelle 8.9 durchgeführt.

Tabelle 8.9. Evaluierung des Olivetti Personal Communication Computer

Kriterien	Checkmarks
Bildformate	
QCIF	●
CIF	nur Standbilder
ITU-R 601	
Audiostandards	
G.711	●
G.722	●
G.728	●
Videostandards	
H.261	●
JPEG	
Funktionalität	
Shared Whiteboard	●
Application Sharing	nur OLE-Anwendungen
File-Transfer	●
Telefon	●
Audiographische Sitzung	●
H.320-Sitzung	●
Multimediasitzung	
Videoanrufbeantworter	
CAPI-Unterstützung	
Fax	
LAN-Kommunikation	
Kosten	
Subsystemkosten	**6500,- DM**

Das System integriert alle in Hardware realisierten Komponenten auf einer Einsteckkarte. Die Verwendung der Overlay-Technik zur Anzeige der Videobilder setzt das Vorhandensein einer VGA-Karte mit Feature Connector voraus. Die Application Sharing Funktion ist auf OLE-fähige Anwendungsprogramme beschränkt.

8.2.5 ProShare Video System 200 (Intel)

ProShare wurde 1993 als Application-Sharing-Modul mit Audiokomponente für den Einsatz über ISDN oder LAN auf den Markt gebracht, bot jedoch bald auch Videokommunikationsfähigkeit. Nachdem für die Videocodierung zunächst nur ein proprietäres Verfahren (INDEO) eingesetzt wurde, sind die aktuellen Systemvarianten auch für die Unterstützung der H.320-Protokolle ausgelegt.

8.2.5.1 Architektur

Die Hardware des ProShare Video System 200 ist auf zwei ISA-Bus-Karten untergebracht und besteht aus einer Videoencoder-Karte und einer ISDN-Karte mit Modulen zur Audiosignalverarbeitung und -codierung. Im Lieferumfang sind eine Desktop-Kamera, Kopfhörer und Mikrofon enthalten.

Tabelle 8.10. Verfahren der funktionalen Komponenten

	Audio	Video
Eingabe	Mikrofon	Kamera (PAL und NTSC)
Ausgabe	Kopfhörer	Monitor
Quellencodierung/ -decodierung	INDEO oder G.711	INDEO oder H.261 mit 320x240 Pixel bei 7-10 fps und 160x120 Pixel bei 10-15 fps
Multiplexer/ Demultiplexer	INDEO oder H.221, dann jedoch nur mit Audio gemäß G.711, so daß ein Kanal nur für Audiodaten benutzt wird	
Kanalcodierung/ -decodierung	ISDN-Protokolle	

Abb. 8.5 verdeutlicht das Zusammenwirken der funktionalen Komponenten im PC, indem unter Verwendung des eingeführten Ringmodells der Fluß der Audio-, Video- und Datensignale über die einzelnen technischen Module und deren Schnittstellen dargestellt wird.

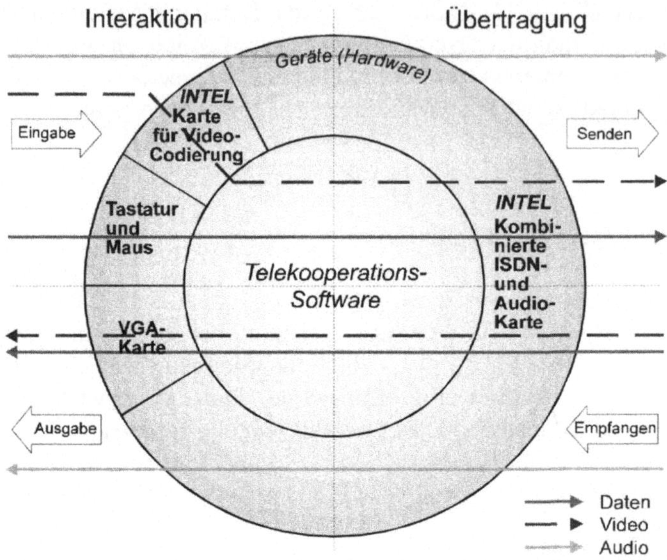

Abb. 8.5. Systemarchitektur des Intel ProShare Video System 200

Die Verarbeitung und Codierung der Audiosignale erfolgt auf der ISDN-Karte des ProShare-Systems. Der Zugriff auf Dokumente und Anwendungsprogramme erfolgt über Tastatur oder Maus. Zur Verteilung des Zugriffs und für die Übertragung von Dateien werden die entsprechenden Daten durch die Systemsoftware an die ISDN-Karte übergeben. Die Codierung der Videosignale wird von Hardware-komponenten auf der Videokarte übernommen. Die Decodierung und Anzeige der empfangenen Videosignale wird mittels der Systemsoftware durchgeführt. Auf diese Weise werden die PC-Ressourcen mit Signalverarbeitungsaufgaben belastet, was zu erhöhten Anforderungen an die Leistungsfähigkeit des Hostsystems führt.

8.2.5.2 Evaluierung

Die Evaluierung des Systems auf Basis der entwickelten Kriterien wird mittels der nachfolgend dargestellten Tabelle 8.11 durchgeführt.

Die Durchführung von Multimedia-Kommunikationssitzungen, bei denen eine Dokumentenkonferenz mit Whiteboard oder Application-Sharing durch Video-kommunikation unterstützt wird, ist nur mit der proprietären INDEO-Videoco-dierung möglich. H.320-Sitzungen beschränken sich auf den Austausch von Sprach- und Videosignalen.

Tabelle 8.11. Evaluierung des ProShare Video System 200

Kriterien	Checkmarks
Bildformate	
QCIF	●
CIF	●
ITU-R 601	
Audiostandards	
G.711	●
G.722	
G.728	
Videostandards	
H.261	●
JPEG	
Funktionalität	
Shared Whiteboard	●
Application Sharing	●
File-Transfer	●
Telefon	
Audiographische Sitzung	●
H.320-Sitzung	●
Multimediasitzung	●
Videoanrufbeantworter	
CAPI-Unterstützung	Version 2.0
Fax	
LAN-Kommunikation	optional
Kosten	
Subsystemkosten	**3800,- DM**

8.2.6 Janus III (Bercos)

8.2.6.1 Architektur

Das Herzstück des Bercos-Systems ist eine ISA-Bus-Karte, die ein kombiniertes
Audio- und Videocodec und eine passive ISDN-Schnittstelle enthält. Zur Anzeige
der Videobilder sind Komponenten für ein Video-Overlay integriert. Im Lieferumfang ist ein Headset mit Mikrofon und Kopfhörer, sowie eine Desktop-
Kamera enthalten.

Dem System liegt die gleiche Architektur zugrunde wie dem bereits diskutier-
ten Olivetti-System. Die Verarbeitung und Codierung der Audio- und Videosi-
gnale erfolgt unabhängig vom Hostsystem auf der Bercos-Einsteckkarte. Der
Zugriff auf Dokumente und Anwendungsprogramme erfolgt über Tastatur oder
Maus. Zur Verteilung des Zugriffs und für die Übertragung von Dateien werden
die entsprechenden Daten durch die Systemsoftware an den ISDN-Teil der
Codec-Karte übergeben. Die graphische Ausgabe wird durch die Overlay-
Funktion der Codec-Karte realisiert, indem die Bildinformationen der verwende-

ten VGA-Karte mittels Feature Connector an die Codec-Karte übertragen, dort mit den anzuzeigenden Videobildern gemischt und direkt an den angeschlossenen Monitor ausgegeben werden.

Tabelle 8.12. Verfahren der funktionalen Komponenten

	Audio	Video
Eingabe	Mikrofon	FBAS-Kamera
Ausgabe	Kopfhörer	Video-Overlay
Quellencodierung/ -decodierung:	G.711, G.712	H.261
Multiplexer/ Demultiplexer	H.221 jedoch nur mit Audio gemäß G.711 (56 Kbps), so daß ein ganzer Kanal für Audiodaten gebraucht wird.	
Kanalcodierung/ -decodierung	ISDN-Protokolle, Audio wird direkt auf der Karte auf einen B-Kanal geschleift	

Abb. 8.6 verdeutlicht das Zusammenwirken der funktionalen Komponenten im PC, indem unter Verwendung des eingeführten Ringmodells der Fluß der Audio-, Video- und Datensignale über die einzelnen technischen Module und deren Schnittstellen dargestellt wird.

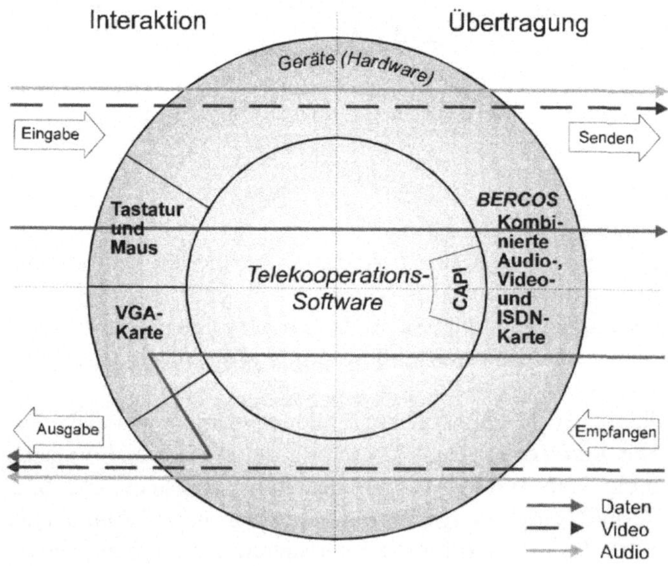

Abb. 8.6. Systemarchitektur des Bercos Janus III

8.2.6.2 Evaluierung

Die Evaluierung des Systems auf Basis der entwickelten Kriterien wird mittels der nachfolgend dargestellten Tabelle 8.13 durchgeführt.

Tabelle 8.13. Evaluierung des Bercos Janus III

Kriterien	Checkmarks
Bildformate	
QCIF	●
CIF	●
ITU-R 601	
Audiostandards	
G.711	●
G.722	
G.728	
Videostandards	
H.261	●
JPEG	
Funktionalität	
Shared Whiteboard	
Application Sharing	●
File-Transfer	
Telefon	●
Audiographische Sitzung	●
H.320-Sitzung	●
Multimediasitzung	
Videoanrufbeantworter	
CAPI-Unterstützung	●
Fax	
LAN-Kommunikation	
Kosten	
Subsystemkosten	**3000,- DM**

Zusätzlich zu den in der Evaluierungstabelle aufgeführten, werden die folgenden Standards unterstützt:

- G.712
- MPEG 1
- Sony und Panasonic CD-ROM

Die Installation des Bercos-Systems beansprucht viele frei Systemressourcen. So müssen mehrere Interrupt Request Leitungen, DMA-Kanäle und DOS-Speicher verfügbar sein.

8.2.7 TELES.VISION-MTM1 (Teles AG, Berlin)

Die Teles AG arbeitet eng mit der TU Berlin zusammen. So sind in die Produktentwicklung zahlreiche Forschungsergebnisse des Fachgebiets Kommunikations und Betriebssysteme eingeflossen. Die Entwicklung erster Prototypen wurde durch Forschungsmittel des Berkom-Projekts finanziert.

8.2.7.1 Architektur

Das TELES.VISION-MTM1 ist auf zwei PC-Einsteckkarten realisiert. Die erste Karte umfaßt das Videocodec und die Komponenten für die Darstellung der Videobilder mittels Overlay-Technik. Auf der zweiten Karte befindet sich ein ISDN-Anschluß und die Schnittstelle für ein mitgeliefertes analoges Telefon. Darüber hinaus ist im Lieferumfang eine analoge Kamera enthalten.

Tabelle 8.14. Verfahren der funktionalen Komponenten

	Audio	Video
Eingabe	Mikrofon	FBAS-Kamera
Ausgabe	Kopfhörer	Video-Overlay
Quellencodierung/ -decodierung:	G.711	H.261
Multiplexer/ Demultiplexer	H.221, Audio jedoch nur gemäß G.711, so daß ein ganzer B-Kanal mit Audiodaten belegt ist.	
Kanalcodierung/ -decodierung	ISDN-Protokolle	

Abb. 8.7 verdeutlicht das Zusammenwirken der funktionalen Komponenten im PC, indem unter Verwendung des eingeführten Ringmodells der Fluß der Audio-, Video- und Datensignale über die einzelnen technischen Module und deren Schnittstellen dargestellt wird.

Die Ein- und Ausgabe der Sprachsignale erfolgt über das mitgelieferte analoge Telefon. Da die Audiocodierung nur das Verfahren G.711 beherrscht, wird für die Übertragung der Sprachsignale ein ISDN-B-Kanal vollständig beansprucht. Die codierten Videosignale werden zwischen dem Videocodec-Board und der ISDN-Karte über den Systembus ausgetauscht. Der Zugriff auf Dokumente und Anwendungsprogramme erfolgt über Tastatur oder Maus. Zur Verteilung des Zugriffs und für die Übertragung von Dateien werden die entsprechenden Daten durch die Systemsoftware an die ISDN-Karte übergeben. Die graphische Ausgabe wird durch die Overlay-Funktion der Videocodec-Karte realisiert, indem die Bildinformationen der verwendeten VGA-Karte mittels Feature Connector an die

Codec-Karte übertragen, dort mit den anzuzeigenden Videobildern gemischt und direkt an den angeschlossenen Monitor ausgegeben werden.

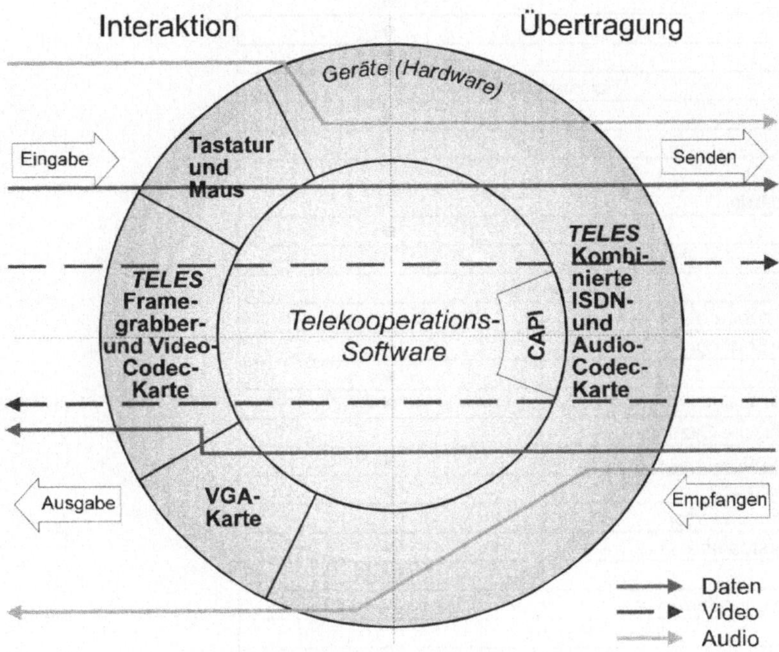

Abb. 8.7. Systemarchitektur des TELES.VISION-MTM1

8.2.7.2 Evaluierung

Das System unterstützt lediglich Audiocodierung gemäß der Empfehlung G.711, die keine Kompression des digitalisierten Signals vorsieht. Daher wird ein voller ISDN-B-Kanal für die Übertragung von Sprache benötigt. Für die Übertragung der datenintensiven Videosignale bleibt lediglich der zweite B-Kanal. Das System unterstützt die CAPI-Schnittstelle und ermöglicht somit die Implementierung klassischer Telematikdienste wie Fax oder Btx.

Die Evaluierung des Systems auf Basis der entwickelten Kriterien wird mittels der nachfolgend dargestellten Tabelle 8.15 durchgeführt.

Tabelle 8.15. Evaluierung des TELES.VISION-MTM1

Kriterien	Checkmarks
Bildformate	
QCIF	●
CIF	●
ITU-R 601	
Audiostandards	
G.711	●
G.722	
G.728	
Videostandards	
H.261	●
JPEG	
Funktionalität	
Shared Whiteboard	
Application Sharing	●
File-Transfer	●
Telefon	●
Audiographische Sitzung	
H.320-Sitzung	●
Multimediasitzung	●
Videoanrufbeantworter	
CAPI-Unterstützung	●
Fax	möglich
LAN-Kommunikation	
Kosten	
Subsystemkosten	**5767,- DM**

8.3 Vergleichende Gegenüberstellung

Seit Beginn der vorliegenden Arbeit wurden von verschiedenen Herstellern eine ganze Reihe von Systemlösungen für PC-integrierte Multimedia-Kommunikationsendgeräte entwickelt, die zwei räumlich getrennten Teilnehmern telekooperatives Arbeiten am Arbeitsplatz erlauben. Wie die durchgeführte Analyse dieser Systeme gezeigt hat, existieren hinsichtlich der jeweils zugrunde liegende Systemarchitektur teilweise beträchtliche Unterschiede.

Die verschiedenen Architekturen haben jedoch eines gemeinsam. Wegen der Empfindlichkeit von Audiosignalen gegen Verzögerungen, erfolgt ihre Verarbeitung und Codierung zugunsten einer einfacheren Handhabung auf der gleichen Karte, auf der sich auch der ISDN-Anschluß befindet. Da auf diese Weise auf eine konsequente Trennung von Quellencodierung und Kanalcodierung verzichtet wird, ist eine Anpassung an andere Netzwerke, insbesondere die Übertragung von Audio, nur mit erhöhtem technischen Aufwand möglich.

Tabelle 8.16 zeigt die Gegenüberstellung der untersuchten Systeme mit dem auf Basis der entwickelten Lösungsarchitektur realisierten System *MISTER COOL*. Der Vergleich erfolgt anhand der von den *Funktionalen Anforderungen* abgeleiteten Kriterien.

Tabelle 8.16. Vergleich der evaluierten Systeme mit MISTER COOL

Kriterien \ Systeme	PictureTel LIVE PCS 100	PictureTel LIVE PCS 50	ARMADA Cruiser 100	Olivetti Personal Communication Computer	ProShare Video System 200	Bercos Janus III	TELES VISION-MTM1	MISTER COOL
Bildformate								
QCIF	•	•	•	•	•	•	•	•
CIF	•	•	•	Standbilder	•	•	•	•
ITU-R 601			•					•
Audiostandards								
G.711	•	•	•	•	•	•	•	•
G.722	•	•	•	•				•
G.728	•	•	•	•				•
Videostandards								
H.261	•	•	•	•	•	•	•	•
JPEG			•					•
Funktionalität								
Shared Whiteboard	•	•	•		•			•
Application Sharing	•	•	optional	nur OLE	•	•	•	•
File-Transfer	•	•	•	•	•		•	•
Telefon			„Audio only"	•		•	•	•
Audiographische Sitzung				•	•	•		•
H.320-Sitzung	•	•	•	•	•	•	•	•
Multimediasitzung					•		•	•
Video-anrufbeantworter			optional					•
CAPI-Unterstützung			optional		Version 2.0	•	•	•
Fax			•					möglich
LAN-Kommunikat.	optional	optional	optional		optional			•
Kosten								
Subsystemkosten (DM)	9000,-	6600,-	3000,-	6500,-	3800,-	3000,-	5767,-	2000,-

Es wird deutlich, daß das im Rahmen dieser Arbeit implementierte Multimedia-Kommunikationssystem MISTER COOL die zur Evaluierung herangezogenen funktionalen Kriterien am vollständigsten erfüllt. Dies wird durch zwei Alleinstellungsmerkmale der entwickelten Systemarchitektur erreicht, nämlich:

1. Die Konsequente Trennung von Quellencodierung und Kanalcodierung durch die Integration von Audio- und Videocodec auf einer Einsteckkarte und die Verwendung einer standardisierten Software-Schnittstelle für die Übertragung der Signale zwischen der *MISTER COOL*-Codec-Karte und einer beliebigen Netzadapterkarte.
2. Die Verwendung eines programmierbaren JPEG-Prozessors für die Vidoecodierung, welcher die für eine Reihe von Standards grundlegenden Verarbeitungsstufen integriert und so die flexible Codierung eines weiten Bereichs von Bildformaten, sowohl gemäß JPEG als auch nach H.261 erlaubt.

Die genannten Eigenschaften der Systemarchitektur ermöglichen in Verbindung mit der konsequenten Nutzung vorhandener PC-Ressourcen eine äußerst ökonomische Realisierung der geforderten Funktionalität. Dies wird durch die graphische Gegenüberstellung der Preise für die untersuchten Subsysteme in Abb. 8.8 anschaulich belegt.

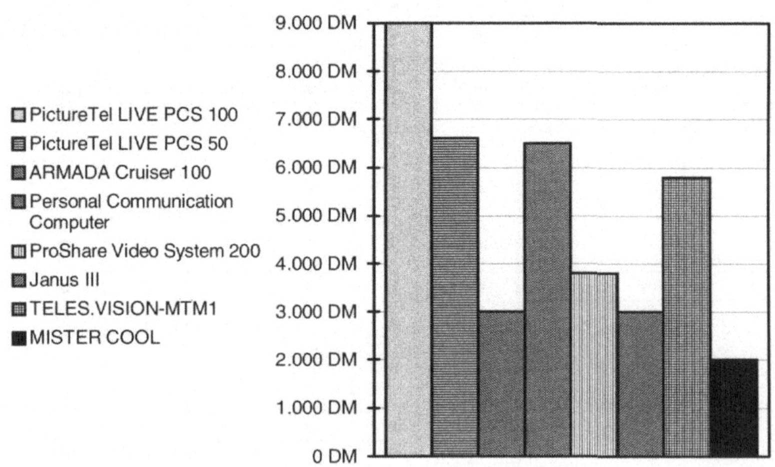

Abb. 8.8. Graphische Gegenüberstellung der Systemkosten

Bei der Interpretation der angegebenen Zahlen ist zu berücksichtigen, daß infolge eines verschärften Wettbewerbs zunehmend aggressive Marketingstrategien verfolgt werden. Dies führt dazu, daß einige Anbieter versuchen, ihr System mit einem äußerst niedrigen Preis auf dem Markt zu etablieren. Die angegebenen

Systempreise sind dementsprechend nicht in jedem Fall geeignet, die Herstellungskosten zu decken, und dürfen als Untergrenze betrachtet werden.

Das Ziel dieser Arbeit, die Architektur für ein Low-cost Multimedia-Kommunikationssystem zu entwickeln, welches allen funktionalen Anforderungen telekooperativer Anwendungen genügt, ist damit erreicht.

9 Zusammenfassung und Ausblick

Die Motivation zu dieser Arbeit leitet sich aus der zunehmenden Globalisierung und Internationalisierung wirtschaftlicher und sozialer Strukturen ab. Daraus ergeben sich völlig neue Herausforderungen an die Informations- und Kommunikationstechnologie. Parallel zu der gesellschaftlichen Entwicklung lassen sich die folgenden technischen Trends beobachten:

- Ständig steigende Integrationsdichte und Leistungsfähigkeit mikroelektronischer Bausteine
- Zunehmend digitale Verarbeitung analoger Signale wie Audio und Video
- Einführung durchgehend digitaler Übertragungsstrecken im Bereich der Telekommunikation
- Zunehmende Vernetzung von Arbeitsplatz-Rechnern
- Zunehmende Integration multimedialer Informationsträger wie Audio, Video, Graphik und Text auf dem Gebiet der elektronischen Datenverarbeitung

Die innovative Zusammenführung dieser Trends ermöglicht völlig neue Formen und Anwendungen der Telekommunikation. Insbesondere die Entwicklung multimedialer Kommunikationstechniken zur Integration in Arbeitsplatzrechner eröffnen dem Einzelnen die Chance, auch mit weit entfernten Partnern kooperativ zu Arbeiten. Dabei können neben dem gesamten Spektrum menschlicher Kommunikationsformen, wie Mimik, Gestik und Sprache, die technischen Hilfsmittel moderner Bürokommunikation genutzt werden.

Nun stellt die Nutzung von Informationsmedien, wie Graphik, Sprache und Bewegtbilder, für sich allein in der Telekommunikation noch keine Innovation dar. So wurden seit den zwanziger Jahren dieses Jahrhunderts immer wieder Endgeräte für die Videokommunikation vorgestellt. Versuche diese Systeme auf dem Markt zu etablieren scheiterten jedoch regelmäßig. Das kommerzielle Scheitern bislang existierender technischer Ansätze wurde im Rahmen dieser Arbeit zum Anlaß genommen, das Verhältnis von Systemkosten und Anwendungsnutzen des Kommunikationsmediums Video zu analysieren.

Die Untersuchung von akzeptanzhemmenden Faktoren, welche in der Vergangenheit die Verbreitung von Videokommunikationssystemen gehemmt haben, in Verbindung mit neueren Forschungen auf dem Gebiet des CSCW ergaben, daß der Anwendungsnutzen für die Technologie Multimedia-Kommunikation durchaus gegeben ist, vorausgesetzt der Einsatz entspricht den Anforderungen der jeweiligen Anwendung und es werden die folgenden Forderungen erfüllt:

– Bereitstellung von Low-Cost-Systemen
– Verfügbarkeit von Videokommunikationsmitteln in Kombination mit einer Telekooperationskomponente
– Hohe Anwendungsflexibilität
– Integration in die gewohnte Arbeitsumgebung

Als technischer Lösungsansatz, der allen Forderungen gerecht wird, bietet sich die Bereitstellung von PC-basierten low-cost Multimedia-Kommunikationssystemen für den Einsatz in Telekooperations-Anwendungen an. Eine Analyse der Marktsituation zu Beginn der hier dokumentierten Arbeit ergab, daß der identifizierte Bedarf nach solchen Systemen vom Markt nicht befriedigt wurde. Aus dieser Situation leitete sich das primäre Ziel dieser Arbeit ab, nämlich die Entwicklung einer Systemarchitektur für ein PC-integriertes Multimedia-Kommunikationsendgrät, welche sich an den Anforderungen orientiert, die sich aus der Zielanwendung Telekooperation ergeben.

Um eine geeignete Architektur für entsprechende Systeme zu entwickeln, wurde zunächst eine eingehende Analyse funktionaler und technischer Anforderungen durchgeführt. Dazu wurde ein Anwendungsszenario für die Zielanwendung Telekooperation modelliert. Die Analyse dieses Szenarios führte zur Identifikation funktionaler Anforderungen.

Anschließend wurde ein generisches Referenzmodell entwickelt, das alle funktionalen Komponenten eines Multimedia-Kommunikationsendgerätes für Telekooperationsanwendungen erfaßt und deren Zusammenwirken darstellt. Dieses funktionale Modell gilt unabhängig von der jeweiligen technischen Realisierung und Ausprägung für alle Systeme.

Um technische Anforderungen an die Systemarchitektur zu ermitteln, wurden zunächst die relevanten sinnesphysiologischen und technischen Randbedingungen untersucht, welche an den Systemschnittstellen gegeben sind und bei einer Systemrealisierung Berücksichtigung finden müssen. Aus diesen Randbedingungen und den gefundenen funktionalen Komponenten des Referenzmodells konnten nun technische Systemanforderungen formuliert werden.

Die anschließende Untersuchung des State-of-the-Art für die einzelnen Komponenten des Referenzmodells diente der Identifikation technischer Verfahren und Möglichkeiten, welche zum Erbringen der geforderten Funktionalität im Rahmen der identifizierten Randbedingungen geeignet sind. Auf Basis der vorgestellten Technologien und Verfahren wurde eine Architektur für PC-integrierte Multimedia-Kommunikationsendgeräte für das digitale Telekommunikationsnetz ISDN entwickelt, welche hervorragend geeignet ist, die im Rahmen dieser Arbeit identifizierten Anforderungen, sowie die technischen und physiologischen Randbedingungen zu erfüllen.

Durch die Implementierung des Multimedia-Kommunikationsendgeräts *MISTER COOL* auf Basis der vorgestellten Lösungsarchitektur, konnte die Realisierbarkeit und Funktionsfähigkeit der gefundenen Konzepte verifiziert werden.

Um die seit dem Ausgangszeitpunkt der vorliegenden Arbeit veränderte Marktsituation zu erfassen, wurde eine Recherche durchgeführt. Dabei wurden mittlerweile existierende PC-integrierte Multimedia-Kommunikationssysteme evaluiert und mit der entwickelten Systemrealisierung *MISTER COOL* verglichen. Für die Evaluierung und die vergleichende Gegenüberstellung der Systeme wurden Kriterien ermittelt, die sich unmittelbar auf die eingangs der Arbeit identifizierten, funktionalen Anforderungen zurückführen lassen.

Der Vergleich von *MISTER COOL* mit kommerziellen Produkten ergab, daß das im Rahmen dieser Arbeit entwickelte Multimedia-Kommunikationssystem *MISTER COOL* anderen Systemen hinsichtlich der herangezogenen funktionalen Kriterien überlegen ist. Dies wird durch zwei Alleinstellungsmerkmale der zugrunde liegenden Architektur erreicht, nämlich:

1. Die konsequente Trennung von Quellencodierung und Kanalcodierung durch die Integration von Audio- und Videocodec auf einer Einsteckkarte, und die Verwendung einer standardisierten Software-Schnittstelle für die Übertragung der Signale zwischen der MISTER COOL-Codec-Karte und einer beliebigen Netzadapterkarte.

   Die Verwendung des Common ISDN API als Schnittelle zur ISDN-Karte erlaubt darüberhinaus die Integration klassischer Telematikdienste, insbesondere

   – die Interoperabilität mit einem beliebigen Telefon,
   – die Einbindung von Fax-Programmen,
   – die Einbindug von T-Online (Btx),
2. Die Verwendung eines programmierbaren JPEG-Prozessors für die Videocodierung, der die grundlegenden Verarbeitungsstufen einer Reihe von Standards integriert, und so die flexible Codierung eines weiten Bereichs von Bildformaten, sowohl gemäß JPEG als auch nach H.261 erlaubt.

Die in Abb. 8.8 gezeigte graphische Gegenüberstellung der Kosten für die untersuchten Subsysteme veranschaulicht, daß diese Eigenschaften der Systemarchitektur eine äußerst kostengünstige Realisierung der angestrebten Funktionalität ermöglichen.

Das Ziel dieser Arbeit, ein diensteintegrierendes Low-cost System bereitzustellen, welches allen funktionalen Anforderungen gerecht wird, welche die Durchführung telekooperativer Sitzungen an ein Multimedia-Kommunikationssystem stellen, ist damit erreicht.

Anlaß zu weiterführenden Forschungsaktivitäten resultiert aus der zunehmend verbreiteten Nutzung des Internet, aus der sich neue Anforderungen an ein Multimedia-Kommunikationsendgerät ergeben. So ist zukünftig neben der telekooperativen Nutzung in Multimedia-Konferenzen auch die Nutzung multimedialer Online-Dienste, wie etwa des WorlWideWeb, zu berücksichtigen.

Ein weiterer Aspekt ergibt sich aus der Einführung des Multicast-Backbone (MBONE) auf der Basis des Internet. Besonders im Bereich von UNIX-Workstations wird mit der Möglichkeit experimentiert, Multimedia-Kommunikation auch über das Internet zu betreiben. Forschungsbedarf entsteht hierbei aus der Tatsache, daß das Problem der Interoperabilität zwischen MBONE und kommerziellen, ISDN-basierten Systemen derzeit nicht gelöst ist.

Mit der ITU-T-Empfehlung T.120 wurde kürzlich ein Rahmenwerk für Multimedia-Telekommunikation verabschiedet, welches ähnlich wie der Standard H.320 eine ganze Serie von Substandards umfaßt. Ziel ist dabei die Sicherstellung der Interoperabilität, sowohl auf der Ebene der Anwendungen multimedialer Kommunikation, als auch auf der Ebene der zugrunde liegenden Netzwerke und Protokolle. Interessanterweise werden dabei u. a. die im Rahmen dieser Arbeit adressierten telekooperativen Anwendungen wie File Transfer, Application Sharing und Inband Fax Capability berücksichtigt [ITU96].

Literaturverzeichnis

[AGBü91]   o. V.: „*ISDN-Berater*", Arbeitsgemeinschaft Bürokommunikation GmbH, Deutsche Bundespost Telekom, Dez. 1991

[AlMoTre93]   Allard, J.; Moore, K.; Treadwell, D.: „*Plug and Play mit dem Windows-Sockets-API*", Microsoft System Journal, Sept./Okt. 1993, S. 25–42

[APP90]   o. V.: „*APPLI/COM The Standardized Telecommunications Interface*", Deutsche Bundespost Telekom, Fernmeldetechnisches Zentralamt Darmstadt, Version 1.0, July 1990

[Argyle67]   Argyle, M.; Kendon, A.: „*The experimental analysis of social performance*", in Advances in experimental social psychology, L. Berkowitz (Hrsg.), Vol. III, New York: Academic Press, 1967, pp. 55–99

[Arnold92]   Arnold, Lutz: „*Moderne Bildkommunikation: Formen, Komponenten, Bildkodierung*", Hüthig Buchverlag GmbH, Heidelberg, 1992

[Arp74]   Arp, Ferdinand: „*Fernsehnormen als Qualitätsstandard der Bildübertragung*", Nachrichtentechnische Zeitung, Vol.27, 1974, Heft 1, S. 35–42

[Bada94]   Badach, Anatol: „*ISDN im Einsatz*", Datacom-Verlag, 1. Auflage, 1994

[BaMeMü94]   Badach, Anatol; Merz, Knut; Müller, Stefan: „*ISDN und CAPI – Grundlagen der Programmierung von ISDN-Anwendungen auf dem PC*", Berlin-Offenbach, vde-Verlag, 1994

[Berg86]   Bergmann, Karl: „*Lehrbuch der Fernmeldetechnik Band 1*", Fachverlag Schiele & Söhne Berlin, 1986

[Berg95]   Berg, Christoph: „*Konzeption und Implementierung eines Video-Anrufbeantworter-Moduls für einen Multimedia-ISDN-PC*", Diplomarbeit, Fachbereich 20 Informatik, Technische Hochschule Darmstadt, Aug. 1995

[Bert95]   Bertuch, Manfred: „*Kinokarten – PC-Grafikadapter mit integrierter Videobeschleunigung*", c't 1995, Heft 7, S. 116–132

[Bird68]   Birdwhistell, Ray L.: „*Kinesik*", in Nonverbale Kommunikation, Klaus R. Scherer, Harald G. Wallbott (Hrsg.), Beltz Verlag, Weinheim u. Basel, S. 192–202, 1979

[BlaSte95]   Blakowski, Gerold; Steinmetz, Ralf: „*A Media Synchronization Survey, Reference Model, Specification and Case Studies*", Heidelberg, IBM European Networking Center, 1995

[BlyHaIr93]   Bly, Sara A.; Harrison, Steve R.; Irwin, Susan: „*Media Spaces: Bringing People together in a Video, Audio, and Computing Environment*", Communications of the ACM, Vol. 36, Nr.1, S. 28–47, Jan. 1993

[Bock90]   Bocker, P.: „*ISDN Das diensteintegrierende digitale Nachrichtennetz*", Springer Verlag, 3. Auflage 1990

[Booz95]   Booz, Allen & Hamilton (Hrsg.): „*Zukunft Multimedia: Grundlagen, Märkte und Perspektiven in Deutschland*", Institut für Medienentwicklung und Kommunikation in der Verlagsgruppe Frankfurter Allgemeine Zeitung, Frankfurt, 1995

[Cavi92]   Cavigioli, Christoph; Moosburger, Gerhard: „*Weniger ist oft mehr – Verlustbehaftete Kompressionsverfahren und ihre Einsatzfelder für Audiosignale*", Elektronik, Heft 23, 1992

[CCIR601]   o. V.: *„Encoding Parameters of Digital Television for Studios"*, CCIR Rec. 601-2, CCIR, 1990

[CCIR624]   o. V.: *„Characteristics of Television Systems"*, CCIR Section 11a, Rep. 624-4, CCIR 1974-1978-1982-1986-1990

[CheSmiFra77]   Chen, Wen-Hsiung; Smith, C. Harrison; Fralick, S. C.: *„A Fast Computational Algorithm for the Discrete Cosine Transform"*, IEEE Transactions on Communications, Vol. Com-25, No. 9, September 1977, S. 1004–1009

[Com90]   o. V.: *„Common-ISDN-API Standard Interface between Application Programs and ISDN Adapters"*, ISDN-PC Working Group of German Telekom et al., Specification, Version 1.1, Sept. 1990

[Cube91]   o. V.: *„Designing JPEG Video Systems with the C-Cube CL550"*, C-Cube Microsystems, Jan.91

[Cube92]   o. V.: *„C-Cube CL550 JPEG Image Compression Processor"*, C-Cube Microsystems, Preliminary Data Book, Feb. 1992

[Davis94]   Davis, Andrew W.: *„Is There Really an H.320 vs. Indeo Conferencing Compression War"*, Advanced Imaging, Sep. 1994

[DIN85]   Deutsches Institut für Normung: *„Informationsverarbeitung-Begriffe"*, DIN 43000, Berlin-Köln: Beuth, 1985

[Dreyer96]   Dreyer, Karl: *„PC-gestützte ISDN-Videokonferenzsysteme"*, Funkschau, 26.4.96

[Egido89]   Egido, Carmen: *„Tele-conferencing as a technology to support cooperative work: It's possibilities and limitations"*, in Intellectual Teamwork: Social and technological foundations of cooperative work, Galegher J., Kraut R., Egido C. (Hrsg.), Lawrence Erlbaum Associates, New Jersey, S. 351–372, 1990

[EichHil93]   Eichner, Ullrich; Hilgefort, Ulrich: *„Hörspiele – 13 Soundkarten für den PC"*, c't 1993, Heft 1, S. 118–130

[Ekman70]   Ekman, Paul: *„Zur kulturellen Universalität des emotionalen Gesichtsausdrucks"*, in Nonverbale Kommunikation, Klaus R. Scherer, Harald G. Wallbott (Hrsg.), Beltz Verlag, Weinheim u. Basel, S. 50–58, 1979

[Ekman72]   Ekman, Paul: Wallace V. Friesen, *„Handbewegungen"*, in Nonverbale Kommunikation, Klaus R. Scherer, Harald G. Wallbott (Hrsg.), Beltz Verlag, Weinheim u. Basel, S. 108–123, 1979

[Ellsworth72]   Ellsworth, Phoebe C.; Ludwig, Linda M.: *„Visuelles Verhalten in der sozialen Interaktion"*, in Nonverbale Kommunikation, Klaus R. Scherer, Harald G. Wallbott (Hrsg.), Beltz Verlag, Weinheim u. Basel, S. 64–86, 1979

[EncHoNo94]   Encarnação, José L.; Hornung, Christoph; Noll, Stefan: *„Computer-Supported Cooperative Work (CSCW): Stand und Perspektiven"*, In: it+ti – Informationstechnik und Technische Informatik 36 (1994), Nr. 4/5, S. 96–104, Aug. 1994

[ErSt88]   Ernst, Martin; Stiller, Andreas: *„PC-Bausteine"*, c't 1988, Heft 8

[EwKr94]   Ewald, Oliver; Kramer, Kai: *„Aufbau und Programmierung des JPEG-Bildkompressionsprozessors CL550"*, Studienarbeit, Fachbereich 19 Datentechnik, Technische Hochschule Darmstadt, April 1994

[Fano66]   Fano, Robert M.: *„Informationsübertragung"*, R. Oldenbourg Verlag, 1966

[Fell84]   Fellbaum, Klaus: „*Sprachverarbeitung und Sprachübertragung*", Springer-Verlag Berlin, 1984

[Fey92]   Fey, Peter: „*Digitale Signalverarbeitung von Sprachsignalen in der Nachrichtentechnik*", Nachrichtentechnik und Elektronik, Heft 41, 1992

[Fink92]   Fink, V.: „*Das deutsche ISDN auf dem Weg zu EURO-ISDN*", Congress Report ISDN 92, EWI Gesellschaft für europäische Wirtschaftsinformation mbH, Starnberg

[Fischer87]   Fischer, Kurt: „*Bildkommunikation: Bedeutung, Technik und Nutzung eines neuen Informationsmediums*", Springer-Verlag, 1987

[Fish et al 93]   Fish, Robert S.; Kraut, Robert E.; Root, Robert W.; Rice, Ronald E.: „*Video as a Technology for Informal Communication*", Communications of the ACM, Vol. 36, Nr.1, S. 48–61, Jan. 1993

[Gale91]   Gale, Stephen: „*Adding audio and video to an office environment*", in Studies in Computer Supported Cooperative Work, J. M. Bowers, S. D. Benford (Hrsg.), 1991, Elsevier Science Publishers B. V., 1991

[Gall91]   Le Gall, Didier J.: „*MPEG: A Video Compression Standard for Multimedia Applications*", Communications of the ACM, Vol. 34, No. 4, April 1991, S. 46–58

[Gall92]   Le Gall, Didier J.: „*The MPEG video compression algorithm*", Signal Processing: Image Communication 4, Elsevier, 1992

[Glaser96]   Glaser, Peter: „*Wir werden sehen – Die Geschichte des Bildtelefons*", SPIEGEL spezial, S. 137–140, März 1996

[Gold94]   Gold, Elliot M.: „*PCs Rewrite the Rules for Videoconferencing*", Data Communications, S. 95–104, März 1994

[H.261]   o. V.: „*Video Codec for Audiovisual Services at p x 64 Kbps*", CCITT Rec. H.261 CDM XV-R37E, CCITT, Aug. 1990

[Häusler94]   Häusler, Tobias: „*Videokommunikation auf dem Weg zu Multimedia*", Nachrichtentechnik Elektronik, 1994, Heft 4, S. 60–64

[Hans92]   Hanser, Dr. Eckhart: „*Windows-Magie – Systemprogrammierung unter Windows am Beispiel Echtzeit*", c't 1992, Heft 11, S. 222–228

[Heigl90]   Heigl, Hans Peter: „*Datenreduktion von digitalen Sprachdaten*", Elektronik, Heft 15, 1990

[Heise95]   Heise, Werner; Quattrocchi, Pasquale: „*Informations- und Codierungstheorie*", Springer-Verlag Berlin Heidelberg New York, 3. Auflage, 1995

[Hoff91]   Hoffmann, Josef: „*Redundanz raus, Bildkompression mit DCT und anderen Transformationen*", c't 1991, Heft 6, S. 126–132

[Holmes91]   Holmes, John N.: „*Sprachsynthese und Spracherkennung*", R. Oldenbourg Verlag München, 1991

[Hudetz89]   Hudetz, Dr. Walter; Rachor, Ursula: „*Das Bildtelefon in der geschäftlichen Kommunikation*", Fraunhofer Institut für Systemtechnik und Innovationsforschung, Karlsruhe 1989

[Huf52]   Huffman, David A.: „*A Method for the Construction of Minimum Redundancy Codes*", Proceedings of the IRE, Vol. 40 (10), Sep. 1952

[ISSUE]   o. V.: „*Human Factors Guidelines for Videotelephony*" RACE Projekt 1065-ISSUE

[ITU90]   o. V.: „*Recommendation G.726*", International Telecommunication Union, Geneva, 1990

[ITU92]   o. V.: „*Recommendation G.728*", International Telecommunication Union, Geneva, 1992

[ITU93]   o. V.: „*Recommendation H.320 – Narrow-Band Visual Telephone Systems and Terminal Equipment*", International Telecommunication Union, Geneva, 1993

[ITU96]   o. V.: „*Draft Recommendation T.120 – Data Protocols for Multimedia Conferencing*", International Telecommunication Union, Geneva, 1996

[Jäg92]   Jäger, Michael: „*Forschungs- und Arbeitsbericht*", TH Darmstadt, Fachbereich Informatik, Fachgebiet graphisch interaktive Systeme, 1992

[Jäg93a]   Jäger, Michael; Osterfeld, Utz; Ackermann, Hans-Josef; Hornung, Christoph: „*Building a Multimedia ISDN PC*", IEEE Computer Graphics and Application, Vol. 13, No. 5 (ISSN 0272-1726), Sep. 1993

[Jäg93b]   Jäger, Michael.: „*Forschungs- und Arbeitsbericht*", TH Darmstadt Fachbereich Informatik, Fachgebiet graphisch interaktive Systeme, 1993

[Jäg94]   Jäger, Michael; Osterfeld, Utz: „*Introducing Video Communication and Presentation on Desktop Computers*", Proc. SPIE 2188, S. 350–361, 1994

[Jäg95]   Jäger, Michael; Bernhard, Martin; Marcos, Aderito: „*Multimedia Communication and Collaboration – State of the Art and Market Research*", Studie für den internen Gebrauch, Hewlett Packard, 1995

[Jain81]   Jain, A. K.: „*Image Data Compression: A Review*", Proceedings of the IEEE, Vol. 69, No. 3, März 1981

[Johan88]   Johansen, R.: „*Groupware: Computer Support for Business Teams*", In: The Free Press, New York, 1988

[JPEG89]   JPEG: „*JPEG Technical Specification*", Joined Photographic Expert Group ISO/IEC, JTC!/SC2/WG8, CCITT SGVIII, Aug. 1989

[Körb93]   Körber, Guido: „*Geben und Nehmen, Der NuBus in Theorie und Praxis*", Teil 1:Grundlagen, c´t 1993, Heft 2, S.164–173

[Kraut88]   Kraut, Robert E.; Egido, Carmen; Galegher, Jolene: „*Patterns of Contact and Communication in Scientific Research Collaboration*", in Intellectual Teamwork: Social and technological foundations of cooperative work, Galegher J., Kraut R., Egido C. (Hrsg.), Lawrence Erlbaum Associates, New Jersey, S. 351–372, 1990

[Liou91]   Liou, Ming: „*Overview of the p×64 kbit/s Video Coding Standard*", Communications of the ACM, Vol. 34, No. 4, April 1991

[Loch90]   Lochmann, Dieter: „*Digitale Nachrichtentechnik 1*", VEB Verlag Technik Berlin, 1990

[Long93a]   Long, David: „*The Tao of Interrupts*", In: Microsoft Developer Network CD, Microsoft Corporation, 1993

[Long93b]   Long, David: „*Writing Interrupt Service Routines*", In: Microsoft Developer Network CD, Microsoft Corporation, 1993

[Lynck95]   Lyncker, Oliver: „*Untersuchung eines zur Bildkompression nach JPEG entwickelten Prozessors auf Kompatibilität zu Videokompressionsstandard H.261*", Diplomarbeit, Fachbereich 18 Nachrichtentechnik, Technische Hochschule Darmstadt, April 1995

[MaBru94]   Macedonia, Michael R.; Brutzman, Donald P.: „*MBONE provides Audio and Video Across the Internet*", IEEE Computer, April 1994, S. 30–36

[Marti93]   Martinez, Jesus: *„Untersuchung der Funktionalität des Common-ISDN-API für den Einsatz in einem Multimedia-ISDN-PC"*, Diplomarbeit, Fachbereich Nachrichtentechnik, Fachhochschule Wiesbaden, Juni 1993

[MeiBe92]   Meiners, Dirk; Behr, Bernd: *„Signalvermittler – Videointegrationskarten für den PC-Markt"*, c't 1992, Heft 10, S. 116–119

[Mich88]   Michael, M.: *„VGA-Kompendium"*, Markt und Technik, Haar b. München, 2. Auflage 1988

[Moritz93]   Moritz, Peter: *„ISDN aufgelöst – Fähigkeiten und Grenzen des digitalen Netzes"*, c't 1993, Heft 8, S. 100–111

[Moto92]   o. V.: *„Motorola Product-Preview ADPCM-Codec MC 145540"*, Motorola Semiconductor, 1992

[Müller96]   Müller, Rolf S.: *„Mythos Netz – Multimedia: Der Kampf um Techniken und Märkte"*, SPIEGEL spezial, S. 18–22, März 1996

[NetLim80]   Netravali, Arun N.; Limb, John O.: *„Picture Coding: A Review"*, Proceedings of the IEEE, Vol. 68, No. 3, März 1980

[ObVo86]   Oberschelp, V.; Vossen, G.: *„Rechneraufbau und Rechnerstrukturen"*, 1. Auflage, R. Oldenbourg Verlag, München, 1986

[Ovum92]   Timms, Stephen; Templeton, Alison: *„Video Communications in Europe: Market Strategies"*, Ovum Ltd., Mai 1992

[Pen90]   Pennebaker, W.B.: *„DRAFT JPEG Tech. Specification"*, Revision 8, Informal Working Paper, JPEG-8-R8, Aug. 90

[Rab91]   Rabbani, M.; Jones, P. W.: *„Digital Image Compression Techniques"*, SPIE Optical Engineering Press, Bellingham, Washington, 1991

[Röhl82]   Röhling, C. R.: *„Die Schnittstelle des Menschen zu seiner Umwelt"*, Dissertation, RWTH Aachen, 1982

[Scherer77]   Scherer, Klaus R.: *„Kommunikation"*, in Nonverbale Kommunikation, Klaus R. Scherer, Harald G. Wallbott (Hrsg.), Beltz Verlag, Weinheim u. Basel, S. 14–24, 1979

[Schmidt85]   Schmidt, R.F. (Hrsg.): *„Grundriß der Sinnesphysiologie"*, Springer Verlag, 5. Auflage 1985

[Schnur92]   Schnurer, Georg: *„Local-Matadoren – Local-Bus-Systeme im Überblick"*, c't 1992, Heft 9, S. 99–108

[Schön72]   Schönfelder, H.: *„Fernsehtechnik Teil 1 und 2"*, Justus von Liebig Verlag Darmstadt, 1972, 1974

[Schön83]   Schönfelder, H.: *„Bildkommunikation"*, Springer-Verlag Berlin Heidelberg New York, 1983

[SchoTho93]   Scholz, Joachim; Thomas, Michael: *„Soundkarten – Hör mal was da klingt"*, PC Professionell Spezial: Multimedia, Sound und Video 1993, S. 40–67

[Shan48]   Shannon, Claude E.: *„A Mathematical Theorie of Communication"*, The Bell System Technical Journal, Vol. 27, 1948, pp. 379–423 und pp. 623–656

[Shan76]   Shannon, Claude E.; Weaver, Warren: *„Mathematische Grundlagen der Informationstheorie"*, R. Oldenbourg Verlag, 1976

[Shay92]   Shay, Louis: *„C-Cube Listings"*, 1992

[Smith93]   Smith, Brian C.; Rowe, Lawrence A.: *„Algorithms for Manipulating Compressed Images"*, IEEE Computer Graphics & Applications, S. 34–42, Sep. 93

[Stehr95]   Stehr, Mark: *„Pixel-Fenster für DOS"*, c't 1995, Heft 6, S. 266–272

[Stein77]   Steinbuch, K.: *„Kommunikationstechnik"*, Springer-Verlag Berlin Heidelberg New York, 1977

[Stein89]   Steinmetz, Ralf: *„Synchronization Properties in Multimedia Systems"*, In: Technical Report No. 43.8906, IBM European Networking Center, Heidelberg, 1989

[Stein93]   Steinmetz, Ralf: *„Multimedia Technologie – Einführung und Grundlagen"*, Springer-Verlag Berlin Heidelberg New York, 1993

[Stein96]   Steinmetz, Ralf: *„Human Perception of Jitter and Media Synchronization"*, IEEE Journal on Selected Areas in Communications, vol. 14, no. 2, Feb. 1996

[Still91]   Stiller, Andreas: *„AT-Bus, Die Busspezifikation des PC/AT gemäß IEEE P996"*, c't 1991, Heft 11, S.336–342

[Stotz93]   Stotz, Dieter: *„Grundlagen zur Video-Technik"*, PC Professionell Spezial: Multimedia, Sound und Video 1993, S. 100–111

[StWo95]   Steinmetz, Ralf; Wolf, Lars C.: *„Evaluation of a CPU Scheduling Mechanism for Synchronized Multimedia Streams"*, MMB95, eingeladener Beitrag

[Tan90]   Tanenbaum, Andrew S.: *„Betriebssysteme – Entwurf und Realisierung, Teil 1"*, Hanser Verlag, München Wien, 1990

[Tan92]   Tanenbaum, Andrew S.: *„Computer-Netzwerke"*, Wolfram's Fachverlag, 2. Auflage 1992

[Tops74]   Topsøe, Flemming: *„Informationstheorie – Eine Einführung"*, B. G. Teubner Stuttgart, deutsche Übersetzung 1974

[Wall89]   Wallace, Gregory: *„Overview of the JPEG Still Image Compression Standard"*, Digital Equipment Corporation Littleton, MA 01460, Nov. 89

[Wall91]   Wallace, Gregory: *„The JPEG Still Picture Compression Standard"*, Digital Equipment Corporation Littleton, MA 01460, Dez. 91

[Wallwi93]   Wallwitz, R.: *„Systemprogrammierung unter Windows"*, 1. Auflage, Addison-Wesley, Bonn, Paris, 1993

[Wenger95]   Wenger, Stephan: *„ISDN-basierte Desktop-Multimedia-Konferenzsysteme: Standards und Technologie"*, Dissertation D83, TU Berlin, 1995

[Wink92]   Winkler, Maximilian: *„Computerkino – Computer und Video: von TV-Konverter bis TV-Studio"*, c't 1992, Heft 10, S. 100–109

[WIK93]   o. V.: *„Take Off-Optimismus erstmals begründet?"*, ISDN Report 1993, Heft 10, S. 23–29

[Winte96]   Winterhoff, Marc: *„Konzeption und Implementierung eines Synchronisationsverfahrens für die Übertragung von komprimierten Audio- und Videosignalen über das Common ISDN API"*, Studienarbeit, Fachbereich 19 Datentechnik, Technische Hochschule Darmstadt, Feb. 1996

[WoKr94]   Wolf, Holger; Kreuter, Uwe: *„Digitalisierte Sprachübertragung mit Datenreduktion in einem Multimedia-ISDN-PC"*, Diplomarbeit, Fachbereich Elektrotechnik (Nachrichtentechnik), Fachhochschule Wiesbaden, März 1994

[Woll95]   Wollschläger, Peter: *„Windows contra OS/2 – Heikle Sache"*, PC Professionell, Heft 10, Okt. 1995

[Yankee92]   o. V.: „*Videoconferencing: The Future of Group and Desktop Systems*", The Yankee Group, Dez. 1992

[ZhaKes91]   Zhang, Hui; Keshav, Srinivasan: „*Comparsion of Rate-Based Service Disciplines*", In: Proceedings of ACM SIGCOMM'91, Zürich, Sept. 1991

Anhang.
Materialkosten *MISTER COOL*-Board

Bei der Aufstellung der Kosten pro Board wird von einer produzierten Anzahl von 100 Stück ausgegangen. Die Preise für Bauteile pro Board liegen dementsprechend niedriger, wenn eine höhere Stückzahl produziert wird.

Passive Bauelemente

Stück	Bezeichnung	Funktion	Preis 100+	Pro Board
2	0.1uF	Kondensator	0,05 DM	0,10 DM
10	100nF	Kondensator	0,05 DM	0,50 DM
1	10K	Widerstand	0,05 DM	0,05 DM
1	10M	Widerstand	0,05 DM	0,05 DM
1	10mH	Spule	0,10 DM	0,10 DM
1	10nF	Kondensator	0,05 DM	0,05 DM
1	150 R	Widerstand	0,05 DM	0,05 DM
1	150pF	Kondensator	0,05 DM	0,05 DM
2	1k	Widerstand	0,05 DM	0,10 DM
1	1k1	Widerstand	0,05 DM	0,05 DM
2	1uF	Kondensator	0,05 DM	0,10 DM
1	20.48 MHz	Quarz	1,74 DM	1,74 DM
3	20k	Widerstand	0,05 DM	0,15 DM
1	220R	Widerstand	0,05 DM	0,05 DM
1	22nF	Kondensator	0,05 DM	0,05 DM
1	2K2	Widerstand	0,05 DM	0,05 DM
1	330R	Widerstand	0,05 DM	0,05 DM
1	3k	Widerstand	0,05 DM	0,05 DM
1	470pF	Kondensator	0,05 DM	0,05 DM
4	470R	Widerstand	0,05 DM	0,20 DM
1	4XR	Wid.-Array	0,20 DM	0,20 DM
1	5K	Widerstand	0,05 DM	0,05 DM
1	620	Widerstand	0,05 DM	0,05 DM
1	680K	Widerstand	0,05 DM	0,05 DM
2	680R	Widerstand	0,05 DM	0,10 DM
1	6K8	Widerstand	0,05 DM	0,05 DM
1	82R	Widerstand	0,05 DM	0,05 DM
2	R-8G	Wid.-Array	0,20 DM	0,40 DM
2	R-8G	Wid.-Array	0,20 DM	0,40 DM
			Summe	**4,94 DM**

Halbleiter

Stück	Bezeichnung	Funktion	Preis 100+	Pro Board
8	16V8	GAL	2,82 DM	22,56 DM
4	20V8	GAL	5,31 DM	21,24 DM
2	22V10	GAL	12,91 DM	25,82 DM
1	4066	Analogschalter	0,45 DM	0,45 DM
2	7200	FIFO	11,20 DM	22,40 DM
2	74ALS541	Register	1,80 DM	3,60 DM
7	74ALS867	Zähler	5,80 DM	40,60 DM
2	74ALS161	Zähler	1,34 DM	2,68 DM
2	74ALS257	Muliplexer	1,29 DM	2,58 DM
2	74ALS574	Register	1,45 DM	2,90 DM
5	74ALS74	Flipflop	0,69 DM	3,45 DM
2	74F14	Schmitt-Trigger	0,88 DM	1,76 DM
1	74F257	Multiplexer	0,67 DM	0,67 DM
2	74F573	Register	5,03 DM	10,06 DM
3	74F574	Register	2,20 DM	6,60 DM
2	74F652	Register	9,55 DM	19,10 DM
2	74LS04	Inverter	0,42 DM	0,84 DM
2	74LS109	Flipflop	0,74 DM	1,48 DM
1	74LS123	Monoflop	0,73 DM	0,73 DM
1	74LS164	Schieberegister	0,89 DM	0,89 DM
1	74LS165	Schieberegister	0,82 DM	0,82 DM
1	74LS221	Monoflop	1,06 DM	1,06 DM
2	74LS273	Register	0,85 DM	1,70 DM
1	74LS541	Treiber	0,99 DM	0,99 DM
6	74LS592	Zähler	9,10 DM	54,60 DM
2	74LS645	Treiber	1,38 DM	2,76 DM
11	74LS74	Flipflop	0,46 DM	5,06 DM
1	CA3306	A/D-Wandler	13,01 DM	13,01 DM
1	CL550	JPEG-Prozessor	400,00 DM	400,00 DM
2	CY7C128A	SRAM	10,25 DM	20,50 DM
2	CY7C194	SRAM	12,45 DM	24,90 DM
1	LF356N	OP-Amp.	6,51 DM	6,51 DM
1	LM1881	Sync-Generator	7,43 DM	7,43 DM
1	MC145540	Sound-Codec	27,25 DM	27,25 DM
2	TMS4C1050	FIFO	17,00 DM	34,00 DM
1	XTL27M	Quarz-Osc.	6,21 DM	6,21 DM
			Summe	**797,21 DM**

Sonstiges

Stück	Bezeichnung	Funktion	Preis 100+	Pro Board
1	MC-Board	Platine	68,00 DM	68,00 DM
1	Abschlußblech		6,45 DM	6,45 DM
1	VGA-FC	Pfostenleiste	3,20 DM	3,20 DM
2	COAX	BNC-Stecker	0,40 DM	0,80 DM
1	Klinkenstecker		0,50 DM	0,50 DM
			Summe:	**78,95 DM**

Beiträge zur Graphischen Datenverarbeitung

J. L. Encarnação (Hrsg.): Aktuelle Themen der Graphischen Datenverarbeitung. IX, 361 Seiten, 84 Abbildungen, 1986

G. Mazzola, D. Krömker, G. R. Hofmann: Rasterbild - Bildraster. Anwendung der Graphischen Datenverarbeitung zur geometrischen Analyse eines Meisterwerks der Renaissance: Raffaels „Schule von Athen". XV, 80 Seiten, 60 Abbildungen, 1987

W. Hübner, G. Lux-Mülders, M. Muth: THESEUS. Die Benutzungsoberfläche der UNIBASE-Softwareentwicklungsumgebung. X, 391 Seiten, 28 Abbildungen, 1987

M. H. Ungerer (Hrsg.): CAD-Schnittstellen und Datentransferformate im Elektronik-Bereich. VII, 120 Seiten, 77 Abbildungen, 1987

H. R. Weber (Hrsg.): CAD-Datenaustausch und -Datenverwaltung. Schnittstellen in Architektur, Bauwesen und Maschinenbau. VII, 232 Seiten, 112 Abbildungen, 1988

J. Encarnação, H. Kuhlmann (Hrsg.): Graphik in Industrie und Technik. XVI, 361 Seiten, 195 Abbildungen, 1989

D. Krömker, H. Steusloff, H.-P. Subel (Hrsg.): PRODIA und PRODAT. Dialog- und Datenbankschnittstellen für Systementwurfswerkzeuge. XII, 426 Seiten, 45 Abbildungen, 1989

J. L. Encarnação, P. C. Lockemann, U. Rembold (Hrsg.): AUDIUS Außendienstunterstützungssystem. Anforderungen, Konzepte und Lösungsvorschläge. XII, 440 Seiten, 165 Abbildungen, 1990

J. L. Encarnação, J. Hoschek, J. Rix (Hrsg.): Geometrische Verfahren der Graphischen Datenverarbeitung. VIII, 362 Seiten, 195 Abbildungen, 1990

W. Hübner: Entwurf Graphischer Benutzerschnittstellen. Ein objektorientiertes Interaktionsmodell zur Spezifikation graphischer Dialoge.IX, 324 Seiten, 129 Abbildungen, 1990

B. Alheit, M. Göbel, M. Mehl, R. Ziegler: CGI und CGM. Graphische Standards für die Praxis. X, 192 Seiten, 44 Abbildungen, 1991

M. Frühauf, M. Göbel (Hrsg.): Visualisierung von Volumendaten. X, 178 Seiten, 107 Abbildungen, 1991

D. Krömker: Visualisierungssysteme. X, 221 Seiten, 54 Abbildungen, 1992

G. R. Hofmann: Naturalismus in der Computergraphik. VIII, 136 Seiten, 78 Abbildungen, 1992

J. L. Encarnação, H.-O. Peitgen, G. Sakas, G. Englert (Eds.): Fractal Geometry and Computer Graphics. XI, 254 Seiten, 172 Abbildungen, 1992

Beiträge zur Graphischen Datenverarbeitung

K. Klement: Präsentation mit STEP. Schnittstellen zwischen Computer-Graphik und CAD/CIM. IX, 168 Seiten, 50 Abbildungen, 1992

M. Göbel, J. C. Teixeira (Eds.): Graphics Modeling and Visualization in Science and Technology. XII, 263 Seiten, 137 Abbildungen, 1993

G. Sakas: Fraktale Wolken, virtuelle Flammen. XII, 242 Seiten, 138 Abbildungen, 1993

G. R. Hofmann (Hrsg.): Imaging: Bildverarbeitung und Bildkommunikation. XII, 356 Seiten, 141 Abbildungen, 1993

W. Felger: Innovative Interaktionstechniken in der Visualisierung. X, 175 Seiten, 89 Abbildungen, 1995.

U. Dietrich, B. Kehrer, G. Vatterrott (Hrsg.): CA-Integration in Theorie und Praxis. IX, 337 Seiten, 153 Abbildungen, 1995

J. C. Teixeira, J. Rix (Eds.): Modelling and Graphics in Science and Technology. XVI, 278 Seiten, 141 Abbildungen, 1996

F. Schröder: Visualisierung meteorologischer Daten. XI, 240 Seiten, 107 Abbildungen, 1997

A. Hildebrand: Von der Photographie zum 3D-Modell. IX, 239 Seiten, 110 Abbildungen, 1997

F. Dai: Lebendige virtuelle Welten. XVI, 156 Seiten, 112 Abbildungen, 1997

B. Tritsch: Verteiltes Lernen in Computernetzen. IX, 265 Seiten, 79 Abbildungen, 1997

T. Frühauf: Graphisch-Interaktive Strömungsvisualisierung. X. 243 Seiten, 96 Abbildungen, 1997

M. Jäger: Multimedia-PCs für telekooperatives Arbeiten. IX, 202 Seiten, 94 Abbildungen, 1997